你的人生无须等人批准

胡震宁 著

文匯出版社

自 序

从业20多年,看到一批批人进入职场,又一次次地重演着差不多的人生悲喜。不由得感叹,人活尘世间,似蝼蚁万千,顺也难做人,逆也不成仙,都在世间颠倒颠。这样的感慨,古往今来有太多人发过,并不值钱,也比较悲观。我基本属于一个乐观派,即使是被世事搞得灰心丧气,总还会鼓起勇气再来。除了个别命运特别的人,一个人能不能活得好,大多要看他事情做得好不好。在我看来,事情还是做得好的,前提是先要做起来,如果一时没有做成,可能是因为一些细节我们还没有做好。而要做好这些细节并不容易,尤其是对于年轻人来说,并非努力、刻苦、奋发就一定能成功,可能是窍门没想到,可能是见识阅历不够,也可能是其他原因,这个时候需要做的,就是找到问题的症结所在,然后解决它。

写这本书的目的,是想帮助那些不愿意躺平的年轻人分析影响事情成败的诸多因素,并以自己的从业经验,提供一些解题思路。本书大体围绕两个方面展开,一是思路,就是如何想;二是方法,就是如何做。有人说"万般皆由命,半点不由人",认为人生中很多事情都已命中注定,比如我们降生的时间、地点,比如我们的性别、外貌、家世等,就像人生的画卷从一开始就被命运落了几笔。而这几笔是如此重要,当你能够自主地在自己的人生画卷上落笔时,必须和这几笔共存。但这就代表不好吗？最不好的是不知道命运会如何下笔，既然已经下笔了，就不是最坏的，世上再难的题目总有破解的办法。命中注定的部分或许无法改变，其实当人类文明走到今天，那些之前觉得是命中注定的，都有了变化的可能，遑论命中未定的部分，更不能躺平对待。面对一个难题，我们需要的是思路和方法，最不需要的就是情绪化，情绪化非但不能帮我们解题，还会拖后腿。

但是在目前的职场氛围中，最不缺乏的反而是情绪化，甚至很多人会觉得情绪是真情的流露，个性的彰显，真我的展现，事情做不好就是周围人都罔顾"我"的情绪感受，却不肯冷静反思自我。如果你可以开启一个"他"视角在一旁冷眼旁观被情绪左右的"我"，可能会发现自己就如无头苍蝇一般，被周遭的声音左右了情绪，听了一方义愤填膺的发言，你瞬间愤怒；可是听过另一方哀婉幽怨的申辩，你又瞬间感觉愧疚，如果这个时候还有第三种声音，那么你的第三种情绪产生的或许比对方的结案陈词还早……原来，决定你情绪走向的居然是"他者"。一个情绪化的个体，往往是独立思考能力有失的，往往是缺乏锲而不舍探究事情真相的能力的。在习惯被言语挑逗、被情绪左右的人看来，这个世界糟糕透顶，渺小的我，除了发发牢骚还能干吗？不是我不够努力，是全世界都与我作对，平平无奇的我除了躺平，还能怎样？

看到这里，你或许会说，之所以自己这么情绪化，就是因为网上带节奏的人太多了，应该有人管管。管管是没错的，可是你有没有想过，自己或许也在为这些带节奏的人提供肆意扩张的土壤。所以，在呼吁净化网络环境的同时，我们是否应该修炼自身，独立思考的能力是抵抗"带节奏"最好的方法。当你开始思考、质疑、反驳，那么恭喜你，你的人生画笔已经真的掌握在自己的手中了。

还有人会觉得自己生不逢时。如今在年终总结时，很多人都喜欢引用一个句式："回顾过去十年，你觉得XXXX年是最差的一年，展望之后十年，或许你会发现，XXXX年是最好的一年。"真的是这样吗？套用前两年大火过的穿越文学,假设你的面前有一台时光机,能够将你送回过去的任意一个时间,你真的能找到完美的时间点吗?假设给了你一个魂穿成功人士的机会,让你从他的出生开始替代他的人生,甚至将他成功的剧本也一字不差地发给你,你就能成功吗?如果你带着固有的偏见,继续以情绪代替思考和行动,那么几乎可以断定,你还是你,你不会成为他。

人生其实就是脚踏实地地把目前摆在面前的问题解决好,在过程中锻炼自己的思维和行动能力,学会和提升解决问题的技能,而只有这样,才能稍微改善自己的命运。人们要学着成熟,知道选择和代价,并能够平静对待。要从不断的轮回中大致知道事物的走向,从战略上大概知道正确的道路。人们需要学习和提升的地方还很多,本书提到的没提到的那些点,是人们可以真正提升自己的具体操作方法。由于外部极少有人提及这些方面,关于这些方面的研究也很少,本书也仅仅能起到抛砖引玉的作用。我们的国家,只要多一个人研究实打实的问题,就多一份富强的机会,愿更多的中国人成为有实操能力的人,那么我们的国也就真的厉害了。

我们能做的,就是在面对变得越来越难的题目时,摈除情绪化的无谓消耗,开动脑筋,积极努力,尽力解开一道道难题。在过程中锻炼自己的思维和行动能力,学会和提升解决问题的技能;善于从历史中总结规律,探索正确的方向;在困难之中跟别人比坚持,比行动能力,那么你会发现难题开始慢慢地减少,你解题的速度开始攀升。之后,你就开始收获回报,享受生活的红利。

至于本书,不过是出于个人经验和思考的一些解题思路,仅供参考,如果能够帮到迷茫的你,那么很荣幸;如果你觉得没有帮助,那也很好。

毕竟,你的人生,从来无须别人批准。

胡震宁

2022 年 6 月 25 日

目录

自序

01 日常操作及练习篇

正确与划算 / 003
时间都去哪儿了 / 011
套路 / 018
最珍贵的品质 / 022
等待别人批准的人生 / 027
为每一次机会做好准备 / 031
不能做＝不能想？/ 035
文字的习惯 / 039
优雅地分手 / 043
为什么应该先付出 / 047
掉落荒岛 / 050

领导说的话 / 054

操作性 / 058

甩锅 / 063

练习 / 066

福报 / 071

压力 / 076

标签 / 081

职场黑暗森林法则 / 085

绝不认错 / 089

02 自我反思及进阶篇

主动行为 / 097

做好人的恶习 / 101

"要求"塑造现实 / 105

我们为什么恨身边的人 / 109

揣度 / 113

实事求是 / 117

领导该做的事情 / 121

热点人物 / 126

以经济学家的思路工作 / 130

我跟他们说过了 / 135

那些看似简单的工作 / 139

不忘初心持续改善 / 143

所谓团队 / 147

我不要做烂泥 / 151

兴趣 / 155

个人的好恶 / 159

如果岳飞是你的员工 / 163

闯红灯撞了白撞行不行 / 167

决策 / 170

处理情绪 / 173

职场上的"坏人" / 178

幸存者偏差 / 182

对待委屈 / 186

激励机制与打怪模式 / 190

执行力 / 195

03 历尽千帆之总结篇

人性（一）面对别人 / 203

人性（二）面对自己 / 207

人性（三）面对诱惑 / 211

做自己的主人 / 215

跟自己谈一谈 / 219

给自己找个老板 / 223

经营人生 / 227

识人 / 230

专业 / 234

人算不如天算 / 238

批量的有效行为 / 243

相处 / 247

名叫"焦虑"的恶魔 / 252

01.
日常操作及练习篇

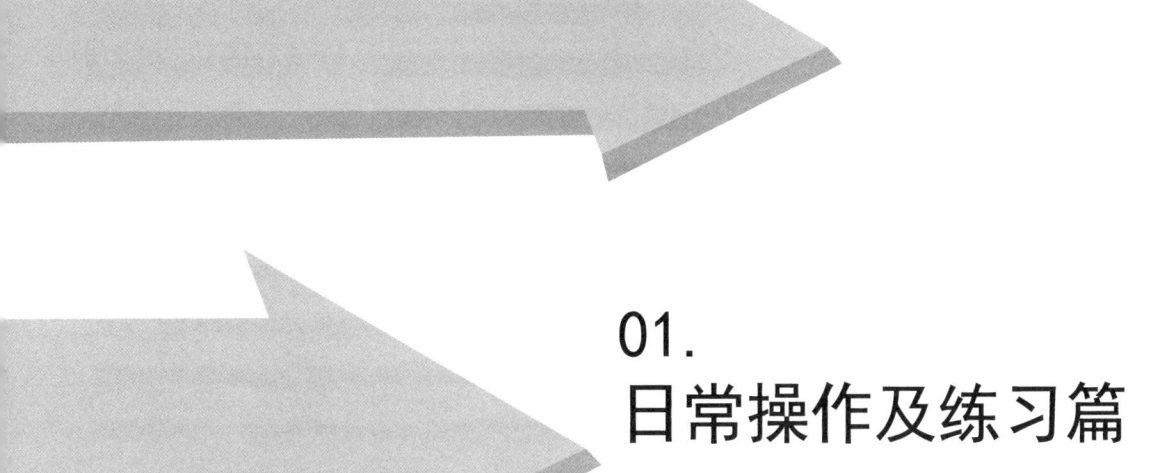

正确与划算\时间都去哪儿了\套路\最珍贵的品质\等待别人批准的人生\为每一次机会做好准备\不能做=不能想?\文字的习惯\优雅地分手\为什么应该先付出\掉落荒岛\领导说的话\操作性\甩锅\练习\福报\压力\标签\职场黑暗森林法则\绝不认错

> 为了能在工作中兼顾正确和划算，必须把一件事的因果关系先理清楚……把重要的要素一个个找出来，同时，需要避免那些"理所当然"，多问几个为什么。

正确与划算

电影《拯救大兵瑞恩》讲述了一个以多换少的故事。二战时瑞恩家的三个儿子战死了，为了避免这家的四个儿子都战死，马歇尔下令组织人手去撤离这家仅存的小儿子，用了很多人的命去换回这个叫瑞恩的一家仅剩的男丁。电影引起最大的争论是这么做值吗？这件事引出一个非常严肃的话题，到底是义重要还是利重要，这个问题在不同的场景中应该有不同的答案，或者是没有答案。具体到拯救大兵瑞恩这里，从普遍人性的角度来说可能是值的，人性中需要有一些坚持，尽管有些坚持可能需要付出比结果更大的代价；从利的角度看根本不划算，但人类还是愿意去承受，这样我们才能觉得自己像个人。这件事不是值不值的问题，是关于一个家庭存续的问题：一个家庭如果四个儿子都死在同一个战场上，对于这个家庭是否打击太大；作为一个人看着这个事情发生，不做点什么是不是太不像个人；其他人要不要做出一些牺牲，避免这个惨剧发生。在这件事上，人们争论的焦点就是对义和利的取舍。

工作中的义与利可能没有上面这个例子看起来这么充满人性光辉，但工作中总有正确和划算的取舍。我曾经碰到过这么一件事，有个世界 500 强供应商发给我们公司一箱试剂，但是我们公司物流人员在清点箱子里的试剂时发现少了一盒，于是不同意入库，要求对方承认少发了一盒才可以入库，对方自然是坚决不同意，于是事情就僵在那里。由于试剂不能入库就不能出库，导致给客户发货也发不了，客户开始抱怨了。于是我去了解情况，我问这盒试剂的成本是多少钱，他们告诉我是 140 元，于是我决定，这盒试剂作为盘亏，然后其他入库，或者我自己掏 140 元，暂时解决了这个问题。这件事应该如何解决？正确的方法当然是弄清楚这盒试剂究竟去哪里了，到底是谁弄丢的，但如果这么做，成本一定是非常高的，比如要投入人力去查监控，去调查所有可能的线索，即使投入了这个成本，也未必能查出真相，从成本的角度考量，我采取的办法是最划算的。

为什么说这个话题复杂？第一，对于普通人来说，很容易理解的是"值不值"这个朴素的概念，人们如果没有坚持，很容易就滑入绝对功利主义，历史证明绝对功利主义从长期来看没有给人类带来好处，因为其往往同时伴随的还有短视和不肯投入、不肯付出，当一个项目的所有参与者都是功利主义者，那么这个项目注定失败，因为没有人愿意投入，每个人都想要眼前最直接的好处。第二，人生当中当然不是要把所有事情都当作神圣的使命来坚持，但是度怎么把握呢？哪些是可以便宜行事的，哪些是不能越雷池一步的？谁来决定？这个事情好像很难定一个标准，于是现实中头脑活络的就灵活掌握一点，头脑古板的就爱顶真钻牛角尖，到底谁对谁错，很难说清楚。

还好我们今天只聊职场中和工作相关的场景，在这个场景里，比较容易做决定。商业公司主要解决的就是效益问题，商业公司不是公益组织，商业公司就是来创造更多财富的，在不触及法律底线的情况下，不能对商业公司太过苛求。人尚无完人，一个公司又怎么可能兼顾方方面面，一个商业公司能够赚钱就很不错了，如果在赚钱的基础上能多做一点就更好了。多少企业，生存尚且不能，又谈何其他？既然商业公司主要就是解决效益问题，那么在工作中碰到的大部分问题，就要考虑"正确与划算"的选择。有些时候，正确和划算不矛盾，比如一个设计良好的流程，看似有一些不必要的步骤，但是在日后追踪，各方面指标平衡上可能会有当下看不到的效果（这也是为什么很多公司要求员工严格按照流程来办事），这个时候，正确的也是划算的。但以开头那个试剂的例子来看，很多时候，正确和划算是矛盾的。我们再举一个例子，以往我们供货，是接到客户订单以后再下单给供应商，然后供应商发货给我们，我们再发给客户，流程比较长，而且这其中一旦出现付款晚了或者办事人员休假等因素，就非常耽误货物到达的时效。后来我们试着调整流程，公司先备一点货，收到客户订单的时候，公司先将货物发出去，再向供应商补货，这样流程节约一半，之前的流程当然是正确的，但是没有效率，新的流程在效率上提升了，那些影响因素虽然还存在，但是不影响客户的到货时间了。

如果你是公司里的领导，你更应该树立起这种观念，就是考虑划算不划算的概念，普通员工可能由于眼界的原因不会想到这些，但是领导需要考虑，而且考虑了是否划算以后所做的决定也是对大家包括员工在内最有利的。很多人会陷入纠结，这事该谁干？按照我的逻辑，不管谁干，怎么干划算怎么干。比如前面那个试剂的例子，物流员工不愿意入库，划算了吗？没有，因为活没干完，还要被人盯着入库，还要跟人吵架，还要举证辩解自己没错，但是他考虑不到这些。作为他的领导，就需要考虑这些，到底是僵着划算，还是其他解决途径划算，用我的办法，立即可以把这个问题解决，也不会再投入更多精力在这个事情上了。这样的例子比比皆是，比如很多公司的审批流程设置了很多道关卡，似乎让你再确定一次就能少犯一些错，想象一下你点个确定，然后弹出一个框来，问你真的确定吗？然后点确定，再弹出一个框，问你真的真的确定吗……你必然会觉得这样的设计极其愚蠢，但是在工作当中这样愚蠢的设定可不少。很多审批都是一级级批上去，但并没有考虑审批的人有没有能力审批。

他们要审批什么呢？多几个人审批就能保证准确性吗？比如你现在让我审批一个账应该怎么做，我哪里知道该怎么做，让我批一点意义都没有，虽然我是上级，但在具体这件事上我并不能帮助流程更准确。这些人大多后来闭着眼批，这样的流程耽误了时间，增加了工作，没有任何好处，非常不划算。当然，那些只是想保证自己的权力，保证自己有不批准的权力从而能得到好处的人也不是没有，但这是另外一件事了。

为了能在工作中兼顾正确和划算，必须把一件事的因果关系先理清楚，这件事正确的做法应该是怎么样的？为什么要这样做？每一个环节的意义是什么？这个过程是把重要的要素一个个找出来，同时，需要避免那些"理所当然"，多问几个为什么。比如审计人员最爱一件事情有申请有审批，这被视为是有控制的，这个思路本身没有什么错，只是少了定语，被基层审计人员推而广之了。完整一点的表述应该是，"一件重要的事情的决策，应该由执行部门发起申请，经过具有责任和能力的上级部门审批后执行"。首先把重要的事情给省了，然后把执行部门给省了，有责任和能力的上级也省了，很多审计公司的小朋友到别的公司就抓着"这个事情没有审批"，却不看前面的定语。按照这个逻辑，是不是放个屁也要审批？话说回来，我们经过这样反复凝练思考后，才知道哪些因素是必需的，不能省的，而中间抛除那些可以省略或废除的因素就已经在往划算靠拢了。在得到了最精炼的要素以后，可以再考虑，在时间空间的顺序上，是否这些要素一定要这样排列？是否有可能不这样排列？原来串联设置的是否可以并联设置？举例来说，很多公司的 OA 设计就是串联设计的，在一个审批节点没有做好以前，下面所有审批节点的人都处于不知道的状态，也无法对此事先准备，而且一旦发生退流程，前面的人又要重来一遍。而有些新的系统里面的流程设计就有改善，流程一启动，所有相关的人就都知道了，只是还没到自己，可以在流程的任何时候参与意见，每个人对流程所表达的意见，其他人也都能看到，这个的确是加快了沟通。

大多数人并没有考虑成本的习惯，这个需要慢慢练习，我们在做任何事情的时候都有成本产生，包括普通人从不考虑的时间成本和机会成本，尤其是在处理和经济利益相关的事情的时候，更需要考虑成本，而如果做成事情的收益小于成本，此时必然会导致做事情不划算。之前举的试剂的例子就是说明成本的最好方式，我们在解决这个问题的时候，用不同的方法会带来不同的成本，很有可能结果是一样的。比如，如果我要那个 500 强供应商的员工承认自己工作失误，并补发一盒试剂给我们，我所要付出的估计是五位数以上的代价。我们在没有认真考虑就加入一个公司的时候，没考虑过成本；我们在有了一个想法，第二天兴冲冲去做的时候，没有考虑过成本；我们在招进一个新人的时候没有考虑过成本；我们一怒之下要离职的时候没考虑过成本……我们没有考虑成本的事情太多了，这也就是很多人的日子怎么都过不好的原因。

还有不少人平时会考虑划不划算，但是考虑得过于市侩，完全不考虑正确性，只考虑眼前得失，完全没有正确性支持的划算必然是短视的划算，这样的小划算几乎必然导致大不划算。比如一些伦理剧里常常上演的兄弟姐妹们因为家庭财产的争执和抢夺，其实家里没多少财产，抢到了也发不了财，而抢夺的过程却把自己的眼界、人缘、心态、注意力和时间全耽误了，一辈子也摆脱不了不富裕的状态。应该怎么好好过日子，大家都知道，但眼前的小利招手诱惑时，却没有几个人能够坚持按照自己知道的道路走下去。只考虑划不划算容易让人不肯坚持，有些事情不是一时半会儿就能够见效的，而坚持的过程既辛苦又无助，怎么看都不划算，这种时候，大多数人都会选择划算，而不选择正确，这也导致了大部分人都无法获得大一点的成就。无论哪个方面的成就，终究是要吃点苦受点罪坚持不懈才能达成的，哪怕是健身。

还有一种情况是，"到底什么是划算"这个问题，很多人从不同的角度和不同的时间维度看，认知是不一样的。举个例子，所谓人聚财散，人散财聚，人们大约还是喜欢和慷慨的人交往，因此慷慨的人往往人缘不错，很多做销售的人也往往乐意在客户面前显出慷慨的样子。如果一直慷慨下去我想是可以打动不少人的，但除了爽文和开挂，现实中几乎没有这样财源无限的可能性，大多数人还是要在眼前的苟且中寻找平衡，用一点点资源投资一点点事情，获得两点点回报，甚至亏掉这一点点，这是大多数人生活的写照。日常生活中的待人接物当然可以随着自己的性子，但做一个具体的事业却并不能如此，一个商业公司管理层不仅仅要对客户负责，也要对拿钱出来的股东负责，还要对共同参与这个事业的员工负责，不能要求他们也像家人一样宽容包容，因此要在眼前的苟且中寻找平衡。拿着公司的资源任性慷慨的人，要么是糊涂，要么就是赌棍。无论是哪一个，对一家商业公司来说都不是好的选择。

诚然，这个世界上有赌棍赌对，大发横财的事件，但大多数人既没有这样的魄力也没有这样的运气，倒是各种被人骗，被人忘恩负义的故事层出不穷，因此拿遇到贵人一夜走上人生巅峰的故事来鼓励自己还不如拿彩票中奖的故事来激励自己，这就是一个小概率事件。因此如何投资自己有限的资源，既获得客户的认可，又能够为公司为自己获得实际的利益，是一件值得好好研究的事情。

蜘蛛侠说"能力越大，责任越大"，这句话同样适用于工作中，每一个掌握了资源的人，都有用好这个资源的责任，掌握资源越多的人，责任越大。大家都可以骂美国总统，是因为他掌握了巨大的资源，所以他要对这种权力负责，公众就是相信他能够利用好资源才推举他做美国总统的。大多数的草根想要逆袭，道理是一样的，现在摆在手里的资源虽然不多，但是如果用得好，就会有更多资源。如果你把手里的资源任性用掉了，从眼前看你可能觉得自己赚了，但从长远看，却多半是亏了。很多人最爱追问的"为什么他们可以乱花，我不能？"就是典型的分不清到底什么是划算，他们认为眼前可以任性是划算，却不把资源掌握者的赏识当作划算。我有不少的手下，当我劝诫他们善用目前手里资源的时候，大多数时候都会被认为我是小气、抠门，而他们更想要的就是任性地花费掉资源，给自己带来掌控感。

应该如何利用好自己的资源？首先，什么是资源？公司授权掌控的人、钱、物、社会关系就是资源。把这些资源用好，就是让这些资源产生出比投入更多的获利。为了用好这些资源，我们不得不一直追问自己，这些资源用了以后，能够有什么回报？我有什么更好的办法来让这些资源产生效益？管人要把人的生产力激发出来，管钱要让获利大于投入，管物要让物能够增值，管社会关系要让关系在管理下枝繁叶茂，否则，为什么要给你管？

我面试过大量的应聘者，在说起前公司不好的时候说了一大堆，但我问他，如果给你做那个公司的总经理，该如何盈利。他会回答你，要先练好内功，先把客户满意度做好，先把产品做好，先把质量做好。这些话都对，但如果你继续深入一点问，究竟先做好哪个产品的哪个方面、谁来做、怎么做、要花多少钱、能回收多少钱等具体问题的时候，他往往就会支支吾吾，说不出一个所以然来。我把这些人的话翻译一下，他们的要求具体来说就是"请让我自由花钱，并且给我时间，不要考察我，我会拿出好成绩来的"。这就是典型的权利和义务不对等，只要权利不要义务，别人难道是傻的，看不出来的吗？给你资源的同时必然要考核你，如果你不能交一份好的答卷，资源就要离你而去。

所以，要先弄明白什么是划算，你现在对资源的负责，看似是吃亏了，但是会有人看到的，假设你自己是投资人，你是愿意把钱让斤斤计较的管理者来管呢，还是让大而化之的人来管？做事业本来就是斤斤计较的事情，因为斤斤计较，才可以把手机做到那么小；因为斤斤计较，才能让普通人都过上比古代帝王更好的物质生活；因为斤斤计较，我们才有了奔向火星乃至更远的远方的可能性……生活远不止诗人的浪漫，而即使是诗人，大才如贾岛仍然要为究竟用"推"还是用"敲"斤斤计较。

"做事要大气，不要在意那些细节。"这些话，要么是成功者炫耀时的说辞，就像学霸说"哎呀，我昨天又玩了一晚上没有复习"一样，要么就是街头巷尾的无知人士对于世界的戏剧化误读，就像说亡国都是因为红颜祸水一样无聊。虽然大家还是喜欢慷慨的人，但慷慨的人完全不必是一个糊涂蛋，慷慨也是追求回报的，只要这种获利是双赢的，并不会因此而给慷慨打折。因此，在支配使用能够控制的资源的时候，最好想一想，这样使用是最好的选择吗？有没有更好的选择，既无损慷慨的形象，又能够产生实际的效益？

人在工作的时候，还是需要常常琢磨这些取舍，这每一次的取舍，决定了你在一个分叉路口走向了哪个方向，如果每一次都向一个方向靠近一些，终究能够走到某个目的地，而如果不考虑这些，人的道路就总是进进退退在一个地方打转。

> 重要的事情不是高大上的方向，不是目标，不是原则，不是一个关键词，而是跟日常做的其他事情一样，是一些具体可操作的事情，只不过，这些事情比较关键，需要先做……每一段时间尽量选择先做重要的事情，是对时间管理最有意义的手段。

时间都去哪儿了

　　有不少人跟我说，每天忙得要死，却有很多事情没有干，精神上也很疲惫，怨气冲天，总觉得琐碎的事情太多，而自己没去做那些想做的事情，是因为琐碎的事情占满了时间。言语间无奈中还带着一点愤恨，但实际成绩的确不理想，往往最终会归结为自己做不好是因为其他人没帮自己把杂事做掉，害得自己没时间做大事。

　　有不少事业上有所成就的人也是白手起家草根逆袭，为什么同样是草根，有些人的成绩就比较好，有些人成就一般？原因很多，但其中一个不容忽视的原因是时间管理上出了问题。现在很多人都关注到了时间管理，明白了时间管理是一个问题，但事实上，关于这方面真正有价值的研究还不多，市面上的书也很少，而且大多没有可操作性，或者就是要求人像定时器一样生活。关于这方面虽然未能总结出一些理论，但还是有一些行之有效的操作方法可以尝试。

每个人每天都只有 24 小时，但每个人每天的产出却是千差万别的。比尔·盖茨和一个普通上班族的单位时间产出差距一定是巨大的，但同样是人，为什么会有这么大的差距？问题大致存在于这样几个方面：

1. 不知道什么是重要的事情。
2. 浪费了时间，有不少人的时间是晃过去的，而拖延症又加重了这种症状。
3. 低产出的事情占据了大多数时间。
4. 重复劳动。
5. 效率不高。
6. 方向不对。
7. 资源不足。

以上七点是从稍微比每天的日程安排更宏观一点的时间层面来讨论的，并非像有些谈时间管理的书一样着重谈每天的具体日程。

在所有的因素中，最最重要的就是了解目前对自己来说什么是重要的事情，一个人可以做的事情很多，但是做什么不做什么，先做什么后做什么却大有讲究。我们举一个简单的例子，楼上的厕所漏水，漏了你家一地，此时，最重要的事情是什么呢？当然是要堵住楼上的漏洞，而不是擦干净漏下来的水，因为漏洞不堵住，水是擦不完的。这个道理看似简单，但日常工作中，大多数人并不这样思考，很多日常的工作之所以产生，是因为有个大的漏洞没有填上，不把这个漏洞填上，杂事就不会结束。一次，公司的财务经理来找我，说要招个实习生，我问她为啥要招这个实习生，她说要整理发票，我们开给客户的发票，有的时候会退回来，有的时候要重开，需要有人整理。我跟她说，那不是应该加快电子发票的进度才能永久解决这个问题吗？她愣了半响没有讲话。如果我们开票 80% 以上实现了电子发票，当然也就不需要人去整理了，市面上有的是现成的工具。电子发票的好处当然不止这些，如果我们现在加紧推进电子发票，后面好多杂事就没有了，员工的效率提高，时间也就空出来了，否则就会有一个员工，大量的时间用来整理发票，这位员工一定不会认为他的工作是有重要价值的，也不会认为自己的工作是很有前途的。但绝大多数人并没有这种思考什么是重要事情的习惯，对于大多数人来说都是被动跟着本能来做事的，没有经过训练的人，在问自己这个问题的时候总是陷入茫然，或者给自己一些空洞的无法操作的大帽子。重要的事情不是高大上的方向，不是目标，不是原则，不是一个关键词，而是跟日常做的其他事情一样，是一些具体可操作的事情，只不过，这些事情比较关键，需要先做。另一问题是，很多人控制不住自己，当有个热点出现的时候，就忘了自己的重要事情，跑去关注热点了，等热点散去，吃完瓜回来一看，重要的事情还没做，那么做杂事的情况当然不会改善。确定了重要的事情以后，要保持专注，不要动不动就被新冒出来的事情给吸引走了。

有一个东西叫作机会成本，这个事情正在越来越多地影响现代人的生活，现代人的生活所经历的每一段时间都有很多选择，在接下来的这一个小时，你可以看书，可以打游戏，可以做一个具体的工作，可以去健身，可以听音乐，可以干各种事情，但是你选择了一样就意味着放弃了所有其他的可能性。因此每一段时间尽量选择先做重要的事情，是对时间管理最有意义的手段。工作当中，需要不停地判断自己面对的各个事情中哪些是最重要的，挑出来先做。但大多数人本能地按照事情发生的先后顺序来处理事情，而往往生活中不停地横生各种琐碎的小事，这种小事比较容易处理，会让人有做了很多事情的成就感，没有筛选优先级的结果就是，做了一堆不重要的事情，重要的事情却没有做。这样的选择当然会导致和那些一直选择做重要事情的人差距越来越大。

有重要的事情就有不重要的事情，有不少事情，可以做，也可以不做，做也未必成，不做也未必会出问题，这样的事情就是不重要的事情。不重要的事情也会消耗大量的时间，却给人带来不理想的结果，有不少资质不错有想法的人，常常会在此纠结。很多不重要的事情，看起来很像重要的事情，有很多人说这个事情重要，背后动机也未必纯粹。这些事情的问题在于，做成很难，效果却未必理想。举个例子，隋炀帝和唐太宗征伐高句丽，直接导致了隋朝灭亡，唐朝也付出了巨大的代价。剿灭高句丽这件事看起来就很像重要的事情。高句丽的确常常搞事情，对中原王朝也不恭敬，甚至联络突厥不知道要干吗，留在身边是个麻烦，所以从隋文帝开始就认为应该剿灭高句丽，一直到唐太宗。但是做这个事情的时机对不对，条件是否成熟，要付多少代价，着实没有准备好，所以一败再败，事实证明，高句丽没剿灭也没有成为肘腋之患。在决定开战之前，还是应该多做调研和情报工作，小规模地多试验几次，不要在自我膨胀之下盲目自信。这几个皇帝里面，杨广又是个特别热衷做大事的，每个看起来像是重要的事情，他都要做，导致了资源和民心耗尽，二世而亡。杨广的时间，都被不重要的事情耗完了。

浪费时间这个事情比较复杂，很难简单讲清楚，很多从小养成的习惯也很难改变。但我们还是可以从这个角度去思考，工作中我们做得最多的事情大致是什么？以我本人来说，可能是沟通。沟通最常常做的事情无非以下几件：交谈，电话，邮件，开会，聚会，等等。这些事情大概在工作中占据了70%的时间。就拿电话来说，我观察到有很多人一拿起电话就放不下来，每个电话少则十几分钟，多则半个小时，从准备结束开始到真正挂断还至少可以嗯嗯啊啊十分钟。针对这种情况应该给自己一点强迫措施，强制自己在5分钟内讲完。开会也是，很多公司的人开会，一讲就离题千里，讲了两个小时还没聊到主题。一会儿这个人岔开话题，一会儿另一个人岔开话题，当碰到要做决定的时候，又不赶紧决定，"到时候""再找他聊一下""我再了解一下"这种没有明确时间节点的话让这个会白开了。大致每个人都可以从自己工作中最频繁做的事情当中去看看有没有占用时间比例比较高的行为，并且在此类行为中寻找一下时间都花到哪里了，也值得去看看别人是怎么做的，尤其到一些外企看看他们的管理方式（并不是说外企就一定好，但在具体操作方面，发达国家的公司的确在效率上研究得比较多）。

最浪费时间的其实是重复劳动，有些工作因为干得不好，必须全部返工重做，甚至一再反复，这是成倍地降低自己的效率。工作当中宁可慢一点，仔细一点，力求一次成功，也不盲目图快，要确保每一步在自己理解的范围之内都是最正确的。很多人会把工作和自己对立起来，恨不得赶紧抛开，赶紧干完。这种原始的冲动可以理解，但却不是理性考虑的结论，用急急忙忙要摆脱的方式处理的事情，往往又会急急忙忙回头要你返工或者降低其他人对你的好感度，减少自己成长以及晋升加薪的机会。这样的选择并不划算，貌似暂时可以不工作了，但后面却不得不花更多的时间去继续做这一件事，花了两倍甚至更多的力气和时间得到一个差评。很多人会把这个归咎于领导吹毛求疵，实际情况却是验收质量不达标的工作对领导来说也是浪费了时间，因此还不能说是领导剥削，因为领导也没从中获利，相反还耽误了事情。这是一个双输的选择，这样的选择，损人不利己。

如果把眼光放得更长一点，从更长的时间段来说，职业生涯也是如此，很多人不管什么原因，做一份工作不成功，就急匆匆离开这份工作，开始下一份工作，和前面说的情况一样，因为做得不够好，必须返工，换一个工作继续从基层岗位开始，前面两三年的积累全部白费。这个比之前举的单个事件的例子浪费的时间还要多，动辄就是几年的时间没了。而且悲剧的是，你以为烦恼会随着离开上一份工作而消失，结果换工作并没有多挣到钱，同事们也未必比上一批同事更好相处。从这个角度来说，我认为，如果已经在做一件事，已经在做一份工作，已经在处一份感情，已经在经营一段友谊……那么就好好认真地争取一次把事情做好，不要重复劳动。已经花了时间、力气、精力做的事情，要积累住，不要总是放弃，不断回到原点，把自己活成了脉冲波。人要把自己的职业曲线做成曲折但保持艰难向上的曲线，不能动不动归零。等下一次从零点启动，所有基础都要重来一遍，时间就这样浪费掉了。

有些工作，重复程度很高，反复出现，却每次都从头开始，不能找到更有效的方法，导致效率不高（某种意义上说这也是重复劳动的一种）。在我们生活中反复出现次数很多的事情是值得去研究一下如何提高效率的，比如每天上下班的路程，比如每天都要重复的某个工作内容，有点像流水线工作的原理，对于重复性高的事情尽量提高效率。提高效率大致有两种办法，一种是改变工作的流程，一种是改变工作的工具。改变流程大致是考虑统筹的因素，每天的上下班，能否把早餐、买菜、接送小孩、交各种费……这些都涵盖进去，生活中很多人都会这么做，可一旦涉及工作，可能觉得省出来的时间不是自己的，所以往往不愿意去研究。工具的改变是另一个值得研究的事情，随着技术的发展，越来越多的东西可以帮助我们工作，比如微信群帮助沟通，比如有一些工作如果量特别大可以通过编制软件来完成，实际上我们可以看到如果量特别大，有一些企业会去生产一些定制工具来提高效率，比如给汽车换轮胎的扳手，比如在健身房的各种健身器械，比如收银机、洗衣机，等等。

做事的方向不对是导致时间不够的一个很重要原因，比如大家都已经用数码相机了，你还坚持卖胶卷，当然就白费了力气，浪费了时间。这是说人不能逆着势头走，我们所做的事情要符合时代发展的潮流，符合大势，很多事情不需要你努力，别人就帮你做出来了。不符合大势，往往会事倍功半。但这个话也不能说绝对了，了解潮流，并不是随大流，比如现在大家都做手机，都知道手机未来是一个入口，很多事情都需要靠手机来完成，但是做手机能够赚到钱的却不多。相反，有很多人明白这个大势，做了一些有趣的应用赚到了钱。在明白大势的同时，还是要有自己的独立思考，比如前面举的胶片和数码相机的例子，虽然数码相机取代胶片是大势所趋，但是这世界上还是有一批怀旧的人，还是有一批愿意用胶片拍电影的人，虽然不多，如果针对这个细分市场，提供特定的胶片产品，未必不是一个生财之道。

草根的资源都是不足的，很多人抱怨这个事情，但抱怨并不能解决问题，再愤恨再哀叹也改变不了这个事情，一个理性智慧的人应该考虑的是，怎么在现有条件下靠自己解决这个问题。举一个例子，如果有一个机器，你每投一块钱进去，就会吐两块钱出来，你觉得你会干什么？我猜大多数人就是守着这台机器不停地投钱进去。这个就是草根获得资源的办法——成为那一台机器，积极回报别人对你的每一次投资,这种投资可能是资本,可能是职位,可能是机会,让外界对你的投资获得好的回报,只有这样外界才会不停地投资给你,这样你才会获得越来越多的机会。是的,在一家企业里,老板都不会希望员工是貔貅,而希望是摇钱树,在人与人的日常交往中,亦是如此。

时间的管理是一个比较复杂的话题,我所说的只是只言片语,但我还是希望,每个人能够把自己对于时间的安排当作一件重要的事情,好好审视一下,这样做总会有些好处。

> 授人以渔的过程，首先要明白"渔"的套路……尝试着把自己日常的工作归一归类，总结出几类事情，对于每一类事情的经过进行一个大致的描述，更重要的是找到关键控制点。

套　路

最近有一个词比较火——"套路"，百度知道上的解释是"第一步，要你电话；第二步，嘘寒问暖，把你骗出来吃饭，看电影；第三步，拉你的手，在转头时无意亲你一下；第四步，额，你懂第四步的！这 1234 加起来就是套路了。"抛开有渣人嫌疑的内容不谈，放诸职场，我发现其实这是一个行之有效的方法，有点像程咬金的三板斧，三板斧能搞定的就搞定，搞不定的就跑路。

我们一般碰到问题，大致会有三种处理方法：

第一种，大神级的，比如爱因斯坦之流，在前无古人的密林中孤独寂寞地寻找方向，对于他们来说，这种事情没有人遇到过，至少没有人在有意识的领域遇到过，前途都是迷茫和未知，偶尔有一些传说，大多数人的归宿是失败。这种人站在人类社会巅峰，他们的智慧光芒照耀着人类前进的方向。

第二种，小神级的，就像前面举的那个例子，按照套路来，既然已经有第一类人帮我们找到了路线和路线中的各种注意事项以及各种应急措施，我们只要按照前人定好的套路来执行就好了，无非有些人执行得好一点，有些人懂的套路多一点，这种人像导游，路线是定好的，只要注意路途中出现的各种情况并加以判断处理就好了。有些导游的难度低一些，比如带老年团游周庄；有些导游难度高一些，比如带个性团走撒哈拉大沙漠。

第三种，凡人级的，他们机械地服从别人的指令，如果没有指令，就停在原地不动，他们只想知道"标准答案"，只想你当下就告诉我该往左还是往右，并不想知道为什么该往左或者该往右。或者说他们并没有兴趣知道这些。

当然还有比第三种更形而下或者更不走正道的，因为不是主流就不讨论了。

人活在世界上，大部分时间在解决问题。有些问题是生存需要，衣食住行；有些问题是本能驱动，娶妻生子益寿延年；有些问题是欲望驱动，升官发财荣华富贵；有些问题是内心的呼唤，挑战极地攀登珠峰……我们每天都可能碰到新的问题，所谓人无远虑必有近忧，就是说的这个事情。当有些问题重复程度比较高，有些人对于这些重复出现的问题有了比较成熟的套路，能够粗略地解决大部分问题的时候，就成了职业。很多职业就是套路，哪怕是医生也有套路，特别是西医，大三阳怎么弄，血糖高怎么弄，肺部阴影怎么弄，都有各种专业指南来帮助医生解决临床问题，这些指南从某种意义上说，也是套路，牛一点的医生就是当情况复杂的时候会一些复杂的套路，再牛一些的医生就是更新指南的人。

经验也是一种套路。所谓的经验，就是经历了很多次，当问题再次出现的时候，凭借记忆在意识和潜意识的本能反应就能给出基本有效的解决方案。

其实套路是一个好东西，把很多问题简单化了，通过把握几个关键点，能够获得一个基本可以接受的处理问题的结果。中国有一句古话"授人以鱼，不如授人以渔"，意思说送人一条鱼不如教会他钓鱼的办法，其实就是把套路教给别人，就像文章一开始说的套路，虽然不一定每次都有效，但一定会有成功的时候。这句话很多人都懂，但是实际操作上，却并不知道怎么执行，最后授人的往往流于"要努力""要控制成本""要广开渠道"……这些话都对，但是对于被"授"的那一方，只是喝了一碗心灵鸡汤，喝完了不知道明天该干什么。

授人以渔的过程，首先要明白"渔"的套路，我们处理问题的套路，自己往往没有总结过，大体都是凭着本能见招拆招，等事情摆在面前了，再去处置。如果要教人，首先自己要把套路总结出来。套路这种东西最大的好处和坏处是一样的，套路是模糊的不准确的，但这不重要，本来学习套路的人就要根据自己的情况再做调整，找到适合自己的套路。这个过程跟武术传承中或者类似京剧传承中师父教授徒弟的过程差不多，同样的套路有人能找到不同的特色，一样能够成为大神。

尝试着把自己日常的工作归一归类，总结出几类事情，对于每一类事情的经过进行一个大致的描述，更重要的是找到关键控制点。比如搞渠道管理的，经销商每年的指标就是一个关键点，围绕着这个关键点会有一大堆的事情，在这个关键点上会有一些什么样的冲突，有经验的人大致可以列出来 80% 的可能状况，碰到这些事情如何应对，也是基本都可以找到现成方法的。有了过程的大致描述，有了关键控制点，大体就可以授人以渔了。

但凡一个人具备了用套路处理问题的能力，基本上已经可以在一个公司胜任高层管理者的角色了。大多数公司碰到的问题，都是千万家公司已经碰到过的问题，解决的办法也都有前人做了大量的探索，并且基本都有行之有效的解决方法。

但实际情况是大部分企业中基层员工中的大多数，中层干部中的多数，都仍然还是第三种处理问题的方法。我觉得主要原因大致有两类，一类是比较好解决的，主要是没有练习，如果能够把自己工作中常见的一些问题归类，对于常见问题提出一些关键点，每次碰到这些关键点的时候，开始时可以和有经验的人一起把握，等自己逐步有了经验，渐渐可以独立判断处置。第二类则比较难处理，这一类叫作"不要跟我谈理想，我只要钱，我的理想就是有钱了可以不上班"。这话本身没有错，但这样说话的人往往听不进去任何帮助他快点拿到钱的方法和建议，只是用对抗的心态来面对社会。对他而言，最好有一些速成的、不用努力的方法快点拿到钱，换句话说，他要过上好日子，有人就要过上不好的日子。这样的人，抱歉，我帮不上你。

MIH（make it happen，把事情做成）的品质，更多是谈算计、决策、平衡、妥协、落实、演练，甚至是苦耗、示弱、忍耐、坚守等，核心是坚持。

最珍贵的品质

我们这里说的最珍贵的品质，是在工作中最珍贵的品质，而非整个人生中最珍贵的品质。之所以珍贵，是因为这种品质太稀缺了，之所以稀缺，是因为有这种品质的人总是挑选比较难的那条路，而大多数人选择遵从趋利避祸的本能，导致了这种人总归是少数。但从最终的结果来看，往往是这种人最后真的得到了利，避开了祸。

这篇文章是和别人一段谈话的有感而发，这段谈话的主旨，是对方想要给我展示他的一些思路，并且专门准备了PPT来说明他的思路。诚然他所表达的思路不错，有可取之处，也有亮点，但对于他期望因为这个思路而由他来领导一支团队去主导这个事情的要求却被我拒绝了。原因很简单，他无法只凭这个思路就做成这件事情。我觉得他的做法很有春秋战国时期的名士之风，凭一张嘴去各个大王或者大夫那里游说，如果说动了就成为别人的门客或者主管一方事务。虽然也有不少成功的案例，但更多的恐怕是四处碰壁，即便是强如孔子、孟子这样的先哲。

听完他的一番介绍，我问他一个问题，你觉得上海的交通堵不堵？他说堵。我说上海为了缓解交通堵塞已经做了很多的事情，牌照管控，车辆限时限行，建起全球单一城市最长的轨道交通，建了无数高架道路，不停颁布政令严格交通执法，在有些地方试验有轨电车……为什么做了这么多事情交通还是堵呢？如果让你来当上海市长，你有什么办法来解决这个问题呢？他迷惑地看着我，回答不上来。我说因为这个事情难嘛，核心问题就是那么多的人堆在那么小一块地方，大家都要开车，要停车，要赶时间，大家都不肯礼让。虽然核心问题看似目前无解，但是如果不做上面所说的这些事，可能上海的交通状况更加糟糕。目前还没有一个做法可以彻底地解决交通堵塞问题，但多管齐下，还是在很大程度上起到了缓解交通压力的作用。

这个问题和我们在处理的很多复杂问题一样，其实思路并不那么重要，因为问题复杂到几乎无法用一个思路来彻底解决，只好用多个维度共同推进的方法来争取最不坏的结果。而争取最好的或者最不差的结果，往往需要精细的算计，周密的决策，烦琐的实施，不停矫正，跟各方的妥协，利益交换，甚至忍耐寂寞，忍耐被冤枉，忍耐自己内心的魔鬼。在面对这种复杂问题的时候，以我们人类的智慧来看，只有极低的比例，我们可以一劳永逸地用一种办法就彻底获得胜利。比如在特效药发现以前，我们不得不用复杂的、综合的、委曲求全的方法来面对恶性传染病，但是前面所经历的这些过程换来的宝贵时间和经验，最终孕育了那个彻底的、一劳永逸的解决方案——特效药的研制成功。

既然我们所面临的大部分事情目前都还没有特效药式的解决方法，在工作中去做这些看起来没有什么效果，要走很多弯路，内心也未必愉快，工作量还不小的事情就成了成败的关键。而能够让自己适应或者忍耐这样的事务，并最终把事情做成的品质，我称为"把事情做成 make it happen"（简称 MIH）的品质。MIH 并不完全是工匠精神，工匠精神更多的是强调精益求精，持续改善，不惜工本等特质。而 MIH 则更多是谈算计、决策、平衡、妥协、落实、演练，甚至是苦耗、示弱、忍耐、坚守等。虽然其中的算计、落实、演练等环节也和工匠精神一样，需要精益求精，但核心却是坚持。我们可以轻易找到成千上万个理由来放弃一件事情，一份职业，一场事业，但我们却需要受很多的苦才可以将其维持下去。放弃的一刹那应该是如释重负的，但总是还要开始下一个，而下一个并不会比这一个好多少，这个坎是过不去的。大多数人最后年纪也就大了，也换不来更好的选择，慢慢也只能凑合了，在这个坎面前永远地停下了。

MIH 的品质看起来有点辛苦，但这世界是公平的，那么多人倒在了那个坎前面，凭什么你就能过去？过去都是要付代价的，有些人天生命好，有些人天生运好，老天帮他们过去，而我们这种命运都一般的人，只好靠辛苦。我面试过很多人，发现大多数人都有这样的特点，当一个道理是说别人的时候，他能保持理性，但到了自己身上，就完全失去理性了。最经典的对话大致如下：

我：我们大多数人都是普通人，你也是普通人，你同意吗？

面试者：同意。

我：普通人通常业绩都一般，业绩好的人是少数，你同意吗？

面试者：同意。

我：因此我推断你未来的业绩也会一般，业绩好的概率不大，你同意吗？

面试者：我为什么就不能是那个特殊的业绩好的人呢？

大多数人都有这样的误会，总觉得在自己身上很可能会发生命运的奇迹（也就是不经过努力莫名其妙地就能把事情变好），却不知道大多数奇迹是靠辛苦得来的。经过了二十年、三十年，甚至四十年的人生，如果你对自己的命运大致是个什么情况还没有一个基本判断，那就继续稀里糊涂下去吧，不用再往下看了。

这个世界上做不成一件事情很容易，做成一件事情很难很难，尤其是牵涉到多方的事情，如果认为做不成，就不要去做，最可悲的是，大多数人不停地在做各种事情，不停地在跟别人解释为什么这些事情做不成。没有人要听一个人为啥没拿到奥运冠军，所以不要去想，不要像祥林嫂一样，喋喋不休说为什么做不成，这丝毫不会让事情好转，只会增加别人的鄙夷，就像别人对祥林嫂，开始还有一点同情，听得多了最后只剩下鄙视。之所以做不成，往往是因为以上提到的那种种原因，比如不愿意和各方妥协。我见到大量在公司打工的人，谈事情时并不是把注意力放在事情本身，而是放在其他人的态度上，讨论的时候更热衷于谈别人的错误，问题是大家都是如此，都愿意讨论别人的错误，而自己又都不干净，于是变成了大吵架，事情当然办不成。如果这时候有一个人能够忍着别人的指责不动气，坚持把注意力引回到事情本身，才有把事情做成的机会。

我认为有不少人是有"自毁型人格"的，所谓自毁型人格，是指有时候他们的选择似乎唯一合理的解释就是他们不想好了，就想在烂泥里打滚不爬起来了，比如有些人在不幸的婚姻中所采取的态度，不离、不合、不谈、不断，真不知道他们究竟是要干什么，感觉就像是说"我反正是毁了，你也别想好过，我也不想好好活了，就是要让你也不快乐"。职场中其实也有这样的人，有些人已经和公司过不下去了，但也不走，也不尝试改变，也不好好干，感觉就是想自毁。还有一些人碰到一点事情，就要找个愤世嫉俗看破红尘的理由来放弃，类似于"男人都是靠不住的"之类的都是这样的逻辑，动不动就要推倒一切重来。生活中的确有需要推倒一切重来的时候，但更多的时候是修修补补，碰到问题解决问题。

我的一位同事，在处理自己私事的时候，精明得简直让我佩服，有一次出国旅行，出行之前如何换外币，在国内换划算还是国外换划算，刷银联还是刷Visa，说得我都晕了，自叹不如。这样的同事在牌桌上也表现出这样的本事，算别人的牌头头是道，分析得有条有理。但一遇到工作上的事情，立刻来个180度大转弯，什么办法都想不出来了。我觉得首先肯定不是智商的问题，唯一合理的解释，就是那些私事是自己充分能做主而且以后好处全部归自己的事情，而工作上的事情不是自己能够充分做主，而且以后好处不知道跟自己有什么关系。因此遇到工作上面的问题往往不做决策，或者不会绞尽脑汁地去思考决策，而做决策也是将事情办成的一个重要方面。大多数人在一个事情中是做选择，而非做决策，做选择是别人来做决策而我决定支持或者反对，而做决策的人需要照顾到各方的利益，争取到最多的支持。因此做决策其实也是一件很辛苦的事情，做选择当然容易一点，但如果一件事情没有人做决策，往往也是干不成的。

在前面我们讲过，人是非常奇怪的动物，甚至是不可理喻的，虽然大家都知道开车会导致雾霾和堵车，但轮到自己还是要开；虽然都知道生产出来的这些塑料袋很难降解，轮到自己还是要用……人往往是短视的，最先看到和考虑的是眼前的利益，而对于未来的利益却因为看起来道路漫长艰难而不愿投入。我们自己以及和我们一起协作的人，也都是这样的人，和这样的人协作，找到他们的毛病当然很容易，要让他们暂时放下自己的利益来协作是很难的。要把事情做成，光指责别人没有用，就算你说的都对，别人都是愚蠢的，难道事情就能做成了吗？还是要抽丝剥茧地把事情的利益、困难都分析清楚，找到志同道合的人，选择长期的路，说服大家选择现在看起来比较困难的道路，为了将来长久的利益做出困难的选择。

有人会说我为什么要如此辛苦地去做这些事情，因为这是你想要的成功，你成功了也不会分钱给别人，别人没有义务去配合你帮你成功，如果你自己不去辛苦委屈自己，得不到你想要的成功也是活该。如果你根本不想要这些成功，那你也不必再看下去了，赶紧去干点自己喜欢的事情吧。

> 有人觉得我可以不拿主义不做决定不想办法，我少干活了，我赚了。但从另一个方向来思考，如果我做了决定，我拿了主意，我想了办法，我去做了争取，代表我占有了更多的资源，因为我做的决定，势必资源会向我倾斜；因为我想的办法，势必未来大家会惯性地按照我的办法去做。

等待别人批准的人生

　　1980 年的时候，我还是一个六岁的孩子，有一天我拿着从零花钱里省下来的一角钱到了中国人民银行（那时候还没有工行）。柜台比我人还高，我努力爬上柜台，问办理业务的人："小孩子可以存钱吗？"业务人员看了看我，说："让我怎么回答你呢？没有规定说小孩子不可以存钱，但你家大人知道吗？"虽然我家大人并不知道，最终他还是一步步指导着我办了我人生的第一笔存款。这件事情让我印象深刻，因为在那之前，我一直认为世界上的事情都是安排好的，什么事是应该的，什么事是不应该的，都黑白分明，所有事情都已经被人规定好了，我们只要按着规定好的路线去做就好了。

　　长大了以后我才隐约明白，好像这世界上的事情，绝大多数都没有规定好，也没有那么多的天经地义。但当时我们接受的教育就是，要乖、要听话，大人的决定都是为你好，所以要顺从。慢慢地，我们习惯了听这些人的话，习惯了让别人去做决定，我们只是跟随就好了。有很多人一辈子就这样听别人的话，按照别人的安排，等待别人的批准过完了一辈子。

在很长一段时间里，我始终像等待着银行的工作人员决定我能否存钱般在过着别人批准的人生，直到我的一段职场经历，让我对这个问题的态度发生了巨大的转变。

当时是我的老东家要上市，整个上市的准备过程中，充满了公司与协助上市的相关事务所的会计师的沟通和争执，有些时候甚至是指鹿为马的争吵。我原本以为，会计师就像学校里的老师，他们规定了这样可以，那样不可以，结果发现，绝大多数的沟通最终都是以老东家的意见为主，老东家讲一个逻辑，会计师听着这个逻辑是否讲得通，讲得通就接受，讲不通就不接受，而并非由会计师来告诉老东家应该这样做或者不应该那样做，甚至包括如何记账。这件事让我发现，原来世界上大多数事情是可以讨论的，是可以妥协的，是没有什么硬性规定的。在商场上，阻挡你的所谓的硬性规定，可能只是你争取得还不够罢了。

我们绝大多数人都是从草根开始奋斗的，如果一直按照别人设定的游戏规则去工作和生活，大约是很难脱离弱者的命运的。有很多人习惯于等待别人批准，等待别人想办法，等待别人做决策，甚至有人是为了少干一点活而主动做出这样的选择。有人觉得我可以不拿主意不做决定不想办法，我少干活了，我赚了。但从另一个方向来思考，如果我做了决定，我拿了主意，我想了办法，我去做了争取，代表我占有了更多的资源，因为我做的决定，势必资源会向我倾斜；因为我想的办法，势必未来大家会惯性地按照我的办法去做……

一个人会成为一个成功的人，先要从争取更多的资源开始，虽然资源不是唯一的决定因素，但绝对是一个必要条件。很多时候强和弱之间，差的只是资源。比如在我小时候上海的小学很多都没有操场，孩子们在弄堂里上体育课，后来到北京我发现北京的孩子足球踢得普遍比上海的孩子强，其实这很容易理解，上海的孩子根本没地方踢足球，换成乒乓球，北京的孩子就一点优势都没有了。我今天之所以能在这里侃侃而谈，也是因为我使用了更多的资源，有更多的机会让我去尝试学习，并非我更聪明。

对于一个做事业的人来说，更多的钱、更多的人、更多的机会无疑都是资源，而这些资源不会从天上掉下来，在你还没有变成一个赚钱机器之前，你需要崭露头角，去提出自己的看法，自己主动想办法，自己去争取各种资源和支持无疑是最容易吸引注意力的，要相信没有一个好公司是不缺人才的，看到愿意主动尝试、主动想办法的员工，总是会给一些机会的。这些机会，是一个草根开始崛起的起点。不要等待别人来批准，不要等待别人来安排，如果是由别人来安排，难道会把最好的那一份安排给你？既然你已经默不作声在等待安排了，那么你能得到的当然是马马虎虎的一个安排，难道还能期待什么好的？

等待别人批准的另一个恶果就是让自己的效率变得低下，而且很容易成为替罪羊。因为你在等别人批准，别人不批准的话你的事情就耽误下来了，不管别人是因为什么不批准，矛头是指向你的，是你耽误了事情，是你不作为。你，为什么要当这个替罪羊？为什么不表明你的态度？为什么明明在你职权范围之内的事情，要找个别人来批准一下？如果你找的那个人是个积极的人，那么他夺取了所有的光彩和荣耀；如果那人也是个不作为的，那么一定会把责任推还给你，不会为你分担，到头来矛盾还是在你这里。比如在一家饭店，大多数情况下，都是服务员和顾客吵架，很少有老板和顾客吵架的，原因是什么，是服务员不拿主意，等老板批准，如果老板是个积极的人，自然会把客户弄好，不会吵起来，但他事后可能会处理这个吵架的服务员；如果老板也是不作为的人，还是会把球踢给服务员，最后还是服务员去面对客户。

还有人会说，我没有那个权限，公司没有说过我可以做这个决定……要知道权限这事情弹性是很大的，比较积极的比较扛事的，权限就会大，比较消极的比较不愿扛事的就权限小。比如我们公司的质量部权限就很大，因为他们愿意管，而很多公司的质量部简直没啥作用，因为他们不愿意担责任。人们都是这样的，你管得多了，慢慢那些本来不是等待你批准的人也会来找你批准，你的权限就大了；你管得少了，本该等待你批准的人也渐渐不来找你批准了，你的权限就小了。

人与人之间如此，公司的部门与部门之间也是如此。原本，在一个公司里面，没有一个部门是应该被另外一个部门领导的，每个部门都有自己的立场和主张，这是一个问题的多个方面，简单的问题可以在大家互相理解对方的立场和主张的前提下，自己按照常识就能达成统一的意见。复杂的问题可能需要最终的决策人来平衡各方意见，最终做一个取舍。因此，作为一个部门的成员必须坚持，其他部门的意见是其他部门的意见，是他们的立场和主张，其他部门并不是自己部门的领导，也不代表公司，你所在的部门也有义务把自己的立场和意见表达出来，而不是等待其他部门来批准你们这样做可以或者不可以。

必须要说回一个老话题，没有人能够保证这些准备做了哪一件就一定有用，就像吃饭，并不是吃了哪一口饭就饱了，其他口都可以不吃。但我们日常却总是在期待着那"有用的一口"，对于没有立即性效果的事情，往往不感兴趣，也不愿意投入，这样是没有办法吃饱的。

为每一次机会做好准备

这样的话题一定是不讨喜的，人们现在更想看到"两个月练出马甲线""不背单词学英语""轻松赚钱炒老板"，等等，但凡要忍耐，要坚持，要受苦的事情都不受欢迎。

就如同虽然我已经写了两本书，希望能够帮助人们在寻找工作和工作中做得更好，但日常看到的仍然是那么多面试时不知所谓的应聘者，所有的努力如同螳臂当车，并不能阻止大众的浑浑噩噩，或许即使倾尽我个人的所有努力仍然不能改变大势，但我还是觉得有必要苦口婆心再念一念，哪怕能有一个人改变也是好的。

还是从我比较熟悉的面试过程说起，诚然，面试是一个双向选择的过程，应聘者寻找一个发展的平台，而企业选择能够帮助企业发展的员工，就像相亲，但即使是相亲也存在一个互相吸引、互相展示优点的过程。如果你的标准很低，这个过程当然就可以做得不那么辛苦，如果你选择的要求很高，那么竞争者就会多，去展示魅力吸引对象的过程就必然要费力得多。招聘也是这么一个过程，如果只是想随便找一个工作，当然不需要什么辛苦的准备，但如果想要找一个相对比较好的工作，无疑应该多做一些准备。

面试的时候常常见到一些毫无准备的应聘者，很多问题回答得让人无法理解，讲一些市面常见的套话，根本无法给人留下印象，也难以打动面试者。这和我们很多销售人员去拜访客户时的情况是一样的，这个展示魅力、吸引对方的过程做得太随意了。我们很多销售人员的工作内容叫作"日常拜访"，翻译一下就是到客户那里转转，如果客户有事就处理一下，没事就回来。如果客户有一个好的机会，怎么会把机会留给这样打酱油的销售？

机会和演唱会不一样，在到来的时候从来不会预先通知，也不会大肆宣传，倒有点像流星或者彩虹，转瞬即逝，谁也不知道什么时候会来。实际上，机会从来都不会表现得像一个机会，甚至表现出来不过是一系列的阴差阳错而已。但事实上并非如此。如果想要拍到流星或者彩虹，靠的绝不是运气好，也不是在那一瞬间的反应迅速（运气和超人的反应并不适用于大多数人），对大多数人来说，充分的准备是必需的，比如要关注相关的资讯，准备好必要的设备器材，跟着发烧友们多跑几趟容易观察到流星的地方，找到一些规律，在发生概率比较高的季节多准备一些时间，看看专业论坛中别人的经验和教训，等等。这样做应该比随意去拍，机会要大得多了。

生活中的机会亦是如此，如果你觉得这些机会并非你想要的，大可不必看下去了。如果你是要追求这些机会的，那么事先的准备工作无疑会帮助良多。就以面试来说，面试官一定会问的几个问题，自己想也想得出来（实在想不出，市面上这样的书也很多，早就总结好了），无非围绕着特长、过去的工作经历、以前的工作环境（包括如何看待前公司、老板，与前同事的相处情况）、特别值得提到的成绩，等等，考虑一下面试官问这些问题的目的，为每一个问题准备一个"不一样"的答案应该也不算太难。当然你也可以选择随机应变，但从概率上来说，随机应变给出的大多数就是那些不得要领的平淡无奇的答案，要么就是故弄玄虚却虎头蛇尾。同样的道理，去拜访客户推广产品的时候，需要知晓客户会关心一些什么问题。我们自己也做过消费者，这些问题我们自己也想得出来，价格、质量肯定会问，如果准备得充分一些了解自己的产品和服务究竟能够"精准"地解决客户的哪个痛点，说起来就更引人入胜了。不要用"我们的质量肯定没问题"这种空泛的语言来应对，这丝毫没有说服力，没有一个公司的销售会说自己的产品质量有问题，这一点都不"特别"。

明天公司要开一个会，讨论一个你关心的话题，你当然可以选择随机应变，但也可以事先做一些准备，充分表达你的观点，多收集一些资料和数据，给参会者打印一份资料，甚至准备一个PPT，有必要的话和关键的人物在会议前进行一下沟通，争取对方的支持，在会议之前给自己设定好哪些是必须达成的目标，哪些是要争取达成的目标，哪些是可以妥协的目标，对立方可能提出的意见是什么，针对这些意见，自己应该如何反馈，等等，这些工作提前做好，结果可能会好一点点。

必须说回一个老话题，没有人能够保证这些准备做了哪一件就一定有用，就像吃饭，并不是吃了哪一口饭就饱了，其他口都可以不吃。但我们日常却总是在期待着那"有用的一口"，对于没有立即性效果的事情，往往不感兴趣，也不愿意投入，这样是没有办法吃饱的。这个社会有这样一些人只想要你的钱，因此他们说很多你爱听的话，类似于某些运动APP告诉你两个月就可以练出马甲线或者做出一字马，某些招聘网站会鼓励你勇敢跳槽，某理财APP会说只要用了它就可以实现财富自由轻松炒老板，等你真的炒了老板，他们是不会管你这个月工资的。这些人会忽悠你说只要吃那"有用的一口"就行了，其他的都不用吃，给他们一点点钱，他们会还给你一个奇迹。这世界上一定是有那些运气好的人的，他们不用太努力就可以获得一切恩宠，但我不是他们，我猜你们也不是，我们只能为每一个机会做准备，只能吃着那看起来没用的一口口饭，直到某一口感觉吃饱了，这样的结果大体是可以预期的，前路未必有惊喜但大抵是有保障的。

我知道这很苦，也很累，但如果你选择的是把一件事情做到出类拔萃，这个过程大约是避免不了的，直到有一天你认为自己已经达到了自己想要达到的目标了。人活在世上面对竞争本就是逆水行舟不进则退，你没管住嘴巴，脂肪就会成长；你不往前走，别人会愿意往前走；你不咬咬牙，别人就会超过你；你不创新，别人就会领先……这就是比别人多付出的，而且这种付出谁也不能保证回报。我常常看到奥运冠军们夺冠后的泪水，我想，这种泪水更多是有感于这么多额外付出的艰辛，以及对这些额外付出才获得的险胜所表达的后怕，如果有一点点偷懒了，有一点点准备不足，或许站在领奖台上的就是别人了，即使我已经付出了这么多，也是胜得艰难无比。我从来都不认为每个人必须做成什么了不起的事情，但我们必须做一个选择，没有两全其美的好事，至少轮不到我们。

从另一个角度来说，我一直认为与其把力气花在同时做很多件事情，不如每次出手只做一件事情，但把事情做到成，而非做了很多，但由于种种原因最后都没做成。没有人要听一个运动员说他是因为什么没得到奥运奖牌的，要讲故事等拿了奖牌再说。基于这样的原因，更应该把时间放在为每一件事情所做的准备上面，把每一个决定要动手去做的事情，尽自己所有的努力做成，不要贸然出手，不鸣则已一鸣惊人。准备的内容其实可以从这样几个方面着手，对于事情和人物的背景资料的准备，对于历史数据的准备，对于自己观点系统地整理，准备自己观点的最好展现方式，准备可能的反对意见和应对，准备能够让各方接受的利益分配方式或者妥协方式，准备一切能够想到的意外情况。

我这里所说的准备都是很初级的，但重要的是，需要养成这样的习惯，在每一次我们决定要出手的时候，就会去充分准备，渐渐地，事情的演变会教育我们，会教会我们未来需要怎么样更有水平地做准备工作，也一定会提升我们做成事情的水平和效率。

> 如果你把自己当作小透明，那么谁又能把你变成大人物呢？谁规定了不能做就等于不能想？如果禁锢你行动的是你的环境，那么禁锢你思想的难道不是你自己吗？

不能做＝不能想？

前文中也提到，我在面试人的时候常常会进入这样的语境当中：面试者对之前所在的公司一通批评，认为之前的公司有很多问题，或者嘴里说着不能批评原来的公司，话里话外又都是各种讽刺鄙视，还自以为语气委婉。此时我往往会问他们这样的问题：如果现在让你去做原来这个公司的总经理，所有权力都归你，你打算怎么干，有什么具体措施，明天马上要干什么事情。通常情况下，这些人的第一反应都是一脸蒙，然后吞吞吐吐地说一些诸如要加强团队建设，提升品牌形象，凝聚人心的空话，或者直接回答这个问题没想过。

谁也没有保证过这个世界会是一个完美的世界，这个世界也不是为任何一个具体的人设计的，所以，每个人都面临一个问题，他需要不停地去探索和了解这个世界，这种探索和了解中非常重要的一环就是去了解周围的人，他们的处境，他们的思路和逻辑，他们为什么会这么想、这么做。老天大约不会给你机会，正好把你派到李嘉诚或比尔·盖茨身边，你周围的人或许就是那个秃头脾气不好的老板，或者是爱勾搭小姑娘的油头粉面没事还要向你借钱的同事，甚至是上班看黄色网站的猥琐抠脚大叔。问题是，如果老天把我们安排在了这个地方，我们怎么办呢？而且以概率计算，大多数人换一个环境差不多还是这样，情况并不能靠换环境就得到改善，接触的人除了名字不同，大致还是这个水平。

唯一可行的办法，就是从这个环境里脱颖而出，才能进入下一个层级的环境。这有点像打游戏，你自己等级低的时候，只能混等级低的区域，那个区域里的小怪们也没啥好装备掉给你，要想改变，只能提升自己的等级，慢慢去混更高级的区域。如果我们把工作环境当作游戏场景，事情就变得容易理解得多了，这种低级难度的怪很容易搞定的，即使没有攻略没有人带，无非多尝试几次也就知道如何能搞定这个怪了。就算是真人对真人，现在你碰到的还只是青铜组的选手，没啥厉害的角色，多练练多看看脱颖而出也不是难事。

但在工作中大部分人选择的并非在游戏中的积极态度，更多的是指责、批评和等待。当我问他们如果你来做总经理怎么办的时候，有很多人会说，我没有那个权限去决定，这不是我能决定的。如果你把自己当作小透明，那么谁又能把你变成大人物呢？谁规定了不能做就等于不能想？如果禁锢你行动的是你的环境，那么禁锢你思想的难道不是你自己吗？

生而为人，我觉得最值得庆幸的一点是我们有自由的思想，或许我们的肉体会被限制，但是我们的思想是自由的，除了我们自己，什么都无法限制我们自由的思想。而所有的伟大，都是从一个自由的思想开始孕育的，如果连自由的思想都没有了，那么其他的也就都不可能存在了。我们将和其他蒙昧的生物一样，仅仅满足于物质需求，不再想翱翔蓝天，不再想畅游大海，不再想探索天的尽头眺望无尽的未来。

一定会有人说，我们现在还在过着苟且的日子，没有办法去幻想海天的尽头，那么我们可以从比较近一点的目标来让我们的思想驰骋和学习。举例来说，我前面提到的例子，不妨想一想，如果让我干这个公司的领导，我打算怎么干？然后去观察一下你现在的领导是怎么干的，他为什么这样干，结果又是如何，如果不这样干该怎么做，甚至可以主动和他沟通你的思路。经过这样的不断磨炼，思想会变得更加成熟而流畅，几乎任何事情都可以通过熟能生巧而得到提升，思想也一样。

人还需要有一定的敬畏心，对于专业，对于未知的敬畏。很多人认为给自己个总理干干也不成问题，一旦问到具体问题，往往讲出来的只是空话。如果你的想法是用几句话就能概括的，要么你是天才，要么你就是在讲空话。你的总经理如果说需要你去提升品牌形象，你要怎么做？你必须得到一个具体的指令，才知道确切要去做一些什么事情。比如领导让你去联系一个广告公司，然后在某视频平台上做广告，要有明星代言，要有可以病毒式传播的广告语，这就是一件具体可以去做的事情。有很多事情你无法理解，只是因为越是高层次的事情越是"既要马儿跑得快又要马儿不吃草"的事情，有很多时候，当事人也面临艰难的抉择。

我们大多数人都有着自由思想的能力，之所以在工作中不太用或者用不太好无非以下几个原因，一是用得太少，不熟练，久而久之就荒废了。二是受了浮躁思潮的影响，耐不得那些慢功夫，总想来个快的。三是迫害妄想症发作，有不少职场人过度夸大了在职场中所受到的迫害，总愿意把注意力放在人与人的矛盾和斗争中去。四是不少人过于喜欢光芒万丈，对于出彩的事情有兴趣，对于脚踏实地的琐碎平凡没兴趣，为熟练运用几个响亮的名词洋洋得意，对于如何缜密地实现具体的逻辑和钩稽关系没有兴趣。明白了这些导致思想过于空洞，无法实现的原因，只要沿着这几条的反面来练习，自然就是正确的方向。

在让思想自由起来的同时，需要学习更深刻地挖掘具体条件和实际情况的能力，不能只凭听到的只言片语就轻率地得出廉价的结论。比如北京的出租车司机，一个个都是发散思维的高手，对于古今中外历史当下都能说出个一二三四，感觉这天下到他这里就没有办不了的事情，可是你从来不会当真，一路的点头附和不过是强化了北京的出租车司机真是太能侃的印象。

在没有能力获得足够信息的情况下，要学会用常识去分辨，这也是思想自由的重要构成部分。比如微信群里常常会有一些荒唐的信息，比如："今天晚上马云的儿子马雨结婚，赶快转发三个群，你的微信钱包马上就到账 300 元零钱，是真的，我们都验证过了，快转发吧！记住，三个群!!!"很多人会说，这么明显的谣言，怎么会有人相信？真的吗？如果换成某某品牌三周年庆，转发集赞免费得空气炸锅呢？朋友圈里数量庞大的此类转发求点赞足以说明一切。当你被看似唾手可得的利益诱惑时，你还能冷静地分析，用常识去判断吗？但也正是此时，你特别需要保持思考的能力。

人要有火热的思想，在任何的困难艰苦之下，都能保持着热度，不熄灭热情，或者说要有赤子之心；还要有脚踏实地坚毅的步伐，不因热情的思维而加快，也不因思维的冷寂而减慢脚步。但所有这一切都先要有思想来点燃，思想是一切的起源，所以，请记得，现实环境虽然艰辛但阻止不了你的思想，虽然你未必能做，但你一定能想。

> 文字记录对于长期的事业更加重要，因为对于周期较长的事业来说，很可能需要不断反复检测自己的路径是否正确，如果不正确原因又在什么地方，是否需要回到上一个节点，尝试另一种路径。

文字的习惯

日常生活中我们有时需要跟家人朋友讲述一个稍微复杂的事情，或是需要做一个感人的表白，又或是需要在家长会上发表讲话，或者写一封感谢信给老师……无论是哪一种情况对于文字能力都是有一定要求的。但我们大多数人自从离开学校以后，就没怎么写过整段的文字。这导致很多人的表达极其有问题，话说不通顺，甚至无法连贯地表述自己的想法，只能用短句和单词来表述，几乎没有完整的语句，更谈不上逻辑和节奏。很难想象这样的人能够表现得体面大方，或者说有魅力，更不用说去领导别人、影响别人了，而说话能说得好，首先文字要能写得好，日常的说话不像朗诵比赛，是没有台词的，这种语言的组织能力，大半是要靠平时的写作来练习的。

如果你把工作当作一件要长期从事的事业，而非短暂的一个临时性的工作的话，那么文字记录则是一项非常重要的基本功。有些时候我们需要回头去看一件事情的发展过程，有些时候我们需要回想当初的约定，有些时候随着时间的久远，我们的记忆变得模糊，有些话到底说过没说过也都没有印象了，当事人有时也已经离开，信息变得更加不全，而这些不全的信息有时候可能是债权债务的关系，有的时候是关于利润分配的承诺，不少都是和人们的切身利益相关的。在这种时候，有清晰的文字记录，确实能够轻松不少。而且平时的工作中也会遇到写个申请或者报告什么的，我就多次看到员工的申请词不达意，连申请的对象都搞错的情况屡见不鲜。

之所以说文字记录对于长期的事业更加重要，是因为对于周期较长的事业来说，很可能需要不断反复检测自己的路径是否正确，如果不正确，原因又在什么地方，是否需要回到上一个节点，尝试另一种路径。比如，只是偶尔参加一下公司组织的长跑活动，那么大可不必去研究自己的跑步姿势是否正确，也不必考虑每一段的速度，跑鞋的选择，等等，但如果是想做一名专业长跑运动员，那么可能以上所说的都要考虑，还要制定训练计划，每天的训练活动都要做记录，很有可能训练了一段时间遇到瓶颈，还要回头去看那些记录分析到底出了什么问题。换一种训练计划以后，再做记录，并且对比不同训练方法下的实际效果。

原则上来说，上述方法才是比较专业的工作方法，但目前大多数人所采取的工作方法大体是不做文字记录的，大多数事情都以见招拆招随机应变的方式口述执行。口述的方式有几个问题：

第一，无法转述，只要稍微转述几次立刻就大变样了，编成诗歌体或者顺口溜的会稍微好一些，但日常的口述内容很容易传着传着就变了。

第二，无法反复研究，即使有人有能力将一个复杂的过程用口述讲清楚，另一人未必有能力凭记忆还原每一个细节，原本定好的路径，因为回想不起来细节结果走错也很常见。

第三，无法回溯，因为讲过就算了，以前是什么情境下讲的，为什么讲，怎么讲的，对谁讲的，这些信息都是缺失的，想要回头再看看当初的因果，就非常困难了，因此对于那种需要一段时间才能出结果的事情，没办法通过回溯来调整自己的方案。比如配药，中医配药，如果不做记录，人吃了以后不可能马上有效果，等效果出来，可能早忘了当时是怎么调整的，为什么这么调整了。

第四，不确定，口头文字是比较模糊的，有些时候各方对于说的东西的理解完全不同，而记忆往往记的是意思，而不是原话，因此过一段时间大家把自己所记的拿来一对比，发现理解上差别很大。而文字则不然，虽然文字也有模糊的时候，但至少那些字是不变的，大家有个讨论的起点。这就是"合同""契约""借据"这些东西存在的原因。

很显然，文字记录也有问题，费时费力，不够灵活轻松，如果生活中每一件事情都去做文字记录效率就极其低下，这个时候就要判断哪些事情值得去做文字记录。比如枕头的位置让你不舒服了，拿手挪一挪，身子调整一下，舒服了就行，去做文字记录很显然得不偿失。我们并没有想要成为一个研究枕头的专家，如果我们想要变成研究枕头的专家，或者专门卖枕头的，可能事情就是另一个样子了。

不少外企对于写报告的要求是比较严格的，虽然很多中国员工觉得那不过是表面文章，虽然报告中的内容未必是百分之百的真实情况，但总会有一些关键信息留存下来。似乎西方国家一直十分重视这样的文字记录，我曾经听说一个英国小镇几百年的人口档案记录保存至今，也看到在西方的纪录片中，研究历史事件的时候，能够找到翔实的书面资料。这么做的好处是巨大的，可以让人的想法基于一定的事实，而非完全的臆想，在这一点上，中国式思维就显得过于抽象了。在我们的历史中，多教化而少了实证，致使一些文明遗产消亡，甚是可惜。

每个人大约都有下水管道堵塞的经历。下水管道堵塞往往是成年累月形成的，每次不注意的一点异物流入，日积月累，最后一堆脏东西终于把管道堵塞了。我们工作中也常常出现这样的情况，比方跟一个长久有业务往来的单位，几年来一直没把账对清楚过，等到想要对清楚的时候，发现过去堆积的事情太多了，根本没有办法理清楚，尤其是那些事情完全没有前因后果的描述，当事人也都离职或者不记得了，再想还原因果就很难了。和通下水管道一样，此时只能泥沙俱下，把所有东西一股脑捅开，不管前因后果了，不管那一坨是什么东西了。工作中也是如此，账对不清楚了，只能商量怎么办，分别承担多少损失作罢，至于是否正确，没办法管了，碰到不好商量的，只能自认倒霉。而避免这种情况的一个好办法，就是每一件事情都有清楚的文字记录，当初是怎么约定的，为什么这样约定，双方的共识是什么……这样一来，等到回头去翻看的时候，可以顺着文字记录的逻辑和事实将因果关系弄清楚。

工作中文字记录的重点是，不要写空话，不要像小学生写作文一样，要记录数据、事实以及各种约定，关键的人、时间和背景，人们说的原话，基于事实的逻辑推理等这些客观的事物。

> 既然身处一个熟人社会,那么就需要小心翼翼地维护自己的口碑,熟人社会里如果口碑毁了,信用也就破产了,在这个熟人社会里也就难以发展了。口碑这种东西只能是慢慢积累才能形成,积累出好的口碑很难,但要摧毁,只要干一件傻事就可以了。

优雅地分手

有的时候,我们会分离,因为各种各样的原因,我们离开了曾经待过的公司和曾经相处过的人。但世界其实很小,我们不太可能彻底和过去切断,以为从此"天各一方后会无期"往往却会"人生何处不相逢",以前的人和以前的公司突然和自己又有了新的交集。前两天看一个节目中介绍迪安董事长陈海滨,当年是复星广州公司的总经理,自己创业离开广州,后来复星又回头投资迪安就是这样的例子。

但很多人在这种离别时所采取的态度,却有点像在某个树丛边解了个手,反正今后永远也不会来了,管他脏了谁臭了谁,管他是不是一塌糊涂不可收拾。有些员工一旦决定离职,工作态度断崖式坠落,与之同时出现的,还往往表现出对现有环境的厌恶,因为这样的厌恶又会引发更多的矛盾,最后分手分得狼狈不堪。也有点像租房子,如果租约马上到期,马上就要搬家,这时候大多是不会小心对待的，结果和房东吵得不欢而散。如果是自己买的房子，是自己费尽辛苦装修的，用起来一定很爱惜。

职场中人在工作中会积累一些矛盾，当还需要相处下去的时候，这些矛盾往往不会以撕破脸的方式来解决，一旦处于要离职的状态，往往是不惮以最难看的姿势来互撕的。我总觉得人们在即将分手的时候，总是会主观上对要分手的事物更差评一点，以使得自己的要分手或者要分手补偿具有更大的正当性，此时分手对象的"不好"，常常是被夸大的。就像孩子想要买一个新玩具的时候，妈妈以有旧玩具所以不能买新玩具为理由拒绝，孩子就会觉得旧玩具好讨厌，恨不得赶紧坏掉。但离职毕竟不是丢弃一个旧玩具，过去的人、过去的公司都还会存在，甚至会存在得很好，他们并不像一个旧玩具一样永远消失。他们会记得当初的互撕，会记得撕出来的一道道伤口，这世界上心胸狭窄的人要远远多于心胸宽广的人，于是在各种场合，那一场难看的互撕会被拿来消费，就像我们消费那些明星的分手大戏。

大多数人可能会在一个陌生的场合去路边树丛解个手，哪怕被人看见也不是那么有所谓，但不会在自己家门口这么干，更不要说被熟人看见了。人们一般在熟人社会就比较重视自己的行为，重视自己的口碑，而在陌生的社会环境中就会乱来。很多人认为离职就是去了一个新的世界，现在这个世界就不重要了，可能未来永远也不会回来，新世界里没有人认得，没有人知道旧世界发生了什么，所以离开得再难看也没关系。

可是如果是事业有成的人，大多数情况下，离职只是搬到了隔壁的小区，距离不算太远，总有人认得你，有时还会有原来同一个小区的人搬过来，以前那些事情就会在新的环境中流传开来。一份新的工作，新公司完全不看重你原来的工作经历，只能表示这工作很低端，如果这工作比较高端，新公司不可能不看重原来的工作经历，也就很可能和原来的工作相关，所以事业有点成就的人离职一般去到和原来相关的行业的公司可能性很大。低端的岗位可能交集少一点，但谁又会愿意一直做低端的职位呢？因此对于事业上有所建树的人来说，离职以后和原来环境里的人再次发生交集的可能性是很大的。

　　同行业的圈子其实很小，我们很容易转转就碰到了过往的人，因此一个人的口碑很重要，口碑是一个人的历史记录。我们是人不是神，没有办法预估一个人的未来，只能根据一个人的历史来判断这个人的未来，只能根据他历史上对此类事情的处理方式来推测他未来将以什么方式处理这样的事情。这个逻辑未必完全准确，但也没有更好的推断办法，而且基本上这个逻辑是靠谱的，因为人性有着强大的惯性，基本上人很难跳脱开已经熟悉的做法，在我们成熟以后，我们的个性基本就定型了，绝大多数人再也难以改变，江山易改本性难移。既然如此，那么这个人的口碑也就说明了这个人大致是个什么情况，既然身处一个熟人社会，那么就需要小心翼翼地维护自己的口碑，熟人社会里如果口碑毁了，信用也就破产了，在这个熟人社会里也就难以发展了。口碑这种东西只能是慢慢积累才能形成，积累出好的口碑很难，但要摧毁，只要干一件傻事就可以了。

　　当我们像甩掉一个烫手山芋一样去处理分手这件事的时候，自己的底线也会降低，分得难看就是难免的了，这个时候觉得反正打碎的都是别人家的家具，下手下嘴就都不留后路了，另一方一定是不甘示弱的，这样的场面，结局一定不会好看的。要积攒自己的口碑，反而要在此时提高自己的底线，把平时不做的或者不认真做的事情都认真做好，尽心尽力地交接工作，不要迟到早退，走的时候把工作环境收拾干净，不要在办公室跟别人聊自己的不开心，离开以后不口出恶言。这一定给人留下深刻印象，虽然此时未必有立即的回报。这样做的结果才是最有利的结果，否则即使暂时性少干了一点活，出了一口气，乃至多争取了一些经济补偿，也抵不上将来别人在背后的一句负面评价。这事对当事双方都是一样的，公司的人力资源部门在这个时候所应该采取的态度，反而是要更体贴，更关怀，主动提供推荐信，主动帮助调和矛盾。毕竟公司也是需要口碑的，如果离职员工都在说这个公司不好，那么同样也会摧毁公司的口碑。好的口碑来之不易，你也不知道什么时候有人在打听你的口碑，没有办法事先准备，只能靠老老实实地做好基本功，在每一次能给人留印象的时候都尽量表现得好一些。越是别人预计你会做出点傻事的时候，越不做傻事，这更容易出人意料，更容易让人印象深刻。人们会很直接地联想，你都要走了还把事情都处理得很得体，你的素质一定是很高的。因此，分手的时候，恰恰是最好的展示风度、积攒口碑的时候，利用好这一次机会，不要浪费。

> 有些时候，资源仅仅是看在一个人比较勤奋这一点上，也愿意尝试一下……但你总要给资源一个理由，如果你表现得太普通，太没积极性，这样的人满街都是，资源为什么要选择你呢？好歹，你勤奋一点吧。

为什么应该先付出

几年前，某机场曾发生一起两架飞机险些相撞事件，一架飞机准备起飞的时候发现另一架飞机正横穿跑道，于是紧急拉升，避免了相撞。此事一出，连续发酵，马上有一种声音出现："管制员这个平常不被人注意的群体因此引起热议，并暴露出一定的生存窘境：超负荷工作、薪酬待遇水平较低以及人才流失等，这同时也折射出空管体系的发展未能跟上民航发展速度的问题。"把这些话翻译一下就是，没干好是因为拿钱少，因为工作条件不好。对于这个论调，绝大多数人的态度是一致的，就是"呵呵"。

事情发生在别人身上的时候，大家都是明白人，都知道所谓干得不好是因为拿钱少这种论调纯属胡扯，拿钱多就能干好了？看别人的时候都明白，但这种事情一旦发生到自己身上，大多数人不会先去检讨自己的工作，一定要先为自己的过失找一个理由，而我干得不好是因为我拿钱少这是非常常见的一个理由，这个理由不管能不能说服别人，至少能够给自己一个安心的交代。

就像我们看到航空管制员的这些理由不由得"呵呵"一样，日常工作中如果我们这么说，可以想象，别人听着也是心里一阵"呵呵"。最要紧的是，这么说除了得到"呵呵"和一肚子的气愤，以及回首自己一路走来诸多坎坷，不禁悲从中来狠狠替自己心酸了一把以外，什么也得不到。没有人会傻到真的先给你涨个工资，然后期待你下一次干得更好。

这个事情的理由很简单，资源是稀缺品，人是易得品。当资源面对人，选择太多，不太可能一个个去试，只能看这其中有没有人冒出点苗头，有成为人才的潜质，于是资源愿意去给这个人一个机会试一试。稀缺品的选择空间比较大，而易得品的选择空间比较小，于是易得品就要想办法在众多易得品中脱颖而出，取得稀缺品的注意，才能成功。就像结婚，如果一方是稀缺品，郎才或者女貌，他/她的选择就会比较多，就会对另一方比较有要求，另一方如果什么长处也没有，就是易得品，选择就少，易得品要获得稀缺品青睐就得出奇制胜，或者死缠烂打或者表现出是潜力股有能力未来成为稀缺品。

这里面的核心就是，当我们还不是稀缺品的时候，要先付出，先展示出有可能在未来成为稀缺品的迹象，如此才有机会获得稀缺品的青睐。如果你非要跟我谈世界的不公，权力的傲慢，那么请选择另一个能充分释放人性的发展领域吧。我们所在的这个领域就是这样的，你说的都对，资源就是不理你，再控诉有什么用呢？与其去控诉，不如去动手改变，想办法去获得资源。这世界不完美，但很有意思，我们处于劣势，但并非没有制胜的机会。

所谓先付出，代表在还没有获得更高报酬的情况下，就不计报酬地努力，用心，负责，不推脱，绞尽脑汁。很多人觉得这是吃亏，但事实不是如此，资源寻求人才的渴望，一点也不小于人才寻求资源的欲望。举例来说，如果一个老板有一笔闲钱，很少有哪个老板会把这笔钱存银行，一般都是在寻找好的投资方向，而任何投资方向里，唯一不能少的，就是人才。几乎没有一个企业认为不需要人才，也没有人觉得人才太多用不完，资源只是不知道人才在哪里，也不愿意承担损失。有些时候，资源仅仅是看在一个人比较勤奋这一点上，也愿意尝试一下。我深知人才的获得是多么难得的事情，有些时候，人才也找到了，但不适合自己的企业，也没办法。但你总要给资源一个理由，如果你表现得太普通，太没积极性，这样的人满街都是，资源为什么要选择你呢？好歹，你勤奋一点吧。

我之前面试过很多人，他们会说，老板为了多赚点钱不给他们兑现奖金，这和上面所说的干不好因为拿得少是一个逻辑，完全是从自己的角度出发的。我们当然不能排除有一些愚蠢的老板，但更多的情况是这样的：一个人会做你的老板，95%以上的可能这个人不比你傻，他会算账，如果给你奖金他赚得更多，他当然会给你奖金，如果不给，只能说明一个问题，就是他觉得你不值这些奖金，不给你奖金哪怕你离职，对他赚的钱也没啥影响。于是我就面临一个选择，我究竟是相信面试的这位还是相信他前任的老板，答案几乎非常明确。这样的员工和前面提到的航空管制员一样，对于发生的问题很少从自身的角度去找原因，总觉得是别人的原因。

当然，人才也是稀缺品，职位也是易得品，人才面对职位的时候也一样，当一个人已经被证明是人才的时候，他选择职位的时候当然也往往是职位来迁就人才。因此总在抱怨招不到人的经理人，也和前面说的是一样的问题，很多人把招聘要求发给人事，然后就开始等。甚至招聘要求和职位描述都没花功夫认真写过，职位描述味同嚼蜡，平时也没有去注意结识一些有水平的人，更没有花时间去影响别人，如果你完全没付出一点吸引人的努力，那么人才为什么要来？好歹，你礼贤下士一点吧。

总而言之，如果我们希望成为主动的一方，有更多选择的一方，那么就需要不断提升自己的稀缺性。如果我们还没有足够的稀缺性，那么就要想办法先付出，然后才能脱颖而出，获得资源，并让自己有机会成为稀缺品。

> 绝大多数人并不是缺少机会，而是缺少方法，面对的明明是"掉落荒岛"的危机，但自己并没有充分意识到这样的情况，却在用"亲戚串门"的心态应对，这样的处理方式，按照流行的说法，在电视剧里都活不过第一集。

掉落荒岛

有这么一种类型的小说影视作品，讲的是一群人因为船只或者飞机失事，掉落到一个无人荒岛上，于是活下来的人只好一起想办法通力合作走出荒岛。在这个过程中总是充满了环境中的困难、各种人性的冲突以及各种利益博弈，在个人利益和集体利益之间常常会有难以抉择的尴尬处境。我们在工作中的情况其实和这个情况很像，我们有一个团队，但这个团队是临时拼凑的，或者是磨合不久的，大家互相之间也没什么默契和信任，对于目标和方法各自的看法也不同，对于利益的权衡和考量也各自有盘算，团队的领导也还没有足够的威信和手段，在这样的情况下就毛手毛脚地开始了"掉落荒岛"的旅程。可以预见，结果不会太好，而且不像影视小说中，日常的我们并没有主角光环，最后的结果往往就是大家一起死在这个荒岛中，俗称"团灭"。

从这样的一个处境来分析，利益最大化的方法一定是大家通力合作，求大同存小异，不短视，把共同利益放在个人利益之上，包容别人的失误和缺点……但即使是明白自己处境的人也未必能做到这样。举例来说，很有可能有一个人发现了水源，但觉得不够分，于是不愿意告诉其他人，结果导致团灭；也有可能面对一个危险的境地，人们就会犹豫，谁这个时候站出来，就有可能死亡或者负伤，不说死亡，即使负伤，也可能导致团队后来丢下自己不管，从而没人站出来，又导致团灭。各种各样的情形，让这个团队的成功率实在堪忧，事实上，真实世界中遇到一群人迷失在了荒岛或者沙漠，大多数时候就是团灭，就像创业，大多数也是团灭。

这个世界上最困难的不是各种艰难险阻，而是对于艰难险阻的不知晓，我们这些普通人能够碰到的难题基本都有人解开过，都算不上太困难，真正的困难是，我们并不知道自己正在面临什么样的难题。很多人其实就是处于这样的一种情况下，之所以会屡战屡败，是因为并不了解自己所处的环境，以及这种环境下自己应该怎么应对。一个人如果是希望通过参与一个事业，让自己的经济条件和社会地位获得提升，这个过程和上面提到的"掉落荒岛"的过程几乎是一样的（如果只是按部就班打一份工，甚至做一天和尚撞一天钟，完全是另一种情况）。因为这个结果并不容易获得，因此回报当然也是高的。在开始这个旅程以前，请做好充分的思想准备，实际的情形只会比我前面说的更加恶劣，更加不堪，做任何更悲观的预判都不为过。

绝大多数人并不是缺少机会，而是缺少方法，面对的明明是"掉落荒岛"的危机，但自己并没有充分意识到这样的情况，却在用"亲戚串门"的心态应对，这样的处理方式，按照流行的说法，在电视剧里都活不过第一集。方法不对，即使有再强的对成功的渴望，也只能是屡战屡败，总是混得不那么尽如人意，最终连对成功的渴望也渐渐磨灭掉，只能泯然众人矣，这就是大多数人的生活写照。

在此就说三个最典型的"作死案例"。第一个"妈妈式管理"，这是典型的把日常生活经验带到工作中来的做法。如果没有人教，很多人会把生活中的经验带到工作中来，但往往这二者并不相同。"掉落荒岛"的团队是追求效率的，但妈妈往往是不追求效率的，妈妈追求的是家庭的和睦以及岁月静好，即使有一个孩子成了十恶不赦的罪犯，妈妈仍然会和稀泥，并不想把这个罪犯赶出家庭，有孩子取得了非常优秀的成绩也未必比差的孩子能获得更多关爱。很多刚刚开始做管理的年轻管理者都是用妈妈式管理在管理自己的团队，希望团队成员都像孩子一样友爱和睦，但是自己却没有像一个妈妈一样无微不至地去关怀家庭和孩子，于是造成了两个结果：一是自己管理的团队效率低下，面临荒岛这种局面往往是团灭；二是妈妈虽然没有效率但是由于无微不至的关怀和对家庭的付出，孩子们还是热爱妈妈的，但妈妈式的管理者往往只是学了和稀泥，却没有做出理智判断合理分工，最后团队成员并不买账，只会觉得这位领导无能。

第二个"孩子式借口"，有一天我吃饭的时候听到邻桌的两位妈妈在说自己的孩子，其中一个说到自己的孩子是如何找借口不做寒假作业的，问他为什么没做寒假作业，因为他要先做难的，容易的等后面再做；那为什么没做难的，是因为爸爸没有帮他买解答难题的练习册；为什么没有提醒爸爸去买，因为爷爷奶奶让自己做事情没空盯爸爸去买……这种现象在日常工作中也很常见，总结来说，核心意思就是"我没错，有坏人"，对于自己所有的问题，统统不予承认，或者轻描淡写地略过，把所有注意力都盯在别人身上，所有的问题都是别人的问题，所有不好的结果都是别人对自己的迫害造成的。如果只是参加"亲戚串门"或者"公交排队"，这样的心态最多不被人喜欢，但参加"掉落荒岛"肯定是活不过第一集的，这种人只是被家长惯坏了，恶劣的外部环境和那些要活下去的人不会陪他讲道理，在这样的条件下讲道理，要么他死，要么团灭。大家怎么选择，不难判断。

第三个"情人式任性"，这种心态非常常见，很多人的逻辑是这样的，因为甲和乙有矛盾，如果丙和甲关系好，就是和乙关系不好。好人的敌人就是坏人，坏人的敌人就是好人，你跟我交了朋友就不能跟我不喜欢的人交朋友，我的朋友就是你的朋友，我的敌人就是你的敌人，我不喜欢的你也要不喜欢，我喜欢的你也要喜欢，赏识我就要说我一切都好，说我不好就是不喜欢我。这种强势的、独占的、任性的心态，在其他环境中或许未必致命，但在"掉落荒岛"的场景中，就会导致严重后果。在这里，很多时候不得不妥协，团队中或许有些人看起来不那么顺眼，但已经没别人了，没他团灭更快；有些时候做的决定未必是你最喜欢的，有些时候你的朋友不得不同意别人的意见，但如果因为你不喜欢就要分裂，那么无疑是再次团灭……"掉落荒岛"是一个在限定时间内追求限定目标的难题，并不是来检验感情忠贞与否的试验场，在这里只能冷静地计算得失利弊。不要把自己的任性和感情放在对于利益和目的达成的考量之前。尤其是取得了一点点小成绩的人，更容易犯这样的毛病，这个时候人都很自信，也还没听够赞扬，往往会把自己的任性放在集体的大利益之前，不停要证明别人对自己的爱。有些获得领导赏识的员工，总会去做一些破格的事情，如果因此而得到纵容，则心中窃喜，证明领导还是爱自己的，有那么点特权优越感，而且满足了自我认可；如果没有得到纵容，则各种悲愤，各种放狠话，这样的人，最终只能被放弃。

不作就不会死，如果避免以上三点，"追求效率的管理""不找借口""不任性"，就已经离成功不远了。

想要在事业上取得突破性成绩，就像这个"掉落荒岛"的过程，事实上的困难并不大，如果是一群机器人掉落荒岛，我猜多半是能在电量耗尽前走出来的，但正因为我们是人，我们很难跳出自己的习惯和感情，去弄清楚情形，迅速得到最有利的结局途径。最难的是调整和克制我们自己，而不是外部环境。

> 面对一个新的领导,第一步是判断这位领导是否达到了中等水平,如果达到了中等水平就不要随意换领导;第二步就是正确应对这一位领导,应对的意思不是奉迎,而是找到一个和这位领导之间为了达成工作目标的相处之道。

领导说的话

国人对于领导的意见,一直有着一种"唯上"的心理习惯。打心眼里就觉得应该讨好,希望显得顺从,和领导保持一致,必要时可以做领导的陪衬,帮领导活跃气氛,让领导看不到糟糕的东西,甚至在生活习惯和审美上向领导靠拢。

这种长期养成的心理状态,一方面导致国人很难找到一种和领导相处的正确方式,另一方面却是没有上下级关系很难达成协作。企业里没有上下级关系的人们,见面往往就是聊聊风花雪月,谈谈孩子谈谈社会热点,很少会谈工作,尤其是工作中的矛盾。工作中的问题和矛盾都放在了自己的领导/下属体系中解决。

这个问题,就引出了职场中的一个关键点——领导说的话。领导是一个日常工作中要常常接触到的人,尤其是直接领导,总是会低头不见抬头见,因此也会听到领导说的很多话，但必须弄清楚的一点是，说这些话的时候，这位领导是以什么身份说的，有些时候领导自己也未必清楚，甚至有不少领导就是喜欢别人对自己唯命是从，把自己说的任何话都当作金口玉言。但是，做领导的人往往会把两件事搞混，一个是过呼来唤去的瘾，一个是与下属在工作中协作。搞混了以后有些领导会在工作中过瘾，导致了工作的导向不是正确性，而是领导过不过瘾，这工作怎么可能搞得好？大多数领导是无意中把自己过瘾和工作混了起来，而有些时候，领导为了让大家明确谁是领导，也会有意把这两者混淆起来。

有些好的领导可能见识不凡，可能有比较强的人格魅力，可能有坚定的意志……但这一切都改变不了一个事实，领导也是普通人，也就难以避免普通人有的毛病和问题。多数职场人都会抱怨，"他是领导，他就应该如何如何"。这是一个天大的误会，他不过是多出了钱，或者多出了力，或者多出了智慧，或者命好，或者会巴结他的领导所以成了领导，并不是因为他是个完人所以他成了领导。即使换一个人来做领导，也还是大体如此。

世界上有很多的事情，我们改变不了局面，但我们能够应对这个局面，或者说我们只能去应对这个局面，这可能是唯一能做的事情。这就像你有了一个学习不用功的孩子，你也不能把他开除出家，只能去想办法应对。有人觉得领导不好换一个工作就是，这当然是一个办法，但我估计换到一个完人领导的机会是零，能够有一个中等水平的领导就已经是不错的选择了。这就像娶老婆，即使你拥有一定主动权，娶到完美老婆的概率依然是零，更何况选领导还没有这么大的主动权。因此面对一个新的领导，第一步是判断这位领导是否达到了中等水平，如果达到了中等水平就不要随意换领导；第二步就是正确应对这一位领导，应对的意思不是奉迎，而是找到一个和这位领导之间为了达成工作目标的相处之道。

领导讲的话大致分三种，一种是明确的工作指示，一种是日常的生活交流，还有一种是不成型的工作思考。

第一种话，领导一定是反复说的，每次说的内容大致一致，有时还会不断进步和深入。这样的话，需要认真地沟通和执行，这是执行层面的一个思路，如果有意见建议可以提，但必须理解，这是马虎不得的，如果在这方面阳奉阴违，或者不当回事，不仅工作上难出成绩，还可能会有麻烦。

第二种话，领导是跳出职场身份说的，他此时只是表达自己作为一个普通人的看法。比如你装修的时候问领导的意见，他说用绿色，这话他不是以领导的身份说的，而是他个人的喜好，他在这方面肯定不是专家，用红色还是绿色一定不是经过深入研究后分析出来的结果。这些事情，就当作是一个同事提出的建议就好。但往往这种话是最容易出问题的地方，一方面是领导自己没想明白，把自己的话当金口玉言，来过瘾了；另一方面，因为这种话往往比较具体，比第一种话好执行，也更私人层面，于是下属也喜欢往这方面去钻营。导致了有不少的领导和下属拼命围绕着这种话做文章，围绕这种话构建关系，比如依附关系。有不少下属很难理解，我这么听话（第二种话），为什么领导还对我不满意，甚至说抛弃就抛弃了。原因很简单，因为围绕着第二种话的工作出不来业绩，只会出关系，如果在一个急需业绩的环境里，领导都自身难保了，哪里还保得住你？

第三种话，领导的想法也是一个逐渐成熟、不断完善的过程，甚至有些时候前面的道理刚刚想明白，因为时间推移、事态发展，这些道理就已经过时了。这导致领导的管理思路里不清楚、不成型的部分比清楚的、成型的部分要多得多，有的时候他觉得自己想明白了，说了出来，但过些天发现还是有问题，又改变了想法，过几天说的内容又变了，这种话和第一种话最大的区别就是"多变"。很多人会质疑自己的领导想法总是在变，如果你真的有这样一个领导，那么恭喜你，你的领导至少是一个常常在思考的人。当碰到这些话的时候，应该理解你的领导也是在尝试，在寻找突破，在思索，这个时候最好的办法是和他一起沟通讨论，而非总是觉得这个领导多变，难伺候。

在分析清楚了领导说的话所属的类别以后,你大致就知道该如何应对领导的话了,处理的时候加上些情商,适度地表达一下尊重,但力气要花在什么地方应该心里明白。如果真的赶上了一个纯粹来过官瘾而不考虑业绩的领导,那么换一下领导也无妨。

> 所谓操作性强，另一个方面可以理解为，你可以把这件事像放电影一样在自己脑海中看到"画面"，但凡能够看到画面的，就已经有了一些基本要素，如果能够看到不同的镜头，那么这个事情的其他方面也就有了，如果已经看到电影，那么把这个事情连贯起来的动机和逻辑也就有了。

操作性

最近读史书，发现有两个少年皇帝的故事可以作为职场的案例来讲讲掌握做事的正确方法，也就是重视可操作性的重要性。故事的对照组是汉献帝刘协和清圣祖玄烨（康熙）。两位少年天子当时面临着一样的境况——分别被权臣曹操和鳌拜架空，两位少主都想把亲政路上的大石头搬开，于是就有了衣带诏事件（权且当其真实存在）和率库布擒鳌拜事件（请忘记韦小宝的版本），事件发生时刘协 19 岁，康熙 16 岁。

我们回想一下汉献帝的操作，《三国演义》里面说有衣带诏，但据考证根本就没有那么回事，就算有那么回事，衣带诏这样衣物传情的套路除了发发怨气有什么用？衣带诏要给谁？给实力弱的无非就是陪着掉眼泪，其他什么也做不了。给实力强的比如袁绍，袁绍凭这么一个血书就敢出兵伐曹操？如果是乌龙呢？再说如果能轻松打赢曹操他们早打了，还需要衣带诏？我们再看一下康熙的操作，康熙是在自己住的地方擒拿鳌拜，从逻辑上是成立的，在朝堂外鳌拜权力太大，无论拜托谁去擒拿他都不靠谱，只有在皇帝住的地方，鳌拜只能靠他自己一个人的力量，这的确是擒拿他最有利的地方。选用擒拿鳌拜的人，不能是现有的宫廷护卫，这些人里一定有鳌拜的耳目（很多傻瓜皇帝被身边的人一表忠心就以为万事大吉，殊不知这些人转头就把皇帝的信任转卖给权臣了），所以康熙弄了一群布库，以陪皇帝练武为名，成为皇帝能够实际控制的忠心的卫队，权臣只当这是皇帝玩物丧志，根本没去认真关注。

再从其他人的心态上来分析一下，拿到衣带诏的人，有充分的时间冷静思考分析，局势变得非常不确定，比如袁绍拿到了衣带诏，即使他起兵勤王，其他诸侯的反应会是如何呢？会一呼百应还是不置可否？万一到时候曹操再出一道讨伐袁绍的圣旨，其他诸侯一起来讨伐他呢？这完全无法判断，即使排除万难解救了汉献帝，袁绍又能得到什么呢？如果要解救汉献帝，就要让汉献帝能够充分表达意见，否则曹操代表汉献帝表达意见还怎么讨伐曹操；如果汉献帝能够充分表达意见，恐怕袁绍这个诸侯也是做不成了吧，因此袁绍的最好选择就是假装没看见。而在擒拿鳌拜的现场，都是电光石火之间，人凭着一时的血气冲动就把事情给办完了，根本来不及思考事情如果不成会怎么样，这些粗人只要用一些义气笼络住，根本不需要提前布置，只需要在现场一声令下让十几个人扑倒鳌拜，根本不给彼此留下从容思考的空间，事情就成了。其实权利来自人们对于形势的判断，狐假虎威的人多，火中取栗的人少，只要把权臣一抓，除了少数亲信，大部分力量会作鸟兽散，重新站队，从古至今的历史无不如此。从两下的对比就能看出来，康熙的操作能力要比汉献帝强得多，他所布置的这个局，操作性很强，成功的可能性还是很大的，而衣带诏则只能表达皇帝的一种情绪，几乎没有成功的可能性。

前两天了解了一下淝水之战，虽然这场战争非常有名，和其相关的成语就有很多，但事实上之前我并不太喜欢乱世的历史，所以一直不太了解这场战争的具体情况。这是一场典型的以少胜多的战争，甚至比赤壁之战更典型，而且是彻底改变国运的一场战争，一代雄主苻坚建立的前秦，距离统一全国是那么近，几乎咫尺之距，结果一败之下彻底改变国运，很快土崩瓦解。一看战争的细节，这又是对可操作性把控的考验。首先前秦集结了百万大军（史料数字一般都有水分，那也有几十万），这些人是从北方各处抽调的，来自不同区域、不同部族（看到这一点我就觉得要糟糕，这么庞大的队伍，还是东拼西凑的，协调起来得要多难啊。光这么多人的吃喝问题就很难解决，明朝的时候 10 份粮食送到前线只剩 1 份，几十万人的部队，需要后方运多少粮食才够吃？估计当时后勤就已经相当混乱了）。东晋出战的不到十万人，基本是常备的军队。双方之前的战斗互有胜负（几十万人对几万人互有胜负？说明人多的一方协调显然有问题），决胜战中，前秦更是犯了一个巨大的错误，打算从河北岸后退 20 里让东晋部队上岸，然后半渡而击，结果后退过程中，大军不知道发生了什么事情，只知道前面的队伍退下来了，然后东晋军队乘机大喊说秦军败了，于是造成秦军大乱，人员踩踏溃败，一发不可收拾。

从这段故事来看，主要原因是苻坚没有指挥过这么大规模的军队，在操作性的问题上没有充分意识到，指挥几十万人的军队和指挥几万人的军队完全是两个概念。如果几十万人能够有序地后撤 20 里，其实这仗不会输，难就难在如何让几十万人有序地后撤。我不知道当时最小的战斗单位是什么，但从同时代罗马军团的建制来看，最小战斗单位大致是百人队，我们假设前秦 80 万人，也可以分为 8 000 个百人队，沟通 8 000 个百人队，需要多少通信兵？一层一层传下去，至少需要 3 层，440 人，当时传令是靠人力传达，很容易被别人截获或者出了意外，所以一定要安排后补，同时考虑到人员复杂互相语言不通，加上后备和通译至少需要 1 000 人。且不说这 1 000 人能否顺畅运作，即使这 1 000 人能够顺畅运作，几十万人要退，谁先退谁后退，退到什么位置，走错了怎么办（8 000 个百人队一定会有人走错的），退的过程中碰到环境阻碍怎么办……即使以现代化的通信手段来指挥，也未必能够顺畅，更不用说靠人来传令了。这有点像如果我们突然长成一个百米高的巨人，我们现在的神经系统还能否有效地指挥我们的躯体。苻坚之前所经历的战斗都是万人级别的战斗，在这样的战斗中积累下来的经验，就像正常体格人的神经系统，这样的经验运用到几十万上百万人的战斗中，就像我们长成了百米巨人，这个神经系统就指挥不了我们的躯体了。

我们在工作中碰到大量的事情是"操作性"上的问题，重点不是表决心，也不是讲方向，更不是讲"应该"，而是具体怎么做才能把事情做成。最近碰到一个问题，大致就是几个部门之间的互相扯皮，之后我问了一个部门负责人，问他该怎么办，他答复我"各部门应该加强流程的培训"，这个答复的操作性很差，怎么培训？背条文吗？加强是多加强？每天几小时？培训哪些流程？这些流程是否有效？我的方法是找到部门扯皮的问题症结点，经分析后发现这里面的关键点是系统里没有把不同税率的产品提示出来，结果在新建价格的时候把不同税率的产品建到了一个合同里，这件事要操作也不难，就是在系统中提示不同税率的品项，当出现不同税率的品项时提醒并且不能保存。这就是一个可以操作的事情。

所谓操作性强，另一个方面可以理解为，你可以把这件事像放电影一样在自己脑海中看到"画面"，但凡能够看到画面的，就已经有了一些基本要素，如果能够看到不同的镜头，那么这个事情的其他方面也就有了，如果已经看到电影，那么把这个事情连贯起来的动机和逻辑也就有了。就拿前面提到的那位部门负责人的回答来看，他的回答中我们只能看到一个静态的画面，就是他拿着自己部门的制度在读，下面的员工在听，然后就没有任何其他画面了。我们假设有这样一幅画面：他的员工在下一次碰到问题的时候，突然回想起上次培训的时候提到过，于是就根据上次培训的内容顺利地把问题解决了。这个画面很好，但很可惜，这种事情只能出现在小学生的作文中，真正生活中的画面是：老师在上面培训，下面的人根本没听，忙着刷微信；或者，制度中的内容都是空话，和实际工作中的内容根本对应不起来，培训只不过是形式主义；又或者，培训内容全是干货，员工也认真听了，可是能记住的内容不多，等到要用的时候还是不记得，除非不断复习考试，但这样员工又觉得太苦了，会抱怨；再或者，后续过程中出现的问题，是之前没碰到过的，过去的制度和流程中根本没有答案……一个操作能力强的人，会知道什么是最现实可能的画面，了解自己在这个画面中能够做什么事情，以及别人在这个画面中会如何反应。

　　从今天起杜绝一切空话套话，不要讲方向，不要空谈情怀，就讲具体如何做，比起讨论如何努力，我觉得讨论这个螺丝该转 90 度还是 180 度更实际有用；比起讲空泛的管理不如解决眼下这个合同里到底签订的每个条款应该落实到哪些文字更有意义；比起给自己和部门制定各种比如"提升专业化服务效果"这种不具体的目标，不如去落实我们究竟几天上门服务一次，每次上门干点什么事情，如何考核。尤其是干部，如果干部缺乏操作性，那么归这个干部指挥的员工也不知道具体该干些什么，只能被动地等事情来找他。

看似每次都选择了最低能耗,但最后所付出的总体能耗可能却是最大的,这都还没有算自己的时间成本,加上时间成本的话总体效益就更差,因为花掉了这么多时间,却没有获得能力。人要有自知之明,要明白什么事情可以只看短期利益,什么事情必须看"总体效益"或者"长期利益"。

甩　锅

前阵子一个员工满腹委屈地来找我,要求换部门。起因是他所在部门的领导大包大揽应承了一个根本不可能凭借部门之力完成的项目,且不由分说地要求该员工负责落实,他几次表述不可能完成,领导就是不听。现在老板定下的期限到了,项目还毫无头绪,部门领导就一股脑地把责任全推到了该员工的身上。

这是典型的"甩锅"案例,也是造成职场纷争最常见的原因之一。可以毫不夸张地说,绝大多数的职场人都用这样的方式处理过工作,只是有些人明确知道自己在甩锅,有些人是在无意识中做了甩锅这件事情。造成甩锅的核心原因,并不是大家不知道正确的做法,只是正确的做法太难太累太麻烦,甚至需要付出巨大的牺牲,甩锅则轻松得多,只要锅甩出去就没自己什么事情了,虽然内心还是隐隐知道不妥,但管他呢,过了今天没准问题就会消失。

我觉得甩锅也是一个与遗传学有关的事情。在人们面临决策的时候，总是会算计，选择眼前代价最小、耗能最低的路径来解决问题，这多半是从原始本能中继承下来的，在人类百万年的历史中，不需要过多考虑耗能的时间只有三四十年，在此之前更多的时候少一分耗能意味着多一分生存的机会。这种本能有时都不用算计，下意识就反映出来了。但这又是一个经济学问题，单次耗能最小未必等于总体耗能最小，要看这个事情是不是个长期多发事件，比如躲避老虎，不是天天会发生的，偷偷跑了或者选择一个低能耗的方法躲过去了，真的就是利益最大化了，这个时候单次耗能最小就等于总体耗能最小。但如果是一件天天都必须做的事情，结果往往是截然相反的，比如做自己的工作不努力靠甩锅来糊弄，一次两次可以躲过这个麻烦，但是次数多了，总有躲不过的时候，总有被别人看穿的时候，别人也不是傻子，总会想办法讨回去的，甩锅最后甩没了自己的工作。看似每次都选择了最低能耗，但最后所付出的总体能耗可能却是最大的，这都还没有算自己的时间成本，加上时间成本的话总体效益就更差，因为花掉了这么多时间，却没有获得能力。人要有自知之明，要明白什么事情可以只看短期利益，什么事情必须看"总体效益"或者"长期利益"。很多人宁可最后去打官司争取赔偿也不考虑自己的时间成本，即使赢了官司获得了一些赔偿，也远远补不上自己的时间，当然我知道有很多人并不这么看，但这文章本来就不是写给他们看的。

或许有些人选择甩锅只是不懂吧，对于不懂的人，我还是愿意讲讲我的体会。在激励机制有问题的环境中工作，大多数人都会采取甩锅的模式工作，并且会陷入我对还是你对的争执中去，这种争执永远都不会论出一个对错，徒然浪费了时间却没有解决问题。我们来到这个世界，不是来争论的，不是来验证谁对谁错的，我们是来获得自己想要的幸福的，如果没有获得幸福，即使证明了别人都是傻子，也毫无意义，唯有解决问题才能帮助我们获得自身想要的幸福。有不少人自欺欺人地认为只要问题看不见了，这个问题就解决了，还有很多人的工作方式就是"抓坏人"式的甩锅模式，只要在一个问题中找出一个坏人，似乎这个问题就是自己解决的，就可以理直气壮了。其实这个问题并没有解决，即使解决了也不会归功于自己，只要解决问题没有归功于自己，那么就得不到自己想要的成就，于是也无法得到由此带来的幸福，无论精神上的还是物质上的。我们身处的这个世界不是完美的，这个世界的人也不是完美的，因为他们不是为我们设计的，证明这个世界的不完美并不等同于解决了这个世界的问题，只有在不完美的环境里想办法解决掉问题，才是被人认可获得成就的办法。无论是激励模式的不合理，别人的不配合，还是碰到不那么喜欢自己的领导，等等，这些都是这个世界的不完美，大多数人碰到的不完美，都是可以解决的，激励模式可以去谈，只要谈的条件合情合理，或者选一个能够接受合情合理方案的合作方，老板不喜欢可以想办法让他喜欢或者让他不喜欢也没办法，甚至换一个老板……总而言之，我们不是为了这些不完美活着的，也没有必要跟不完美置气，至于一起协作的人，虽然他们不完美，但还是要想尽办法让他们帮助我们解决问题，因为事实上我们也没有更好的选择。

关乎全人类命运的事情我们可能管不了，但是我们能让自己变得更好，让自己不轻易甩锅，让自己避免这种和世界对立的情绪，争取对自己最有利的结果，在工作中不仅获得物质回报，更获得社会和他人的认可和地位。过程看似是自己受了委屈，但总体来说是自己得了最大的好处。

> 练习的前提是能够把自己的工作内容进行分解，一个好的领导，应该像足球教练排兵布阵一样，把自己部门的工作进行分解，分解成几个任务不太一样的角色，并且为这样的角色配备特质适合的员工，如果现有员工与某个特质都不匹配，也能有的放矢地提出招聘需求。分解以后，每个角色需要练习的内容是不一样的，每个人的主要任务和主要职责中需要的工作技术就是需要练习的内容。

练　习

在很多篇文章里我都曾经谈到"练习"，但很多人并不明白究竟该怎么做，下班回家以后基本就是看电视、上网、刷手机、出门交际了，至于对于工作要做些什么样的训练，以及怎么训练没有概念。大多数都市白领并不知道自己该练习些什么，但是在蓝领的领域其实这个非常容易理解，比如厨师练习刀工，练习颠勺，比如挖掘机驾驶员练习用挖掘机开酒瓶，比如车工练习车一个螺丝。如果我们是钢琴师、篮球运动员、舞蹈家、士兵，似乎我们都能够理解，除了比赛，日常还要做很多练习，很多练习都是自己私下回去练的，比如科比说他每天早上4点起来练习。钢琴师要弹练习曲，舞蹈家要下腰劈叉，士兵要练习射击格斗……似乎只有白领不需要练习，比如一个采购，平时的工作中，似乎也没什么可以练习的，回家就更没啥好练的了，大多数采购就是按部就班，把公司规定的流程走一遍。

为什么这么多其他的工作都可以练习而在职场却不需要练习呢？这明显不合理。原因可能是很多白领的工作综合性比较强，他们处理的是一个事件链，而非一个单一事件，举例来说，销售这个工作，综合性就很高，以本行业的销售来说，要懂产品，能表达，擅交际，会算账，还能洞察人心，做细致的文案工作……一般的销售人员在以上任何一个部分都做得很一般，所以并不出彩，如果能够在一个或者多个环节做到出类拔萃，就会是相当出色的销售了。把一个白领的工作分解一下，就能够分解成一些相对简单的模块，我们不妨用足球比赛的布阵来理解一下这个事情，足球比赛里有前锋、中场、后卫、守门员几个主要角色，而每个角色的任务是不同的，对于每个角色的要求也是不同的。比如前锋可能需要速度快，脑子好，爆发力强，意识突出；中场需要脚法细腻，大局观好，视野开阔；后卫需要强壮，耐力强；守门员则需要身高臂长，反应快，协调性好。可即便是人类历史上最伟大的足球运动员也不可能将所有这些特质集于一身。这些位置的出现，应该是前人在长期的观察实践当中慢慢总结出来的，多个角色的配合才让一支足球队变得强大。在足球竞技的发展过程中，在观察和实践当中，参与者也一定走了不少的弯路，在不停地试错和纠正中，慢慢总结了相对正确的分工方法。那为什么我们的工作没有这样的分配呢？因为没有固定规则。足球这项运动，在上百年的演化中，形成了相对比较固定的竞技规则，固定尺寸的场地、固定的时长、固定的人数……这是从一开始就划出了所有参与者都认可的道，包括观众。而我们的销售工作不是这样的，近30年，社会环境、销售的产品、人们的意识都一直在发生剧变，这导致规则也一直在巨大改变，以至于从业者还没来得及仔细研究就已经变化了，所以一直也没有什么重要的研究成果。想象一下，如果百年以来足球比赛的规则动辄改变，一会儿可以上手，一会儿可以带棒子，一会儿可以30人对30人……这就不会有今天这样的战术布阵了。人类历史上存在时间越久的行当，人们研究的时间也越长，研究出来的分工形式也就越成熟，对于新兴事物，连研究都没有深入，显然就谈不上制订合理的规则。比如，研究健身推销的就少得可怜了，每个做健身推销的人员都显得非常业余，几乎都是用本能和无效的重复劳动在工作。

　　所以，练习的前提是能够把自己的工作内容进行分解，一个好的领导，应该像足球教练排兵布阵一样，把自己部门的工作进行分解，分解成几个任务不太一样的角色，并且为这样的角色配备特质适合的员工，如果现有员工与某个特质都不匹配，也能有的放矢地提出招聘需求。分解以后，每个角色需要练习的内容是不一样的，每个人的主要任务和主要职责中需要的工作技术就是需要练习的内容。这个也很容易理解，虽然足球运动员都需要完成跑跳等基础训练，但是前锋就几乎不会去练习扑救，而守门员也未必需要脚法精准，所以也不会过多花时间去练习盘带以及假动作过人。分解后，还要保持观察，观察自己的理论是否有效，如果无效，是理论不对还是执行不力，如果是执行力度问题，是需要配合上的继续磨合还是人的特质和岗位并不匹配。这个工作实际上比足球教练要难，球队的分工其实经过上百年的总结已经基本定型，今天肯定不会有哪个足球教练把 11 个队员一字排开去对战，足球教练更需要关注的是让放在每个位置的人都能尽职尽责地跟其他位置配合起来，准确地执行自己的战略战术，但我们的部门工作，大多数并没太多的前人帮我们做好工作分类，所以我看到的大部分部门领导的分工方式，都是一字排开，也就是部门有几个人算几个人，都做一模一样的工作。这也是目前中国企业管理中所遇到的一个比较大的效率问题。这样的安排，对于劳动者的损耗其实很大，因为这样的安排需要非常高水平的劳动者，而这么高水平的劳动者未必肯来做一般的工作，如果给予足够多的时间，一般的劳动者也可以自行总结经验获得效率的提升，但是事实上，大部分企业可能等不了那么久，一看做得不行，要么就是企业想换人，要么就是劳动者想换工作了，因此就始终处于一个比较低效的状态。比如大家都比较能切身感受的餐饮行业的服务问题，只有个别企业如海底捞、麦当劳做了一些管理上的研究，对员工有一定的培训练习，大部分从业人员都是凭本能在服务，从业人员工作时间也不久，经验也不多，也没太多练习。由此造成的矛盾其实还是挺大的，但大多数的打工人生活匆匆忙忙没时间纠结这些，又没有人站在行业的高度去研究、总结规律，制定有针对性的准则，那么这些从业人员干多少年都不能获得知识技能和财富的积累，薪水只能勉强糊口，一旦离职又因为没有什么拿得出手的技能，择业范围不但不会扩大还因为年龄身体状况等原因不断缩小，以至于每况愈下，陷入死循环。

如果不想陷入被选择、被淘汰的局面，就不能等人帮忙分解该怎么办，或许可以按照这个思路去琢磨一下自己所从事的工作：好好回想一下自己的工作都要干一些什么事情，把这些事情区别一下，分成几个类型。比如采购工作，采购是一个难免要和人打交道的工作，一般是和公司内部以及供应商打交道，所以沟通能力尤其是书面沟通能力非常重要，在内部协调商业往来中，口说无凭大多需要书面交流。要从事这方面工作，先要看看自己是不是这块材料，工作中灰色区域比白色黑色区域多得多，沟通顺畅的情况下，很多事情虽然有瑕疵大家一起互相协作也能解决，在沟通不顺畅的情况下，被人抓到把柄就寸步难行，平时说话容易得罪人的人，可能就不是很容易做这方面工作。但也不是没有解决办法，如果知道自己说话容易不过脑子，就多书面沟通少口头沟通，书面沟通的好处是你只要不发出去，就等于没说，话没说出去你是这句话的主人，话说出去你就是这句话的奴隶。只要不说出去就还有救，你有充分的时间斟酌，请人帮忙看看写得有没有问题，一直不停地做，就会有进步，除此之外，非工作时间还要练习多写一点，尝试用书面沟通把话说清楚，给多一些激励多表达感激，让人觉得你说话得体。迅速提升书面表达最简单的办法就是模仿，自己写不好就多看看写得好的人是怎么写的，再跟着模仿，唯有练习才能进步。很多人离开学校以后就再也没有认真写过东西，所以文字表达不畅，沟通效果差，甚至一个书面沟通函也写不明白，就很难提升，更遑论体现社会价值了。很多人说我文笔好，其实哪里有文笔好这件事，只不过是写了几百万字，练习之下的效果而已。采购的另一部分工作是对订单票据的跟踪整理，这部分工作相对枯燥而且需要你有耐心细致的特质，如果从小就马马虎虎，家里东西也是自己放完了自己找不到的，做起来也会比较辛苦。但这也不是没有解决办法，比如很多企业在推行的 5S 管理原则（整理、整顿、清扫、清洁、素养），其实就是在帮助员工养成井井有条的习惯，用工具和环境帮助自己达到细致有序的目的。5S 不是公司发个通告或者找个培训机构做一次培训就完事大吉了，参加了培训并不意味着从此以后员工就能细致了，5S 是个原则，需要员工跟着这套原则设定工作流程，并且一直练习用这套流程来工作，对的、有效的要坚持，不对的、低效的要改进。经过长期耳濡目染身体力行，员工自然能养成好的工作习惯，必然也就有了更高的竞争力，日后即使换岗位换跑道，也会迅速上手脱颖而出。

中国人说"修养"，这个"修"字，就是练习，可以看到，教养也是通过练习得到的，这就是我在很多篇文章中提到的，比如你要常常问问自己到底要什么，这也是练习，控制自己的情绪不轻易上头也需要练习。练习不仅仅是提升技巧的唯一方法，也是提升精神力量的唯一方法。

一个人在社会上想要取得较好的社会地位和经济回报，大部分情况下，需要这个人具有一技之长，这种一技之长自然有天赋的影响，但后天的练习绝对更加重要，如果有天赋又肯努力练习那当然就是全世界的顶尖人才了。职场中，有太多人不过是见招拆招，凭本能和简单的思考在处理问题，如果天赋非常好，勉强可以混得不错，那些天赋不好的，如果也只是凭生活的本能去处理工作中的问题，往往工作的成果就很糟糕，此事怪不得别人。人往高处走，但也要自己成全自己，我们能做的事情尽力去做，我们不擅长的就多练习，这才有可能从命运中搏一个机会出来。

> 王小波说"人的一切痛苦，本质上都是对自己无能的愤怒"，用此解读一下网络上的那些骂人者的心态，就是：老子想要过的好日子还没有过上，而那些已经过上好日子的人，不但不把自己的财富拿出来与老子共享，还要嘲讽老子，要老子承认自己无能，偏偏老子还没有立即去努力奋斗的决心和勇气。

福　报

几年前，马云说 996 是福报，被全网狂骂。白岩松也曾在节目中说："难道我们现在指望的是房价很低，然后工作到处随便找，然后一点压力也没有，然后只要喜欢的女孩，跟她一追求就同意？不会吧！"也被全网狂骂，这俩意思差不多。要我说，骂得对，骂得也不对。说骂得对，是因为首先，这话不应该由你马云来说，马云来说就有臭嘚瑟，得了便宜还卖乖的嫌疑。在普通人的认知里，所有的富人都应该夹着尾巴做人，即使企业做得不错，也不应该高调地跑出来嘚瑟，所以马斯克也常常挨骂。当然马云本来也没跑出来嘚瑟，是内部讲话被人发了出去，但企业做到这个规模，内部其实和外部没啥区别，内部多的是看热闹不嫌事大的，反正马云挨骂又不能扣阿里员工的工资。白岩松虽然不能算富人，但名人在大多数人眼里约等于富人，心中对其也没有太多好感。

其次，马云和白岩松的这番话，有点居高临下的意思。即使是为了别人好，即使说的话有道理，一旦居高临下，必然引起人们的反感：你有拼搏的自由，我也有躺平的自由，我躺平也没吃你家大米，怎么我的自由就要被你批评了？同样是劝人奋进，"人生能有几回搏""不经一番寒彻骨，怎得梅花扑鼻香"，这样的句子就能成为人生格言。希望年轻人拼搏去取得成功本是好意，但这个事情只能劝，能劝几个是几个，劝不听的也不能就说人家是废柴。生活就是如此，你觉得对的，别人未必觉得对，你永远也没办法让全世界人想法都一致。身居高位者，或者是具有一定社会影响力的公众人物，在谈及与自身专业领域相关的具体事情时，说得斩钉截铁一点倒是无妨，但是牵涉到价值观取舍的问题，说得这么绝对，自然就让人反感起来。每个人的具体环境和条件不同，很难说就应该都选择一样的价值观。

但不分青红皂白地骂马云、白岩松的也不对。首先，这里面有一大堆夹带私货的骂人者，你问夹带的私货是什么？就是负面的情绪，一事无成的绝望情绪，求暴富而不得的仇富情绪，把自己的不顺全部归咎于别人的情绪，顺便就都混进去了，隐藏在网络背后的键盘侠，绝大多数就是这些人。在这些人眼里，马云是为富不仁，白岩松则是既得利益者的代言人。这些人的逻辑是这样的：你的财富不就是喝着这些996的人血造就的吗？你不就是靠剥削这些年轻人才成功的吗？你不就是个臭资本家吗？你的钱还不知道是用什么肮脏手段挣来的呢。这个逻辑不完全合理，因为跟着这个逻辑，那么所有雇用别人且发了财的人就都是坏人了，就是剥削者。如果所有人都是坏人，那么现代企业如何续存呢？如果雇用员工不是为了创造更多的财富，谁还愿意投资呢？这个逻辑故意忽略的事实是，绝大部分企业主所承担的压力、风险、责任，付出的努力和创造力和员工是不一样的，这部分当然应该获得额外的回报。

其次，孟子说"天将降大任于斯人也，必先苦其心志，劳其筋骨，饿其体肤，空乏其身，行拂乱其所为"。孟子又说"生于忧患死于安乐"。这个和马云、白岩松说的，差不多意思吧，那为啥不骂孟子呢？只能说他们说的大体意思还是对的，只是年轻人不想听罢了，其实，孟子说的这些年轻人也不爱听。道理先哲们早都已经说完了，但为什么还是不断有过来人希望对年轻人说点不中听的话，苦口婆心，絮絮叨叨。原因很简单，因为一代代的年轻人大多都不愿意听取老人言，他们带着二三十年的人生经验和智慧，或许是凭着热血，也或许是凭着不切实际的幻想，把前人犯过的错都犯一遍，几乎所有年轻人都不能幸免，不同的不过是撞南墙的程度和次数不一样罢了，这也与人的本性相关。好逸恶劳是一种本能，虽然知道好逸恶劳不对，但如果有条件允许，几乎没有人能够抵挡及时享受的诱惑，辛勤劳作常常是因为诱惑不存在或者诱惑不够大。历史的前进，基本就是希望通过奋斗，摆脱穷困，让后人过上好日子。奋斗了就过上了好日子，好日子过久了就会好逸恶劳，就开始走下坡路，被其他奋斗的人超过去，重新过上苦日子……如此循环。所以，生活的核心，就是要通过奋斗过上好日子，骂马云、白岩松的，大多是因为自己不劳而获的梦想被打破了，觉得社会欠自己一个好逸恶劳的人生。王小波说"人的一切痛苦，本质上都是对自己无能的愤怒"，用此解读一下网络上的那些骂人者的心态，就是：老子想要过的好日子还没有过上，而那些已经过上好日子的人，不但不把自己的财富拿出来与老子共享，还要嘲讽老子，要老子承认自己无能，偏偏老子还没有立即去努力奋斗的决心和勇气。我常常问面试的人，你老家有996吗？答曰"没有"。是的，中国还有很多城市是基本没有996的。996的本质是什么？是太多太多的年轻人涌进一线城市，涌进公共资源最好的地方，而这些资源又不够人人都有份，所以劳动者之间产生了内卷的竞争。如果你是一个企业的管理者，面对两个员工，条件差不多，一个愿意加班完成任务，一个不愿意，你怎么选呢？选择大城市就是因为不满足于原有的境况，那么就要做好数倍付出的准备，对于不合理的规章制度，每个人都有说"不"的权力，但是绝对不能"一刀切"，也不能觉得要你付出就是不知人间疾苦。

  再次，既然道理大致是对的，为啥几乎没有人正面发声呢？一方面是因为人性如此，良药苦口忠言逆耳，好话都不好听，连赞同"以人为鉴"的李世民都不爱听魏征说话，何况普通人。说这些话大抵是会被人骂的，一般人干吗去触这个霉头，懂得这个道理的人闷声发大财不香吗？反正你躺平倒霉的又不是我，关我什么事情。凡是有利益关系的其实都不太适合发声，一旦发声就会被人说动机不纯，于是理不直气不壮。封建社会是集权制的，自上而下只允许一种声音，大家习惯了接受同一种思想，人从自我意识诞生起，就生活在同一价值观的环境里，因此就算有怀疑的念头闪过，最终你大概率还是会选择相信。现在不同了，世界的时空壁垒被技术打破，价值体系也越来越多元，每天都被海量的信息轰炸，即使是担负着传道授业解惑重任的师长也会产生巨大的不确定性，年轻人就更容易摇摆不定了。而且古时候节奏慢，一个道理想通了可以管好久，现在时代发展太快，一个道理可能还没想通就过时了，一个个致富奇迹在身边发生，你所受的教育和你认知的世界似乎不一致，你的三观被颠覆，似乎教你"奋斗才能过上好日子"还不如教你"有便宜不占王八蛋"更能适应这个社会，甚至很多人对于"奋斗才能过上好日子"这句话本身都产生了怀疑。在这样的情境中，如果谁说其实马云、白岩松的话不无道理，肯定要挨骂，那谁还会站出来？而跳出来骂马云、白岩松，告诉大家不幸都是坏人或者社会造成的，这些话可顺耳多了，你爱听我就爱说，接下来让你买我的课，我的书，买我带的货，岂不美哉。

  人间自是有很多乱象，我们不是神仙，我们也看不明白，我们也解释不清楚，但是跟着人流乱哄哄冲过来挤过去最终的结果往往就是不如意，那我们到底该信谁的呢？谁说的又靠谱呢？"奋斗就能过上好日子"这句话不是科学定理，随时拿出来随时灵，可以时刻检验，可以适用于所有的同类题目。这句话描述的是一个趋势，在这个趋势里，当然有符合的也有不符合的场景，有些努力就是白费了，有些好日子就是没经过奋斗，但从总体趋势来看，这句话是符合社会规律的，符合的场景远多于不符合的场景，这就像植物浇水就能长是个趋势，浇水也不长或者不浇水也长的情况不是没有，只是这样的场景非常少。

甚至有些现在看来白费了的努力从更长的时间来看未必白费了，有些你艳羡不已的没经过奋斗的好日子，也只是你没看见别人奋斗。在职场中的年轻人，如果期望一个比较好的事业发展，比较好的物质回报，还是相信这句话踏踏实实奋斗比较好，不要被网络上的一些舆论带跑了方向，弄乱了心绪，更不要被那些煽动对立和仇恨的人利用了，很可能他们是把你当韭菜割了。

> 压力就是当人在遭罪时急于摆脱这种遭罪的渴望，会给人不舒服的感觉，这种不舒服的感觉有其存在的作用，就像如果我们失去了痛觉，很有可能把自己伤得一塌糊涂而不自知。

压 力

压力这个东西很玄妙，这些年大家都在说压力大，压力大成了当代人主要面临的问题之一，压力大甚至导致了健康方面的问题，也成为很多人不幸福的主要原因之一。但泛泛地说这个事情没有意义，这样的表述不能解决问题，我们往往是把很多不同的内容统一用压力这个词来表述了，但这些不同的内容却不能用统一的办法来解决，为此我们必须比较清楚地把所谓的压力描述清楚。仔细回想一下，我们都会在什么场景中用到压力这个词？比如赚的钱不够的时候，比如跟别人对抗、冲突或竞争的时候，比如被人催婚的时候，比如找不到工作的时候，比如工作完不成的时候，比如长期努力却看不到起色的时候，比如在赌桌上已经不剩什么筹码的时候，比如承诺了别人的事情却做不到的时候，比如孩子不太争气让自己操很多心的时候，比如各种事情都需要自己承担然而自己却已经筋疲力尽的时候……这些虽然都叫作压力，但这些却是不同的事情，比如与人对抗的压力和赚不到钱的压力完全是两回事，也不是同样的应对办法，解决问题就像看病，只有描述得越具体，才越好解决。

很多人的压力来自收入方面，自己的收入要应付现在的生活或者未来的生活眼看着就是不够，这时会产生压力，这种压力，属于对未来的不确定的恐惧。这种恐惧中还包含了一点点的自知之明，因为一个人如果彻底无知就会无畏，反而对于未来没有那么多恐惧。这就像一个平时不好好学习，也知道自己啥也没学会的人，对于即将到来的考试，隐隐觉得大概是考不过的那种恐惧。普通人对于未来有恐惧却也没有什么办法，就选择干脆不去想，偶尔想到了又觉得心里发慌，睡不着觉，不踏实，想要做一些改变吧，却觉得试错成本太高，比如自己创业搞不好就赔得更多。这样的人生中似乎也没有太多的选择，手里的资源也不够自己去各种尝试，只好把头先埋进沙子里再说。这样情况的人很多，也没有什么特效快速改善的办法，只能一点点持续改善，但难就难在"持续"，有些人稍微努力了两天没见到效果就放弃了，所以一直也没能得到改善。只能把压力当作动力，当作持续推动自己改变的动力，每次睡不着觉心里不踏实的时候，就继续在改变的道路上再努力一下。给自己定下一些改善的方向，比如去认识一些不同圈层的人，尝试和他们结交，尝试和他们一样思考；比如去培养个一技之长，并尝试通过这个一技之长得到越来越多人的认可……这些方向都不容易，都会碰到困难，在每次压力来临的时候，思考一下，究竟要如何才能解决碰到的困难，有没有什么改进的方案。人需要变成一个生产者，才会在收入上有改善，比如明星的工作，还包括给大众生产绯闻、八卦……大众在消费这些绯闻八卦，而明星则可以凭此赚得更多；比如我在这里生产这些观念想法，而大众在消费这些观念想法；比如游戏主播在生产让人打发时间的情绪快感，而观众在消费这些……如果想成为一个生产者，你首先要尝试改变现在的生活，一点点改起来，让自己可以生产让别人消费的东西，比如你的某个才艺，某个技能，某个思路，某个计划……

压力让人感觉不快乐，这也是人们急于摆脱压力的主要原因，一条没有压力或者感觉不到眼前压力但却是错误的道路，和一条有眼前压力但却是正确的道路，当需要在二者之间做出选择的时候，很多人都会选择前者。这是我们的本能，比如两个人打架，当一方被人打痛，此时对他来说最理智的选择是先不要去管那个疼痛，而是注意攻击和防守，但是绝大多数人一旦吃痛，注意力就全部放到疼痛本身，于是不再关注攻防，接着就任人殴打了。无论是生理的还是心理的，我们都过度关注了我们的不适，这种过度的关注会让我们失去正确的方向，会让我们爬不起来。所谓坚强，正是在这种时候，能够克服这种不适，把注意力放到正确的地方。这有点难，但可以通过练习做到，比如搏击运动员，就没有那么容易被一击打垮。人生中碰到的其他不适，也可以通过练习来克服。这一点在我们的工作中尤其重要。

我们在工作中主要会面临两种压力。第一种，是扑面而来的事情把我们牵引的失去工作重点的压力。工作中的事情分为两类，一类是重要的事情，一类是杂事，越是高级的岗位越需要做更多重要的事情，重要的事情往往能体现价值并且改善自己的处境，而杂事不会。但是，重要的事情不会主动来找你，而杂事往往会主动来找你。杂事找你是无法避免的，每个人都难以避免，你在家也需要处理很多很多杂事。但如果有一类杂事重复找过来，就应该对其进行重新审视：A. 可能是产生了一个系统性的工作，不能再将其作为杂事对待，需要明确一下是不是这个岗位的工作职责。B. 可能是因为其他人需要培训教育，而这种培训教育有缺失，所以杂事一直找过来。曾经有一个同事，动不动就泪流满面地来找我诉苦，说自己的事情太多了，很多很多事情都找她，但是，我要她和自己的领导去理一理自己的工作内容，看看哪些是要做的，哪些是不要做的，她又说没时间，然后继续抱怨，最后，她觉得公司辜负了她，悲怆地离职了。我觉得公司其实很冤，确实，当公司聘用时，在你的岗位描述中可能没有这些杂事，但当这些杂事找上你的时候，公司也没办法阻止，让你整理一下你又说没时间，最后觉得公司不好，自己委屈。这是挺普遍的一类现象，尤其是在变革期的企业，一下子有很多新的事情以前没做过，不知道该怎么做也不知道该由谁来做，必然产生很多没有预想到的杂事，而当一件事行之经年，那么经过多次的梳理大家就都知道怎么办了。遇到了这种情况，最要紧的就是顶住压力，在乱七八糟扑过来的杂事泥淖中抽出时间来做重要的事情，每做成一件重要的事情，杂事就会少很多。这就像前面举过的例子，在激斗当中注意进攻和防守才是重要的事情，而非关注疼痛，解决好了进攻和防守，疼痛就会变少，相反越是沉浸于疼痛，疼痛来得就越多。日常工作中的情况比这好得多，并没有那么难，难的是让自己心情平静下来去做重要的事情，但是大多数人更愿意咀嚼自己的怨气，而非平静心情。

  第二种压力，是因为不断产生的想要放弃的念头带来的压力。做任何事情都不会是一帆风顺的，总会在什么地方碰到困难，比如赚不到钱，比如完不成任务，比如运气不好遇到倒霉的事，比如与别人发生了矛盾冲突……这些困境都会给人带来压力，这种压力对人是煎熬，积累的多了会让人产生怀疑，怀疑现在做的事情是不是对的，而想到如果自己现在放弃，这些煎熬可能也会不见了，这种怀疑就越发加深了。终于在某一个诱因之下，决定放弃现在的道路，同时也不忘给自己找到一个自己看起来不丢面子的理由。这几乎是每一个人都碰到过的问题，我自己也无数次地想要放弃，主要是一方面通向成功的道路总是漆黑一片，让人心生绝望，另一方面，这些困难带来的压力实在是让人吃不下睡不着，很遭罪。平时你肯定不会满足于不遭罪的程度，但是遭罪的时候，你会觉得只要能停止遭罪就很幸福了，想象一下酷刑之下放弃的人，再想象一下跑步跑得上气不接下气时脑海中叫嚣着"停下"的声音，白开水平时不觉得好喝，刚刚跑完步的时候白开水简直像仙水。一方面遭罪，一方面不知道什么时候是个头儿，人在这样的情况下就会想到放弃，但是八块腹肌不可能轻松获得，大平层也不可能，要想人前显贵必得人后受罪，这是没有办法的事情。无论做什么事情都是一样的，轻松获得成功的办法都写在《刑法》里了，或者就是未来要加倍付出代价，凡是告诉你能轻松获得大平层的，要么就是把你当韭菜，要么就是想让你坐大牢。是的，我知道这很痛苦，没有什么轻松的办法，但是，我们可以练习，练习面对这样的痛苦，这种练习一方面让痛苦变小，另一方面让痛苦尽可能少地影响我们的行为。比如，每天问问自己，我到底要什么，就是一种很好的练习，这种练习会让你比较轻松地面对不公，我们的情绪有一大半都花在了考虑公不公平上，这实在是没有什么意义。

压力就是当人在遭罪时急于摆脱这种遭罪的渴望，会给人不舒服的感觉，这种不舒服的感觉有其存在的作用，就像如果我们失去了痛觉，很有可能把自己伤得一塌糊涂而不自知。在职场中的压力，总体上来说是一件好事，因为这才是真正的公平，大家都有压力，并不会因为他是官二代富二代就没有压力了，出身也好，财富也好，教育程度也好，都不影响压力的存在。大部分人总归是顶不住压力要放弃的，但只要你能撑住，那么撑得越久成绩就越好。什么是抗压能力，就是在遭罪的时候能坚持的能力。你可能觉得凌晨四点起来扫大街很遭罪，那是不是环卫工人就很抗压？不是的，遭罪是相对的，当你习惯了一件事情，就不那么遭罪了，对你来说很遭罪，对他来说还好。同理也可以反推，我们在干的事情，只要我们习惯了，也就不那么遭罪了。这本身就是通过练习来达到的，如果没办法摆脱遭罪，人们总是能够找到相对舒服一点的姿势。最重要的是，不能让压力影响我们的思考，在不管不顾摆脱压力的情绪驱使下思考，得到的结论基本都是错误的结论，不要在压力下做决定，我们要尝试着抛开那种摆脱的渴望以后再做决定。

> 打标签这个动作只适用于快速概略地初步厘清局面，并不适合拿着标签来处理具体事务，因为标签毕竟是大致粗疏的描述，有很多时候甚至是错误的描述。如果过度依赖标签的作用，就容易产生刻板印象。……根据刻板印象来处理事情就很糟糕了，或者说这是种十分偷懒的处理事情的办法。

标　签

我们活在世上，总是会给人们打上各种标签，同时我们自己也会被别人打上标签。打标签的目的是简化认知难度，方便人们更快地大致明白自己所遇到的局面。从不同的角度会有各种各样的标签，比如从国籍出发的标签，从肤色出发的标签，从性别出发的标签，从职业出发的标签，从偏好出发的标签，从收入出发的标签，从地域出发的标签，从政治倾向出发的标签……把几个标签一集合，大致就能了解这个人的状况。

最近大家似乎对"打标签"这个词有比较多的负面评价，我想，究其原因大致是我们讨厌刻板印象，刻板印象其实也是关于一类人的标签。但我们不能以偏概全，打标签是有其合理性的，比如我们把动植物分为门、纲、属、种，就是在打标签，比如个体的狗之间差别很大，但我们还是给了它们一个同样的标签，这种方法让我们能够快速厘清局面，做出判断并采取行动。

但是，打标签这个动作只适用于快速概略地初步厘清局面，并不适合拿着标签来处理具体事务，因为标签毕竟是大致粗疏的描述，有很多时候甚至是错误的描述。如果过度依赖标签的作用，就容易产生刻板印象。所谓刻板印象就是脸谱化的认知，从而忽视标签中人、事、物的个体性。根据刻板印象来处理事情就很糟糕了，或者说这是种十分偷懒的处理事情的办法。

在具体实操中，绝大多数时候我们要弄清楚事情背后的具体因果关系，具体的因果关系都是因为具体的人、事、物产生的，而不是抽象的人、事、物。即使是被归入一个标签中的人，也会有不同的立场，不同的个性，不同的诉求，拿标签来脸谱化归类处理是解决不了具体问题的。比如，有个知名公司的员工突然跳出来说自己遭遇职场霸凌，那么大多数人会不管三七二十一就站在员工的一方，在网上义愤填膺地声讨大公司仗势欺人，尽管那个员工可能都拿不出什么有力的证据。即使之后事情发生反转，显现的证据都证明员工的问题更大一些，还是会有人固执地认为这里有猫腻，是公司危机公关做得好，就算明白自己之前站错了队，大抵也不会认错，反而会觉得你是知名公司，受点委屈不是很正常的吗？这件事情你没有错，难道你就没有犯过类似的错？

在这里，"知名"就成为一个标签。看到这个标签，大家想到的就是恃强凌弱，一手遮天。毕竟财经新闻里常常会看到该公司并购、入股某某企业的消息，很多人会想当然地认为，他对于其他企业都这么强势了，那么对企业内的员工岂不是更加肆无忌惮。以我的职场经验，在面对外部竞争时，大企业确实会秀肌肉，但是在处理内部员工事务的时候，和其他公司并不会有什么太大的不同，都面临着差不多的问题。公司和员工之间从来都是双向选择的，公司的确在有些方面会占优势，但员工也有员工的优势，比如铁打的营盘流水的兵，员工搞砸了可以拍拍屁股走人不管了，公司不行，烂摊子还要自己收拾，员工拿了更好的offer就可以请辞走人，公司如果有了更好的选择可没办法轻易不要原来的员工，公司对于好员工的渴求一点也不比员工对于好待遇的渴求少，大公司对于人才的需求同样是巨大的，那么多项目要做，谁来做呢？如果存在欺压，那么知名企业存在的对员工的欺压和其他公司存在的对员工的欺压并没有什么不同，并非因为"知名"欺压就严重很多，揪着知名公司标签不放的人，很显然有其他目的。

我常常在工作中听到人抱怨销售如何如何，财务如何如何，我总是愿意再问一下，销售的谁？财务的谁？这种在公司内部事务的处理上贴标签的方式并不利于问题的处理，更无法找到问题的症结。比如有人说财务应该更主动一点，因为他们没有主动跟销售反馈经销商卡货的事情，导致了客户断货。

"财务应该更主动一点"，这种解决问题的办法，只有幼儿园水平。凡是让别人无偿付出更多努力，以此作为解决问题方案的，都是缘木求鱼，天底下就不会有这么好的事情，若想别人努力解决你的问题，前提是有好处，没有好处谁肯解决你的问题。如果真的需要财务来解决这个问题，就先要思考自己可以付出什么才能激励到别人愿意更努力。

其次，这真的是某个财务不够努力的问题吗？先从财务部的部门角色来看，他们的职责就是管好公司的财货，是没有意愿主动将货物给出去的，这个部门的立场最好是钱收得多多的，货发得少少的。财务部主动干这个事情，只有坏处没有好处，货发了钱没收回来咋办，至于客户会发脾气，客户又不会找财务来发脾气，而钱收不回来，老板可是大概率要找财务麻烦的，两相取舍之下，该如何选择当然是非常明显了。再看具体负责这个事情的财务员工的立场，让他实时盯着电脑看什么货物被卡了，既不现实也不经济，他只能接到通知后再操作，或者一天去集中看个一两次，看到了以后，要他去弄清楚这个事情该找谁该如何处理又是非常麻烦的，普通人谁肯一点点问清楚哪个经销商谁负责，他也不知道去问谁，碰一堆钉子最后也没拿到什么实际的好处。对他来说，只能对付着做，要求他主动，第一是没有动力，第二是没有能力，你让一个财务人员去搞清楚所有销售与经销商的对应关系，以及销售离职后交接给了谁，这已经不是对普通人的要求了。所以让财务部的人作为发动机来主动推动这个事情，显然是不可行的。只有发货的获益者来推动这个事情才是靠谱的，谁是这里面的获益者呢？很显然是销售。

再来，因为卡货是系统自动卡的，而获知卡货信息以及操作放货这个动作，销售都无法直接参与，卡货信息和放货的操作都是在系统上实现的，卡货信息并不会主动通知到人，需要人到系统里去看，不看就不会知道，怎么及时知道卡货信息呢？这就需要信息系统有一个主动推送的功能，一旦发生卡货，就需要系统推送相应的信息出来。

第四，信息推送给谁呢？不同的经销商可能是不同的销售负责，如何及时通知到相对应的人呢？这么多销售，以及存在人员流动的情况，系统怎么知道该把消息推送给谁呢？……

我已经没有必要再细讲下去了，以上的分析才是工作和生活中实操层面应该有的样子，但是这样做远比按照标签来下结论复杂得多，但这才是正确的做法。如果我们依照标签来工作和生活，那必然是通向失败。

> 一个人在职业生涯中换领导本身就是一个大概率事件，为什么被动换领导好像就是不好的、没面子的，自己辞职出去主动换一个领导就是好的？无论被动和主动，新的领导都是陌生的，也无法凭面试就能确认领导的为人，实际上主动和被动能够选到好领导的概率并没有差别，差别的只是自己的心境。

职场黑暗森林法则

小说《三体》中有一个宇宙黑暗森林法则，说的是宇宙中的文明，就像是黑暗森林中有很多猎手，他们小心翼翼地在黑暗森林中各自求生，当碰到一点动静，最普遍的做法就是对着有动静的地方来上一枪，管他是什么豺狼虎豹还是好人坏人。这样才是最安全的做法，这样才有利于本文明的存活。不知道外星人是怎么想的，但是很显然这个法则很符合地球人的逻辑。我们中的大多数人对于陌生是不喜欢的，陌生的人、事、物给人带来不安全感，所以对于陌生的人、事、物，本能反应就是抗拒，即使是看似消极的躲避，其本质也是对抗。

我面试过这样一类人，之所以称之为一类人，是因为这是一种普遍现象，很多人都有类似的境遇。这些人一般在一个中等规模、大约几十人的组织里，原来的领导因为种种原因离开了，新来了一个领导，这些员工一般就会很快离职，如果新领导和原领导是竞争关系，则离职更严重，离职原因主要是觉得新来的领导会针对他们。这些人里大多数跟原来的领导并没有特别深厚的感情，离职的主因也不是因为原来的领导，而是因为后来的领导。我一直觉得这是一个悖论，如果我们把这些人和后来的领导称为双方，则双方大多数情况下都会把路走到双输的局面中去。大多数人觉得新领导要用自己人，会把原来的团队炒掉，但这想想都知道不太可能，一个人去就任一个职位之前不太可能事先准备好一个团队，即使带人去，也带不了几十个。炒掉原来组织的高层还有可能，下面干活的怎么可能炒掉？炒掉以后再招聘未必马上能够招到，招到未必好用，为何不用熟手？炒掉老团队后，新领导一定是一阵手忙脚乱，就算把锅甩给前人，毕竟受了累、没面子，还落下个容不下人的恶名。而对于员工来说，人家也没赶你走，你也做得好好的，突然换一个并没有提升的职位，甚至裸辞，图的又是什么。一个人在职业生涯中换领导本身就是一个大概率事件，为什么被动换领导好像就是不好的、没面子的，自己辞职出去主动换一个领导就是好的？无论被动和主动，新的领导都是陌生的，也无法凭面试就能确认领导的为人，实际上主动和被动能够选到好领导的概率并没有差别，差别的只是自己的心境，但却放弃了自己之前多年的积累。双方似乎都走到了实际上对自己不利的境地。

  为什么这会成为普遍现象？我判断双方在试探的过程中都释放出了敌意，最终导致了这个结果。想象一下这样的场景，如果一个家庭，父母离婚了，父亲或者母亲离开后，来了个继父或者继母，大多数情况下小孩子对于这个继父或者继母的本能反应会是怎样的？虽然继父继母并没有什么错，原来的父母也未必有多好，但是小孩子对继父继母还是敌视的。那么继父母后面又会如何反应呢？如果说继父继母没什么错，那么后来的领导就更是没什么错，但是原来部门的员工大致都是那个小孩子的心态，不管怎么样，心里面总归对于这个陌生人是有点抵触的，再加上双方互相不了解，也不知道对方的性格脾气，就有意无意地表现出了敌意。先别急着说"我没有"，你想象一下周围惹你生气的人，你再认真了解一下他们那么做的目的，你会发现，几乎每个人都在说，我没有骂/贬低/批评/笑话他的意思。是的，每个人都不觉得自己在得罪别人，而且不应由此受过，但事实上别人觉得被冒犯了，如果冒犯我们的人觉得自己没有，那么我们会不会在自己觉得自己没有的情况下冒犯了别人呢？

这个时候你期望后来的领导怎么做呢？绝大多数人并没有足够的气度和耐心来面对这种敌意，让双方慢慢互相了解磨合。何况作为领导，下属不主动来讨好也就罢了，还要冒犯，是可忍孰不可忍，既然你打了我一拳当然就不能怪我还你一脚了。于是一来一去中大家就都感觉到了对方的敌意，当职场中出现了这样的敌意，尤其是上下级之间的敌意，离职就变成了不可避免。

人在职场中往往就会陷入这样一种局面，而这种局面背后的原因大致就是职场黑暗森林法则。在职场中，大家都像一群身处黑暗森林中的猎手，大家并不知道森林中其他猎手的想法，不知道其他猎手是友善的还是恶意的，还是只求自保的……这个时候，碰到一个其他的猎手，绝大多数人都不会从善意的角度去揣测对方的想法，在这样的情况下，想要确保自己的安全，那就先开枪。职场中也的确常常上演互相倾轧、尔虞我诈的戏码，这更让这种观点得到了事实上的支撑。之前那种案例中的员工方，面对不熟悉的新领导，潜意识中认为最安全的做法，就是不管到底什么情况，先打他一枪，这一枪的表现形式可能是说原来领导的好话，消极怠工，聚在一起说怪话，阳奉阴违等；被打了一枪的新领导，跟这群人也不熟，也不知道他们什么想法，他们是无意的还是有意的，基于尽快树立权威的想法，二话不说立马还击。这大概就是新领导上任引发老员工集体辞职背后的真正原因了。基于这种职场黑暗森林法则，我们就很容易解释很多事，为什么一个人刚刚进入一个团队会比较难融入？为什么很多公司觉得老人欺负新人？为什么很多人爱打小报告？为什么老板换人就容易离职？为什么有人喜欢在公司串闲话？

就像星际文明间的黑暗森林法则一样，我们可能也改变不了这种职场黑暗森林法则，因为我们说服不了其他人不去这么想。但是，就如之前分析的案例，顺着职场黑暗森林法则，往往实际得到的是最不利的局面。但我们自己可以不按照这个法则来，当别人打来一枪，这个时候别上头，职场问题不是星际大战，没有性命之忧。我们可以考虑一下，我是一枪打回去，还是想想如何取得对自己最有利的结果。大多数人都会纠结于，他打我一枪，我不还击我就亏了，这不公平。黑暗森林法则其实是一个基于命悬一线的场景下短视的应急的逻辑原则，但在职场我们并非处于这样的场景，不需要这样仓促短视的决定。记住，我们来职场不是为了一报还一报的，一报还一报不能替你付房贷、养老人、养孩子。如果不还击可以获取更大的利益，那么就不还击，寻求最大利益才是我们在职场打拼的目的。

> 有些时候我们是对的,有些时候我们是错的,当错误得到确认,就应该与错误决裂,不要给自己躲避的机会,不要让自己因为害怕损失而不承认错误,不和错误决裂的结果一定是在错误的道路上一骑绝尘一条道走到黑。认错不彻底等于彻底不认错,这话虽然有点骇人听闻,但事实一次次验证了这句话的正确性。

绝不认错

去健身房锻炼,常常会碰到前台发放的储物箱手牌号码是紧挨着的,于是就会造成更衣室里一堆人挤在一起换衣服,其实更衣室里其他地方都很空,就是这个地方几个人挤在一起,我曾经不止一次跟门口负责发放手牌的不同服务人员沟通,希望他们能够跳过几个号码发放,但是每一次,他们都随便找个理由解释,拒绝改变。我也注意到,这个岗位的流动率很高,每 1—2 个月就会换一批人,几乎是健身房里换得最勤的一批人。这两件事或许互为因果吧,正是因为他们的这个态度导致了找不到太好的工作,这种不太好的工作对于他们的吸引力也不太大,所以也留不住。这种情况其实身边也常常发生,不少人更乐意给出一个理由来解释为何做不成,而非努力去做出成果。很多人在自己是买家的时候会觉得商家服务态度差,当自己变成了商家,对待客户的时候却也是找一堆理由,能应付就应付。更有双标高手,做买家的时候当自己是上帝,转头自己做商家了，就当顾客是刁民。

　　社会新闻里也常常看到在高铁飞机上霸座的事件发生，除了个别人确实是个性骄横跋扈，大多数人是话赶话被赶到那个地步了，下不来台，索性一错到底，其实只要中间肯认个错，不至于将事情闹到惊动警察。很多公司、艺人爆发了丑闻，上来都是否认三连外加律师函威胁，最后反转灰溜溜被实锤。无论是买东西，还是去消费服务，顾客如果有不满意，用否认和搪塞来解决问题的商家远远多于愿意用实际补偿解决问题的商家。被投诉的商家一般都是这样的套路：基层员工先否认，如果这招不管用，能拖则拖，拖不过去了领导出面给各种解释，能少承担责任就少承担，但绝不认错，客户仍然不依不饶捅到媒体，甚至司法层面，此时再公司层面出来道歉补偿，但依然有可能是一边道歉一边嘴里不干不净。

　　不少人在社会上生存艰难，遭遇不公、刁难，甚至潜规则，这值得同情，但这里面所有情况完全是社会的责任吗？这些人自己真的一点责任都没有吗？我就看到尽管外卖平台的餐饮店家都有环保单，也就是无需餐具的功能选择，但很多店里负责打包的人却是懒得看的，所有订单一律装餐具，这些人的工作状态真的没有错吗？同样的情况在那些夫妻老婆店则要好很多，顾客选择了环保项，店家基本就不会再装餐具。造成两种不同反应的原因，不过是不是自己的不知心疼而已。如果一个人这样不认真不负责地对待雇主，却希望雇主能够知道心疼自己，这有可能吗？但这些人是不肯从自己身上去找原因的，网上的某些声音也在有意无意地纵容着这些人，凡是谈到反思反省，就会被叫反思怪，他们会顺着你不肯认错的思路说，让你忍不住点赞收藏转发，流量就这样有了。

　　我非常不理解的是，认个错就这么难吗？人的进步很多时候都需要不断反思和改善，如果不能认识到自己的问题和不足，怎么改善呢？没有人是完人，大家都会犯错，犯错并不丢人，犯错以后不认不改正才丢人。但我也是没想到，有朝一日犯错可以被解释为"多元化"，这话说得可太懂事了，以后无论怎样都没有错误了，说我错就是不尊重我，就是歧视我。人其实是很容易走极端的，要么就是动辄将人斥为异端，火刑烧死，要么就是一句批评也说不得，动不动就以孤独的灵魂自居。再加上物质条件好了，父母养育子女的时候过度骄纵，即使子女犯了错也不纠正，孩子长大成了巨婴。现在我们都在鼓励年轻人"有个性""有想法""独立思考"，这当然是没错的，可同时我们是不是也应该多多鼓励他们"勇于认错""勇于承担"，很遗憾，关于后者的鼓励似乎要少得多。如今的短视频平台上，主播的素质良莠不齐，有些主播竟然天天撺掇年轻人上班摸鱼，还总结了各种摸鱼妙招，以此吸粉无数。在这样的引导下，认为摸鱼有理的人越来越多，他们怎么会认错呢？如果屡次被上司抓包，这些人就会祭出两条法宝：1. 法不责众，大家都摸鱼，为什么说我；2. 如果有错也是社会的错，不是我的错，既然社会有错，我不仅没错还是受害者。

认错有两个重要的意义，第一个意义是针对自己的，我们是人不是神，难免走偏，难免出错，总要在做事的过程中不断反省，有些时候我们是对的，有些时候我们是错的，当错误得到确认，就应该与错误决裂，不要给自己躲避的机会，不要让自己因为害怕损失而不承认错误，不和错误决裂的结果一定是在错误的道路上一骑绝尘一条道走到黑。认错不彻底等于彻底不认错，这话虽然有点骇人听闻，但事实一次次验证了这句话的正确性。那些无法自拔的瘾君子们，他们没想过改过自新吗？想过的，但从来没有一次认真彻底地与错误决裂，每每都把自己放到受害者的角色，每每给自己的控制不住找理由，大多数瘾君子从来没有真正觉得自己错了。人有自我合理化的本能，因为日子要过，要面对那些曾经对自己充满期许的目光，如果把自己贬得一钱不值，明天怎么面对那些平日自己都看不太上的人？所以人就要合理化自己的错误行为，不仅是说给别人听，也是说给自己听，这样自己的心就安了，这样见人就不会腆得慌，这种自我合理化做得次数多了，人也就废了。其实人做错事并没有什么大不了的，可能会有一时抬不起头的痛苦，但正是这种痛苦，让我们知道不要去犯错，下一次要更谨慎小心，熬过这种痛苦，并且吸取教训才是正道，如果把这种痛苦给躲了过去，下一次我们犯错必然是更大的祸事，迟早会把自己的小命搭进去。第二个意义是针对别人的，人类有个特别厉害的特质，就是看自己的时候，怎么都看不清，看别人的时候，哪里好哪里不好都非常清楚，你到底犯没犯错，你周围的人，尤其是你的敌人看得最清楚。看自己的时候，会有很多放过自己的理由，就像在健身房里自己练和教练带着练，完全不是一回事。正因为你不清楚自己犯错而别人很清楚你犯了错，因此在这个事情上，大家的立场是非常容易对立的，如果没有认错这个动作，双方是很难取得谅解的，就像家里夫妻吵架，大多数时候是以一方让步来收场的。设身处地想一想，你不也是看了别人有错不认非常来气？你在背后和人吃饭时议论的不也是这个人的这个错，那个人的那个错？如果人家都坦诚认错了，估计你也没啥好议论的了。

认错可以帮助人进步，因为认完了错要纠正，纠正就要干很多事情，干这些事情肯定是不轻松的，而不认错则简单得多，不认错自然就当没事发生，该干吗干吗。认错和不认错的后续发展，相差巨大，人可以通过做事消除一个不好因素，一方面为未来的自己排了雷，这些没有纠正的错误，终究不可能靠一两句话打发掉，积累的时间长了，小错误就会积累成大错误，总有一天会爆雷，现在解决掉等于是给未来排雷；另一方面，做这些事情本身，对自己也是一个训练和对前进方向的进一步明确，其实应该多听别人说自己哪里不好，因为这些正是自己看不到的，别人免费帮忙指出问题所在，这是多么幸运的事情。很多人不知道究竟从哪里开始动手来改变自己的命运，那不妨就从改正自己的错误开始，至少这样有了一个具体的方向，否则漫无目的去寻找方向，真的是很难找到。纠正错误的过程，必然牵涉思考和实践什么是"正确"，这非常重要，因为正确意味着事情能够顺利推进，这需要解决很多很多的困难，就像我们造一台机器，要让这台机器能够按照我们的想法运行，我们要寻找每一次不成功背后的原因，越是了解就懂得越多，这样就获得了最宝贵的经验和知识。

把不认错当个性显然是很愚蠢的，但认错也不是完全不坚持自己的主见的意思，认错之前当然有一个认真思考别人说得对不对的过程，前提依然是你愿意听别人的建议和意见，别人说的不一定对，但是有人免费教，反正又不要钱，为啥不听听看。这其中，更难得的是如果能听到别人教的一些具体做法，那更是赚到了，这在以前是要拜师才能学的。一般来说中国人不太喜欢指出别人的错误，都愿意当滥好人，如果有人真愿意帮你指出错误，是一个很不容易的事情，大概率就已经错得比较离谱了，再不改正就要付出代价了。所以，不要怨恨那些指出你错误的人，他也冒了不小的风险来这么做，至于他说得对不对，还需要具体情况具体分析，但只要不是来PUA（精神控制）自己的，总是值得先听一听的。

02.
自我反思及进阶篇

主动行为\做好人的恶习\"要求"塑造现实\我们为什么恨身边的人\揣度\实事求是\领导该做的事情\热点人物\以经济学家的思路工作\我跟他们说过了\那些看似简单的工作\不忘初心持续改善\所谓团队\我不要做烂泥\兴趣\个人的好恶\如果岳飞是你的员工\闯红灯撞了白撞行不行\决策\处理情绪\职场上的"坏人"\幸存者偏差\对待委屈\激励机制与打怪模式\执行力

一些看似响应的被动行为，其本质往往是"用战术上的勤奋来掩盖战略上的懒惰"。

主动行为

　　设想一下这样一个场景，有一只猴子 A 和一只猴子 B 生活在一个区域，有一天来了一只豪猪，A 和 B 都没有见过豪猪，接触了一下发现，豪猪不好惹，被刺得不轻，都很郁闷。A 被刺了以后，天天拿石块、坚果丢豪猪，豪猪就乱跑躲避，B 虽然也被豪猪刺了，想的却是躲开不去招惹就好，豪猪跑来跑去总有跑到 B 身边的时候，B 就会让开两步，豪猪一会儿又过来，B 又让开两步。就这样持续了一段时间，豪猪被赶得越来越远，B 也越躲越远，最终 B 离开了这个区域，A 独占了这个区域。

　　世界上有两种人，一种人主动行动，一种人被动接受。被动的人是大多数，主动的人是少数，往往最后，被动者完全活在主动行为所带来的各种事件中，随波逐流，最终被主动者所主导，其实这里面并没有那么多的不公平，也没有那么多的黑幕，位置是自己选的。

举个例子，有人在乡道上拿根木杆一栏，要求过往汽车交过路费。真正不管这套硬闯过去的是少数，下车来看看形势，最后讨价还价交个 5 元钱的大有人在，后续吵架的、劝架的、跟踪报道的、看新闻的、讨论的、评论的、争论的，研究为什么会出现这种现象的，都只是一个主动行为附属的各种被动应对。这些人活在别人的一次主动行动所带来的人生际遇中。

虽然每一个单独的人在世界上都是渺小的，但社会的妙处在于，每一个单独的人所做的主动行动，大多都会有人来回应，哪怕是一个人在默默钓鱼都会有人给出反应：单纯围观的、讨论钓鱼技术的、上升到哲学高度的，如果有人拍个照上传到网络平台，那么将波及更大范围的人群……一个主动性的行动会带来一系列开始意想不到的不受控制的反应。比如有人主动请你吃饭，你就要回应接受啊还是不接受啊，不接受会不会让那个请客的人难堪，接受会不会话不投机，要不要回请，穿什么衣服得体，要不要叫别人……在这件事情上，主动行动者所付出的代价很小，却让被动者大量的时间、精力都跟着这个事情走了，这就是用很小的成本调动了更大的资源。

大多数人都是被动的，我们的客户、同事、供应商、经销商，周围的很多人，都是。每一个主动的行为总会有人来回应。单一的主动行为可能影响不大，但就像上面 A 猴子所做的，很有可能大量的主动行为最后导致了一个有利的结果。而被动者回应的行为同时也对这种结果产生了推动的作用，猴子 A 的独占领地，某种程度上是猴子 B 成就的，而猴子 B 每一次的决策看起来也没有做错什么。普通人平时对于很多事情的应对，单独来看其实也没有错误，但从更大的范畴来看，却并不正确，有一句话叫作"用战术上的勤奋来掩盖战略上的懒惰"大致就是这个意思。任何对抗性的活动，大致都是如此，采取主动行动的一方占优势，而被动的一方往往要跟随主动方的行动而行动。人在职场中的发展，就是从芸芸众生中胜出，本来也是一种对抗性的活动，和竞争者对抗，和环境对抗，和时间对抗，和缺乏知识对抗，和懒惰对抗。人的大部分行动依然是被动的，比如饿了吃，渴了喝，困了睡，冷了穿衣……无论主动的人还是被动的人都是如此，因此被动和主动并非人格，并非性格，并非不可改造，只是一种习惯。就像富二代习惯挥霍，而穷二代习惯节省，这跟境遇的变化相关，穷的人变富了也挥霍，富的人变穷了也节省。主动行为和被动行为也是如此，只是需要练习，并且慢慢习惯而已。

人们做的事情主要分为两种，"我要做的事"和"要我做的事"，凡是被动的，都是要我做的事情，比如老婆让你去打个酱油；而我要做的事情，都是指并没有人来推动，而自发要去做的事情。人们日常绝大多数做的都是要我做的事，而这种要我做的事情，大多数是一件叠着一件，多米诺骨牌式的连锁发生的，比如司机看手机，车子撞了人，人被送去医院，大夫要救治，救治要各种设施器材、药品，医疗器械、药品公司接到这些订单，送货的司机被要求把这些东西送到医院……这一大堆事，每件事里的每个人都在被动地被事情推着走，所有的事情都做完了，似乎对这个世界也没有改变什么，更没有创造什么了不起的财富和智慧。但也可能有人发明一套道路防撞系统，5G数据链下的自动驾驶理论上有可能实现这个事情，起心动念做这件事的人是主动要做这件"我要做的事"。我要做的事是可以改变人命运的事情，而要我做的事情并不能改变人的命运。很多人想不明白，甚至很痛苦，很委屈，自己好像也挺忙、挺辛苦的，干的事情也不少，为啥到了年底赚不到几个钱？有的人忙忙碌碌一辈子，也没偷懒，怎么最后也并不富裕。答案就在于此，要我做的事情做得再多，也未必创造了什么财富和智慧，没有新增的财富和智慧，哪里来的财富分配给你呢？

做一个主动者还是做一个被动者，这完全是在我们的能力范围之内自己选择的，我们可以选择被公司的流程主导，天天被流程指挥着干这干那，也可以主动要去开一个产品推广会；我们可以等客户打电话来应对他的需求，也可以主动请他试用我们的订单系统；我们可以等外商500强公司来挖我们公司员工的时候再去安抚挽留，也可以尝试搞一个年度技能大奖赛，获奖者请相关厂家

赞助给予奖励……

诚然，外界因素很重要，但外界因素往往是我们轻易改变不了的，既然我们改变不了世界，只能改变我们自己，至少，我们可以选择主动，或许成功的把握，会多那么一点点。

> 我们大多数人既没有长期做好人的耐性，也控制不住自己的本能，非要做这种短期好人，结局只有两种，一种是做了白做，没有回报，一种是走向贿赂，谄媚，拍马屁。

做好人的恶习

"学习雷锋好榜样。""只要人人献出一点爱，世界将变成美好的人间。"我们是在这样的教育下长大的。童话里理想中，我们所描绘的完美世界也是大家助人为乐，安详、平和、友善的社会。在一些高福利的发达国家，人们之间所表现出来的友善互助，也是我们所羡慕且津津乐道的。

但我们又觉得我们的现实生活并不是这样的，现实是"物竞天择，适者生存"，现实是"天地不仁以万物为刍狗"，现实是考公务员100个人里面只录取5个，现实是如果你的竞争对手把你PK掉了，你就得喝西北风……现实是冷冰冰的，既没有好，也没有不好，如同一条奔流的大河，既有长河落日的美景，也有山体滑坡的惨状。这美和惨，只是我们区分的，对于自然来说，都一样。

人是社会的动物，人们在社会中生存，为了生存得好，就乐于做个好人，以获得别人的善意，毕竟大多数人还是会善待对自己好的人。从长远的角度来看，"对别人好"依然是一个能够真正获得别人善待的最可靠的做法。然而有三个问题大多数人并没有思考清楚：

1. 什么是善待。这个事情很难说得清楚，比如"棍棒之下出孝子"这算是善待，还是虐待？

2. 有没有资本去善待别人。如果已经财务自由了，输掉个生意给竞争对手或许还可以承受，但对于刚刚进入社会要买房子要结婚的年轻人来说呢？

3. 很不幸地，我们人类是这样一种动物，自己对别人的好和别人对自己的不好，记得清楚，自己对别人的不好和别人对自己的好，忘得很快。于是矛盾出现了，被善待的人总是把被人善待这件事忘记得很快，也正是因为这个原因，唯有长期不懈地对人好，超过了一定的壁垒，对人好才会产生作用，比如父母孩子之间的感情。

如果不能长期坚持，做好人未必能获得好的回应。长期坚持，慢慢就变成了感情，短期的做好人，更像一时的短期交易，很难形成感情或者认可，在这种情况下做了白做，没有回报，要获得回报就只能是贿赂，拍马屁，权钱交易这种事情了。说"做好人"是恶习，主要也是由于这个原因，我们大多数人既没有长期做好人的耐性，也控制不住自己的本能，非要做这种短期好人，结局只有两种，一种是做了白做，没有回报，一种是走向贿赂，谄媚，拍马屁。而长期的"做好人"，即使对方一时不领情不理解，时间久了，还是会磨炼出真感情，这在父母和孩子的感情上最明显。

别人给好脸色看，微笑，表扬，赞美，等等，这是大多数人喜闻乐见的，并且我猜，在生理上是有愉悦感的。为了获得这样的愉悦感，有不少人是本能地想要做好人，甚至沉溺于此不能自拔。我觉得这是动物的本能，有点像小狗露出肚子求抚摸，其实也就是想要主人的好脸色而已。有些销售人员在客户面前总是低三下四，想用送礼、拍马屁等手段来获得客户的好脸色，却没有仔细想过这样的好脸色是否有意义，客户是否需要所销售的产品，这个产品是否对客户有价值等更重要的事情被放到了角落。而大多数销售人员，其实就只是这个水平而已。能够因为交易本身获得客户的好脸色，而不是靠一味讨好来获得，才是水平比较高的销售，也更容易获得客户的尊重。

有个别的管理者，乐意去帮下属争取并不应该得到的利益，并且在下属面前表示，"你看，我对你好吧"，希望由此来获得下属的忠心，或者是希望由此来获得下属的好脸色，虽然总比把下属当奴隶要强，但和上面所说的情况是一样的，这样真的能达到目的吗？用不应得的利益来让别人效忠，如果这个人收了，那么你认为这个人的效忠靠谱吗？让这个人改弦易辙困难吗？如果是用贿赂去建立关系，那么这种关系牢靠吗？单纯靠溺爱教育出来的孩子，对父母的感情真诚吗？以我自己的人生经验，你给他争取不应得的利益那一刹那，他是感激的，但很快，不论出于什么原因，他会内心逐渐否认自己欠你人情，他会合理化自己的想法，会认为这就是他应得的，而且会坚定地真就这么认为，这就改变了规则，后面如果你不再给这部分利益，反而变成了你理亏，他会觉得你对不起他。一个典型的例子，有些公司管理者，有时会在长假期间多放几天，把原本要上班的调整的周末也一起放了，但是如果今年这么干了，第二年不多放假了，就会有员工不满，觉得公司变差了。原本是这次对员工好，结果下次没有这么做就成了对员工差。

作为公司的管理者，有责任说清楚事情的对错，有责任主持公道。但是说清楚对错主持公道，是要面对压力的，说人家错，面对人家的抗辩甚至威胁，是有压力的，所以公司里的干部，大多喜欢和稀泥，不说清什么是对的，什么是错的，有些人偷懒了也没被指出来，有些人多干了也没得到表扬。这样的环境只能是劣币驱逐良币，最后变成大锅饭。变成大锅饭后，管理者就更难管理，更没有威信。而这一切都是由于当初能主持公道的时候没有主持，于是不公道的声音成了主流声音，而管理者权力的合法性也就同时丧失了，看似避免了眼前的压力，结果导致自己陷入被动。很多人爱说企业文化，什么是企业文化？有很多人以为是那些炫目的VI设计，那些五彩斑斓的PPT，以及各种炫富的员工食堂……不，这些不是企业文化，这只是烧钱，你舍得烧钱，可以做得像电影一样，但这不是企业文化。在我看来，企业文化就是企业的价值观，在这个企业里什么是对的什么是错的，以什么为荣以什么为耻，并获得绝大多数企业参与者的认可与坚持，这才是企业文化。如果在一个企业，大家都不愿意说对错，只愿意聊聊天气、体育、社会新闻，这样的企业是不会有企业文化的。

我面试过很多人，但从来没见过有人因为前一家公司当年曾用较高的薪水挖他而心存感激，不舍得离开。有不少人用高薪挖了人以后以为就万事大吉了，其实，这才刚刚开始，高薪只是让他下定决心离开前一家公司，而要他全心投入现有的事业，并且跟现在的公司相濡以沫则还远远不够，还需要花很大的力气才能用好这个人。即使如此，会因为高薪轻易放弃前一份工作的，往往期待的是不停的高薪刺激，那么问题来了，他等得及认真做事业的水磨工夫吗？你能一直快速加薪吗？

在理性分析以后，可以发现，短期行为的"做好人"，用不恰当的利益"做好人"，不把对错说清楚而和稀泥，所获得的不过是那一时的和颜悦色，并不能获得别人真正回报善待。这只是我们心中的软弱，我们没有办法去克服而已，就像吃货面对着一桌美味，虽然知道这个吃下去其实没有好处，但还是忍不住。大部分人就是这样软弱的，没办法，管不住嘴迈不开腿就没有马甲线，同样的，忍不住自己的软弱，就难以在事业上获得你真正想要的东西。

> 动辄发一个大愿其实是不切实际的做法……大多数人能做的，是把一个个小小的愿望累积成大大的差距，于是和别人有了不同。

"要求"塑造现实

神说"要有光"，于是就有了光。基本上，我们这个世界是被"要求"塑造出来的。一代又一代人对这个世界提出了"要求"，于是世界渐渐变成了现在这个样子。秦始皇说要防御外敌、四通八达，于是就有了长城和驰道；恺撒说要记录丰功伟业，于是就有了《高卢战记》；莱特兄弟说要飞上天，飞机被发明出来了；嫦娥说要去月亮，航天飞机载着"人类的一大步"开启了太空探索……

世界不会自动变成我们想要的那个样子，首先我们提出"要求"，然后去努力实现，无论是创世神话中的主宰，还是历史上征发百万民夫的君王，或是现代社会借钱开公司的试水者。无论从宏观的历史，还是微观的日常生活来看，都是这个道理，如果不提出要求，家里的屋子是不会自己干净整洁起来的，只会越来越脏乱；如果不提出要求，人是不会自动变得仪表堂堂气质优雅的，只会蓬头垢面邋里邋遢。

这种"要求"首先是发一个愿，然后是不妥协。动辄发一个大愿其实是不切实际的做法，世上有大毅力说到做到，无论艰难困苦都能不改初心的，毕竟是极少数人，绝大多数人并没有那样的毅力和智慧。而大多数人能做的，是把一个个小小的愿望累积成大大的差距，于是和别人有了不同。可以先从每天洗澡开始要求自己，然后每天要换衣服，然后要定期理发整理仪容，开始注意饮食，开始一个锻炼周期重塑身材，看看杂志学习服装搭配，使用一些护肤品……一件件小事都做成了，于是就有了一个焕然一新的你。有句话叫作"一屋不扫何以扫天下"，被很多人诟病，很多人都认为扫天下和打扫房子是两码事，把不扫屋子上纲上线了。但我觉得这两件事情之间有一点是一样的，会扫屋子的人，对屋子应该怎样，有一个要求，会扫天下的人，对天下应该怎样，有一个要求。这句话的逻辑是，对屋子是否干净整洁都没有要求的人，怎么会对天下应该怎样有所要求？当然像王安石这样的邋遢宰相是特例，如他这般惊才绝艳的人物往往将全部注意力都放在了一两件他认为重要的事情上了，其他小节都可以忽略不计。但是平凡如你我，就当警惕一屋不扫这件小事，极有可能这会成为你逃避现实问题的第一个借口。

我们不仅要对自己提出要求，还要对环境提出要求，这种要求往往就牵涉到了其他人，于是就有了人与人的协作。比如清朝末期的绿营兵，根本不能打仗，完全不是农民起义军的对手，风纪败坏，形象猥琐，以曾国藩为代表的一批人搞起了团练，以佣兵为主的湘军淮军打败了农民起义军。照理说都是一样的人，政府组织的部队当然各方面资源更好，为什么还不如地方各自组建的民团？我觉得最主要的原因是，对于绿营军，从皇帝到士兵，从上到下没有人有要求，皇帝只会哀叹责骂，官员只会贪污腐败或者内斗倾轧，士兵只会欺负老百姓，至于军容应该怎样、武器应该如何配备、每个官兵应该吃多少粮、军饷怎么协调、应该有多少训练量……这些事情都没有人提出要求，或者提出要求也得不到别人的协作。很多事情等败坏到绿营军那步田地，就已经无法再回头了，即使让曾国藩去管也不行了，只能另起炉灶，重新再开辟一个新天地了。公司管理也是如此，不提出要求，就会有人穿短裤来上班，就会有人在办公室吸烟，甚至满地丢烟头，就会有人工作拖延始终没结果，就会有人专门组织八卦座谈会成天搬弄是非……如果始终不去处理，直到大环境已经败坏，人心散漫已经难以振作，此时就无力回天了。

对别人提出要求是一件比较复杂的事情，一种效果是遭到别人的反对甚至攻击，比如要求别人不要插队，不要吸烟，往往会遭到别人的反弹；另一种效果是把一群人组织成一个有凝聚力的组织，比如岳家军，比如阿里巴巴。这两种状态的差别其实只有一点，就是这种要求是基于什么基础，这个基础是不是大家都深思熟虑认可的，并且愿意为之承受一定代价的。当大家没有这种认知的时候，互相之间的要求就很容易变成对抗。为了组织里有共识，可以发现前面举的岳家军、阿里巴巴的例子中，组织的领导者花了大量的力气在凝聚共识上面，并且也淘汰了大量无法形成共识的人。当然岳家军不一定内部没有小问题，但也一定比没有这种共识的组织要强得多。

在我们的工作当中，除了每个成员都能尽力，更重要的是一个团队的成员愿意相互照顾队友的身后，才能具有超越平常的战斗力。为了达成这样的目的，对每个成员都提出要求是必然的事情，如何让这种要求被心甘情愿地接受？对于每个组织的领导者来说，构建共识是最重要的事情——组织成员对于共同目标的大致认可，对于共同承受代价的估算，对于未来的期望，甚至对于为了理想牺牲个人利益的崇高感——这往往需要团队的领袖具有坚定的信念，并且愿意花很多时间去塑造这个基础。但也应该注意到，我们并没有办法让所有人都认可，因此团队领袖另一个重要的任务就是甄别和选择成员。团队领袖和家长不一样，因为家长不可能把任何一个家庭成员排除在外，但团队领袖可以。

一个很奇妙的事情是，我们大多数人都是没有准主意的"随大流"的人，不是每个人都会去认真思考每个事情的合理性，大多数人只是选择性地听自己想听的话，并没有理性分析、独立思考的能力。这个时候，提出"要求"的人，往往也会成为意见领袖，而随着这种提出要求并实现要求的过程不断重复，这个提出要求的人，最终也就慢慢变成了这一群人的实际领袖。

> 我们讨论事情的时候，正确的做法是讨论大多数情况，而不能讨论个例，但身边的人往往喜欢讲个例，因为个例才具有典型性，才极端，才具有话题性。我们常常将这种具有话题性的极端情况误会成了日常情况，于是会有极端的情绪出现。

我们为什么恨身边的人

事实上，我们日常做的事情，有些给我们加分，有些给我们减分，我们在这样的加加减减中上升或者下降。加分的事情做得多了，就上升，减分的事情做得多了，就下降。似乎世间万物莫不如此，人的成长过程，细胞新增的速度快于死亡的速度，人就成长发育健壮，反之则衰老病残。我们常常关注的是加分的内容，却很少关注减分的事情，其实减分的事情做得少了，一样可以起到正面的效果。

我上大学的时候，和同班同学打牌，打的"升级"，也有叫80分的。有一次一个同学感慨道："我发现一对K被一对A抓住的概率奇高。"这位同学是我们那年高考的山东省状元。我听了他的话，觉得很诧异，稍微有点数学常识的人都知道，一对A遇到任何一对其他牌的概率是一样的，这位同学的学术水平比我高，但会让他有这样的感慨，只能有一种解释，那就是一对K被一对 A 抓住所带来的印象太深刻了。比如一对 3 被一对 A 抓住，根本不会有任何印象，甚至还会沾沾自喜，觉得浪费对方一对 A。而 K 本来就是分值牌，两个 K 是 20 分，何况两个 K 比较大，不被 A 抓住的话稳稳地得分。因此，这样被抓，损失惨重，印象深刻。

由此我们可以发现一个现象，我们大多数时候并不是以理性的判断来认知这个世界的，我们往往把自己身边发生的事情，尤其是身边发生的印象深刻的事情，当成了全世界，并且以这个"全世界"来决定自己的价值观和判断。这让我们对身边的人感受更深刻，导致了我们对身边人的情感冲突更加强烈，不是更爱就是更恨，但基于我们人类短视且自私的普遍品性，往往都是更恨身边的人。

生活中，你常常会听到"我爸爸说""我同事说""我一个亲戚说""我有个同学说"，而这些身边的声音，也逼迫着我们去听，去想，去反馈。如果这些话是因纽特地区某个村里的人说的，估计就不会有兴趣反馈了，换一种说法，我们被自己身边的这个世界绑架了，这个世界拉扯着我们，要我们融入进去，要我们响应，要我们参与。我自己的观察，上海人在这方面要更加突出，无论哪个年代的上海人"阿拉爷""阿拉娘"永远是一个重大话题，走在大街上随时可以听到人们在谈论这个事情，而在其他城市，尤其是国外城市，很少这样。感觉上，上海人也更愿意积极参与到自己身边的这个"全世界"。

工作当中，我们花了太多时间去研究其他部门同事的缺点，却很少去研究我们竞争对手的缺点，我们花了太多力气去想和同公司的人的斗争方法，却很少去想如何战胜我们的竞争对手。事实上，由于不常常见面，我们其实一点也不恨我们的竞争对手，但却把在领导面前告状的同事恨得死去活来。其实并不是因为竞争对手对我们更好，事实上，竞争对手夺走了我们的市场，夺走了我们的利润，夺走了我们的奖金，而与此相反，我们那个告状的同事，很有可能还在创造着价值，他/她创造的价值，没准还分了一些给我们。为什么我们不恨那些抢走我们东西的人，却恨那些甚至还在帮我们的人？答案很明显，只因为他们在我们身边。因为他们在我们身边,所以他们的很多事情都被放大了,甚至他们走路的样子你都讨厌。来上班本就不是来交朋友的,一定会碰到不对脾气的,如果这个人还比较较真,看不顺眼的地方是很多的,每天看在眼里,不断累积,当然就会放大了。另一方面,如前文所说的,一旦身处其中我们对事情本身也会放大,有些正常的意见反馈被当成了恶意谗言,有些必要的调整也被当作了刻意针对。与此恰恰相反的,我们跟竞争对手老死不相往来,甚至从来就没见过面,也无从去感觉他/她的坏,因此我们其实并不怎么恨他们。亲戚之间只有住得远了,才会关系好,住得近了总是发生矛盾,也是这个道理。

我们觉得身边的人好或者不好,其实都是因为把身边发生的,尤其是印象深刻的事情当作了全世界,却忘了这只不过是全世界的沧海一粟,越是参与进去,参与感越强,越放大了好或者不好的印象,导致我们做出了过度的反应。与此同时,因为你的过度反应而被迫成为对立面的另一方,也正深深感受着你的好与不好,并将之无限扩大,这样下去,你和身边的人的矛盾就越来越深了。当然,还存在另外一种可能,就是身边的人感受到了你对他人的印象不佳,就投你所好地一起用放大镜照那个他/她的不好,此时你或者会走向另一个极端,把这个与你同仇敌忾的身边人的好放大到不应该的地步,无条件相信这个人和自己是一边的,犹如皇帝和佞臣一般,所谓耳根子软,甚至枕边风就是这么一件事情。这些人就是太相信自己的眼见耳闻,身边发生的事情才是对他影响最大的事情,在听周边的人说的时候,参与感也很强,对方描述的体验也被他通过脑补放大了,而没有谈及的部分则直接被他忽略了。

我们不仅仅放大了对事情的感受,也放大了事情的重要性和影响力,比如有人听说了别人到上司这里告他的状就很紧张,赶紧去辩驳申诉,甚至反告一状。他把这个事情想象得太严重了,其实这件事情在上司眼中没有那么严重。以我们公司为例,不同的人每天在我面前明示或者暗示对其他人不满的情况大约有几十次,我听了以后就兴师动众要如何如何的几乎没有,常常听完就忘了。如果这个领导听风就是雨，那么是这个领导的问题，而不是告状的人的问题。当然爱打小报告的人并不是值得赞颂的人，但我们也要有那个肚量和自信，打小报告首先未必会对自己造成什么影响，甚至在有些领导面前会起到反作用。与其去纠结这个小报告，还不如处理真正应该去处理的事情，如果的确身处一个爱权斗的环境，那么也不值得纠缠，走就是了。事情发生在身边，我们就觉得天要塌下来了，其实这都不算是什么大事，也没有什么太了不起，如果一件事情三年后你估计想不起来，那么就不要再纠结这件事情了。

我们讨论事情的时候，正确的做法是讨论大多数情况，而不能讨论个例，但身边的人往往喜欢讲个例，因为个例才具有典型性，才极端，才具有话题性。我们常常将这种具有话题性的极端情况误会成了日常情况，于是会有极端的情绪出现。比如一群员工在一起发牢骚的时候，往往讲的都是极端情况，但最后大家都心生怨恨，对未来失望，情绪低落，消极怠工。听到一两件事就做出过度反应，对基本面没有一个判断和认知是我们日常的样子。日常生活中常常听到的狗血故事是这样的，A听B说C在外面说A的坏话，就对C很怨恨，处处针对，势不两立，而和B成为哥们，突然有一天A在一个特殊的机缘下听到B在跟别人说A的坏话，才知道错信了人。这件事里B当然不是什么好人，但A把所有的过错推给B显然是不对的，A对B的话没加甄别就轻信，才是整件事情的起因。有些时候我们恨身边的人只是因为轻信和懒惰。

我们的各种认知世界的感知力，视觉、听觉、嗅觉、触觉、味觉总是给我们带来比理性思维更加直接的刺激，亲眼所见、亲耳所闻往往让人觉得更可信，但事实上往往正好相反，如果没有理性思维，这些看到的、听到的东西往往是不完整的信息，其实骗了我们，让我们走上了原本不应该走的道路。我们除了看到、听到、感受到的，还应该问问自己，有什么我没看到、没听到、没感受到的，把这些也加进来一起考虑才比较接近事情的真相。

> 就职场上的一般职级设置而言，大多数的提升并没有那么大的影响力，也没有那么大的利益，大到让人会投入大量的精力、时间去安排阴谋诡计。大部分人是懒惰的，没有好处的事情，谁都不会在回报不明确的情况下先投入时间、精力的。

揣　度

"揣度"这个词，虽然我们大多数人在小学的时候就学过了，但是真正明白其意义的并不太多，会运用这个技能的人更是凤毛麟角，与这个词相对的"主观臆断"倒是大部分人的真实思维方式。我认为对这个词比较全面的解释，应该是在心中的沙盘推演，对人对事皆是如此。

我们在谈论或者分析一个人或者一件事的时候，往往是从自己的立场出发的。举个例子来说，某甲与某乙是同事，某甲得知某乙得到提升，而自己没有，于是认定是领导偏心，认定是某乙会拍马屁或者贿赂或者权色交易得来的提升，在其心目中，某乙和领导是两个抽象的恶人形象，似乎除了作恶他们每天什么也不做。事实上，更大的可能性却是，某乙和领导与正常人一样，每天吃饭、睡觉、上班、带孩子、还房贷、买车……或者说，他们做的99%以上的事情，和某甲是一模一样的，他们也没多余的时间、精力，和某甲一样，他们有时间也想看看电视旅旅游，不可能没事总在一起作恶，甚至他们之间连所谓的交易也没有。因为就职场上的一般职级设置而言，大多数的提升并没有那么大的影响力，也没有那么大的利益，大到让人会投入大量的精力、时间去安排阴谋诡计。大部分人是懒惰的，没有好处的事情，谁都不会在回报不明确的情况下先投入时间、精力的。即使是作恶，大多数人也就是顺手而为的事情肯干，要费尽心思花钱花时间的事情才懒得干，哪怕真的可能有好处。

我们把某甲某乙的故事放到真实世界这个沙盘中来推演，就大体可以分析出八九不离十的真实情况了，从概率上看，这种提升随时随地都在职场中发生，不是什么了不起的利益纠葛。某甲某乙及其领导大多数情况下应该是普通人，既没那么纯洁，但也绝对算不上坏人，他们的决定大多数可能是逻辑简单的，而非心思缜密安排的，大阴谋之类的可能性更是微乎其微，这个领导做出提升某乙的决定只有三种可能：一、某乙能力比较强，二、某乙和领导关系比较好，三、某乙能给领导带来他需要的东西。第三种可能和第一种可能其实是一回事，某乙能力强，其领导当然是直接受益人之一。所以，只要某甲冷静下来，这件事情到底是怎么回事是很容易分析出来的，某乙和领导关系好不好，平时工作中总是会看得出来。如果平时某乙一直和领导关系很好，那么这很有可能就是领导的主要考虑点，毕竟，谁不想身边都是自己喜欢的人呢？如果两人关系并没有特别好，那么就是某乙有领导想要的东西了。这位领导究竟要什么？某乙又能给他提供什么？大多数人此时间立即会陷入简单的逻辑里，认为领导无非要钱要色要马屁，这样的奇葩当然有，但这样的奇葩当上领导的其实不多，大多数领导当然也想要钱要色要马屁，但他们要得很复杂，他们可能是要跟另一位领导别苗头，他们可能是要实现自己的一个理想，可能是有控制上的快感，可能就喜欢被人崇拜的感觉，可能是喜欢被别人像大哥一样捧着……直接要钱要色要马屁的其实并不多见。某乙的某种特质或者能力很可能是满足了领导的这种需求，于是被提升了。至于领导有什么需求，其实在长期的工作中，如果有心的话应该很容易观察出来。

很可惜在这里我们没有办法把真实的案例写进去，因为写谁谁都不愿意，即便如此以上也基本完成了一个揣度的过程，更复杂一点的情形其实原理都是一样的。学会了揣度有什么好处呢？第一个好处是预见，开始的时候，我们从已经发生的事情中去揣度其原因，慢慢地我们在事情发生前做出揣度，等待事情发生后去印证自己的揣度是否正确，并且不断修正，最终达到事先预见，这让你看起来料事如神。第二个好处是效率，曾经有一个科幻片，尼古拉斯·凯奇演的，他的特异功能是，他总是能在事情发生以前多次尝试各种可能性（我们和他的不同只是我们在脑子里模拟这些尝试），因此当事情发生的时候他总是能有对的选择，这就是前面说的预见，当有了正确的预见，我们做事的效率必然大大提高，也不会花大量的力气和时间在没有意义的泥潭里打滚。比如前面举的例子，如果某甲是按照他之前的想法去和某乙纠缠，那么他就在自己制造的泥潭里和人纠葛不清，徒耗了青春。

揣度的基本要素有三：概率、换位思考、积累经验。

概率是指，我们必须按照最平常的情况来做沙盘演练，除非有明确的证据，否则任何人都应假定他们是普通人，任何环境都应该假定是普通的环境。我们生活中碰到的绝大多数事情都是由概率决定的，因此我们都是在处理"正常范围"以内的情况，如果我们要把某个条件设定为非正常，那么推演出来的结果往往就是谬误，而这种情况在我们带有情绪的时候尤其常见。按照概率来推演就是把我们推演的每一个角色先放到真实具体的空间中去。

而换位思考是指在沙盘推演的时候我们必须常常问自己：如果我是他，我这个时候会怎么想？这样的思维方式非常重要，我们既然共同被称为人，代表我们大部分是一样的，包括想法，越是基本的想法越一样。比如对于感情，对于家庭，对于基本的各种感觉。如果不做换位思考，被推演的人往往会被做出非人类的假设，我们必须把我们推演的每一个角色都赋予真正人类的想法，而不是像一个电脑一样只会处理一些简单的逻辑。

积累经验是解决人与人之间的差异和水平问题的。随着我们经历的事情越来越多，我们会看到很多人之间不同的想法，这些想法不那么相同，但也不至于每个人都不一样，大致还是可以分类的，就像很多星座或者血型的说法对人的分类方法一样，我们可以做一些粗糙的区分。又或者我们需要推演的本身就是一个水平很高的人物，他的想法往往比普通人深刻。就像空城计中，司马懿在城楼下对诸葛亮的揣度就是这么回事。看得多了，见得多了，经验积累得多了，就能不断提升自己揣度的能力，这个时候，我们推演的每一个角色不仅仅有了人的想法，还有了人的差异。

我在面试的时候见得很多的一类人，他们表示原来公司的老板是一个白痴，在他非常优秀的情况下，在明知道如果他离开，公司要面临巨大损失的情况下，还是让他走了。很显然，这些人不懂揣度，既不懂揣度原来的老板，也不懂揣度我问这个问题的原因。当问到自己的挫折的时候总有各种各样的不得已，当评论别人的缺失的时候，却不愿意相信别人也有不得已。请你，不要变成这样的人。

> 在人生的长河中，职场的大多数人不过是路人，和你在路边碰到的那个骑电瓶车的杀马特没什么区别，他是好是坏又关你什么事情呢？下一个路口之前他就会从你的记忆中消失。大多数人对我们的人生并没有什么影响，我们只需要关注彼此在工作上能不能协作、能不能把活干好就可以了。

实事求是

"实事求是"这句话无比正确，但又无比难以操作，说的是一种精神，而非具体针对什么事情或目标，这句话可以用在无限广阔的领域，今天只谈及工作评价和对人评价这两个方面。

先说难的，对人的评价。我一直认为评价人是上天做的事情，而不是人应该做的事情，任何人都无法深入另一个人生活中的每一点，更无法知道别人内心的想法，我们看到的往往只是事情的一部分，甚至会掺杂各种情绪、误会、谗言，导致我们脑海中认定的事情并非事情的真相（至少不完全是）。我们对于人的判断都是基于人做的事情、说的话，既然我们对于事实的认知都存在极大的不可靠，又如何能通过事实来评价一个人呢？但是，我们人类太爱做这件事了，张家长李家短，到处串闲话，我们喜欢听别人说我们好话，同时却特别热衷说别人坏话，这可能是从基因里带来的，即使是精英也不能免俗，比较着名的有三国时的煮酒论英雄。又比如以前皇帝或者大臣死了，都要上谥号，这个谥号就是对皇帝、大臣的评价，比如加谥"文帝武帝"或者授谥"文正公"，那都是极高的评价，甚至历代王朝都把这个评价人的事情当作一件非常重要的事情来做，而王公大臣也把死后能够获得一个比较好的评价作为一大理想。谁不想流芳千古？哪个愿遗臭万年？后人对历史人物也多有评价，但这些评价就更不靠谱了，由于资料的缺失，有些人甚至只能从史书获得信息（可惜史书也未必靠谱，毕竟历史是由胜利者书写的），因此后人对于前人的认知往往是脸谱化的。即使是对同一时代的人，对身边人，我们的评价常常也会是不靠谱的，因此在这种事情上的出乎意料是很常见的，常常你认为可以信任的人背后捅了刀子，而你认为大奸大恶的人却在困难时伸出援手。

因此我对评价人这件事所持的态度一直是"沉默是金"，除了涉及职位任命时不得不谈及人的特质，否则尽量不谈，尽量克制自己想要听好话说坏话的冲动。我们应该要管得住自己的嘴巴，知道言多必失的道理。事实证明，往往在我克制住不说一些批评的话以后，总会有一天会对自己说，"幸好当时我没说，否则又露怯了"。你必须相信你周围的人和你一样喜爱串闲话，你所发表的评论一定会传到当事人耳朵里，而且还是添油加醋的那种，对方也大概率会不加分辨地吸收，并且对你心怀怨恨，这样的结局也是如此得不出所料，简直可以当作定理来用。所以，沉默是金，对于闲话，应该像一个黑洞一样，只进不出。

这并不代表我对人没有看法，但是，这一点都不重要。我们在工作中遇到的人，大多数只有几年甚至几个月的相处时间，即使同一个公司的也可能互相不认识。在人生的长河中，职场的大多数人不过是路人，和你在路边碰到的那个骑电瓶车的杀马特没什么区别，他是好是坏又关你什么事情呢？下一个路口之前他就会从你的记忆中消失。大多数人对我们的人生并没有什么影响，我们只需要关注彼此在工作上能不能协作，能不能把活干好就可以了。至于他本人究竟怎么样其实一点都不重要，他是否孝顺父母，是否给老人让座，是否爱抱怨，这些事情第一我管不着，第二和工作无关，也不是我的能力和责任所能够去解决的问题。

有不少管理者认为人品是第一位的，对企业的忠诚是最重要的，等等，我认为这只是管理上的不专业和懒惰。把公司当作家庭来管理的领导往往有这种问题，人民忠于国家、家庭成员忠于家庭这是可以理解的，因为有养育之恩，但公司员工忠于公司，这是什么要求？很多员工跟公司刚刚认识，远远谈不上感情，何来忠诚？员工忠于企业、客户忠于品牌这都是美谈，但并非责任。员工来上班，能够干好自己的活，公司付给对等的报酬，那么这个时候已经是两讫了，没有谁对得起或者对不起谁的问题，这个时候忠不忠诚、人品好不好都不重要。凡是强调要人品好的，无非是管理上的懒惰，不愿意和员工就每一个事情实事求是地对等谈清楚，表示"你现在先相信我，先不要计较，我将来会对你好的"，既不把权利义务谈清楚，也没有把界线划清楚，因为没谈，大家心里的界线是不同的，于是是否跨线就成为常常有的争执，往往是领导说跨线了就跨线了。这样的管理者其实要的不是自由市场中的协作者，而是自己家里的奴婢和小厮，这是中国式管理学的一大恶习。

但我们不少的管理者却特别爱关注这一点，往往把对人的看法和评价放在了事情之前，关注这个人究竟是否态度好，是否爱抱怨，爱顶撞领导，是否有奉献精神，是否以公司为重等务虚的方面，而不太重视这个人的工作干得究竟如何，也不太喜欢研究工作做得好或者不好在具体操作层面的原因，常常归结为"不够钻""不够用心""自己不要""太计较"等虚的原因。而面对这样的原因，员工也不知道如何去改善，迟迟不能改善以后，员工与领导的关系就会恶化，员工会觉得领导针对自己，而领导会觉得员工冥顽不灵，自己都说得这么透了，还不懂么？

由此引入比较简单一点的话题，对于工作的评价，相对来说，我们对于工作的质量好不好更容易判断一些。我们对于自己在外面购买获得的产品或者服务的质量心中是有数的，我们对于手下员工的工作质量其实也是有数的，评价东西或者服务的好坏比评价一个人的好坏要容易得多。但为何常常发生领导和员工对于同一件工作的质量评价非常不一致的情况？除了大多数人总是不愿意承认自己的不足，却愿意发现别人的缺点这个重要的原因以外，我想，管理者把对人的评价放在了对工作的评价之前是另一个重要的原因，简单来说，"我不喜欢你，所以你做的什么都是不对的"这种现象，在职场是非常常见的。但据此就判断这个管理者是一个坏人也失之偏颇，他更多的只是不懂管理。

很多管理者电影、小说、传记看多了，对于成功人物的印象大多集中在了豪言壮语、任性、霸道、运气加持这些桥段上，而对于成功人物的寒窗苦读、卧薪尝胆没啥兴趣。比如大家对"明犯强汉者，虽远必诛"有兴趣，但养活两万人的骑兵到底需要多少钱，怎么弄到这些钱，当时的朝廷又为此做了哪些政策上的设计，对于这些话题大多数人没有兴趣；对乾隆下江南的盛况空前有兴趣，对雍正一年批几千万字的奏折没兴趣。一旦这些人自己当了领导，往往就想学人指点江山，挥斥方遒，豪言壮语，却不爱学一丝不苟、运筹帷幄、殚精竭虑。对员工的指点轻视具体的操作，爱讲企业文化、创新理念、管理哲学，让员工在面对具体工作的时候变得不知所措。

甚至有管理者把自己的好恶放在了对事实的判断之前，有些管理者特别强调自己的理念，与之理念不符的，就被差评。但我们还是要看事实，实事求是，究竟工作干好了没有，如果工作干好了，就不能因个人好恶而改变评价。对于一个人的工作做出评价的权力是公器，而把自己的好恶掺杂进去，就是私用，公器私用是中国管理者的另一个恶习。有管理理念是好事，愿意把自己的工作总结出一些理论是好事，但管理理念的贯彻需要员工的认同感以及长期的耳濡目染。同时，往往事情有不止一个正确的做法，因此必须有肚量容忍不同的实现路径，这种东西只能来自别人自发接受，而不能强制，否则就会扼杀创新。

实事求是说起来容易，做起来难，但至少应该做到的事情是，第一，不要把对人的评价放在事实之前；第二，不要过于强调自己的管理理念，实事求是地分析事情的原委和工作成绩。可以不喜欢，但不能歪曲事实。

> 修炼的第一步，就是不要让自己被日常的事情引导着过完每一天，常常停下来思考一下"我/我们究竟应该干什么"。这么做的意义不在于马上找到方向，而在于养成常常抬头看前路的习惯。很多时候，好的领导也是在迷雾中寻找方向，也很难找到正确的方向，这并不重要，重要的是持续寻找，总会找到的。

领导该做的事情

事实上，的确很少有人是天生的领袖，大部分的人都是慢慢学习着做领导的。很多人认为领导就是作威作福，压榨下属，被人前呼后拥……这个，不是领导，至少，你看到的不是这个领导的全部面向。很多人都觉得即使没有领导，自己也可以很好地自治，事实却是大多数人在大多数情况下需要被领导。比如维持秩序，在马路上没有交警的时候，多数人会短视地选择无视交通规则以获取最直接的利益，并不考虑这样的短视可能造成自己的长期利益的损失，即使自己能够目光长远，但其他人依旧只看重眼前利益的话，结果可能是你永远过不了马路。在生活的其他方面也一样，很多电影里都描绘了当大骚乱来临的时候人们会发疯一样到处抢劫，自相残杀，并不会考虑这样是否对自己有利，直到新的领导者出现，新的秩序出现。

工作二十余年，我发现了一个有趣的职场现象，"野生"的领导更多是好的领导，而"家养"的领导不然。所谓野生的领导，就是非传承而成为的领导，并不是人为指定的领导，比如一个公司的创始人，一个领域的开拓者……这些人是靠白手起家打拼出来的，并非野生的领导都是好领导，而是因为不好的都被淘汰了。家养的领导则不然，他们的权力和威信并不是自己建立的，而是来自上层的授权，这种权力和威信并不能在第一分钟就得到大家的认可，反而容易吸引到一群马屁精。这样的领导在脱颖而出时，也经历过争夺拼抢，也有优胜劣汰，但是其残酷程度比之野生领导则大大不如。

不管是野生的还是家养的，不管性格是活泼开朗的，热情似火的，还是沉默寡言的，老成持重的……领导的基本功能却无非要解决以下三个事情：方向、方法、组织。广义地说，组织也是方法里涵盖的内容，但是由于组织往往和人相关，而解决人的问题又是做领导最难的部分，因此单独列出来。方向是指"做什么"，方法是指"怎么做"，组织是指对做这些事情的"人"的相处方式（不是管理方式）。之所以会有各种类型的领导，我觉得差异更多是在个性风格，但在解决问题上，好的领导并没有差异。当然，作为"家养"领导，需要更有意识地拓展眼界，提升思维高度。

方向问题是战略问题，决定了成就的总的体量，有时候对的方向，可能没有花很大的气力也取得了不小的成绩，而错误的方向，付出同样的努力却成绩很差。柯达公司的遭遇非常好地诠释了这个理论，虽然那时柯达是处于垄断地位的公司，虽然柯达是第一个研制出数码相机的公司，但由于没有重视，在既得利益中沉溺难以自拔，最终被淘汰出局。这样的例子比比皆是，战略上的成功往往在不经意间获得了一个又一个成功，并不光彩夺目看不到卧薪尝胆，看不到慷慨悲歌，就是这样不声不响地强大起来。于是，一个大大的问题浮现出来——我们该做什么？这个问题是应该时时刻刻出现在领导者脑子里的问题。但不幸的是，绝大多数领导几乎很少考虑这个问题，大部分人都是被日常发生的事情牵引着做事情，有老鼠窜出来就去灭鼠，不管房子是不是已经年久失修该去加固；有别人批评就去斗争，不管是否被人批评的问题会再次出现……这个过程需要修炼，而修炼的第一步，就是不要让自己被日常的事情引导着过完每一天，常常停下来思考一下"我/我们究竟应该干什么"。这么做的意义不在于马上找到方向，而在于养成常常抬头看前路的习惯。很多时候好的领导也是在迷雾中寻找方向，也很难找到正确的方向，这并不重要，重要的是持续寻找，总会找到的。

方法问题也是战略问题，在某个层面来说，甚至可以无视方向问题，因为从一个较短的时间段来看，方向是有正确和错误之分的，但是从一个长远的时间段来看，往往没有什么正确的方向，如果把时间放到永恒，甚至会发现，所有的事情就是一个轮回，大的轮回套着小的轮回，人们只是在各个轮回的磨盘中上演着重复的一幕。有人说"我们总是高估了一两年之内可以做到的事情，总是低估了十年可以做到的事情"。其实就是这个原因，十年的光阴已经可以让方向变得不再重要，十年的过程中，甚至有些事情已经经历了从发展到落寞的过程。从这个角度看，方向就不太重要了，即使是前面举例举到的柯达，只要方法正确，十年也应该可以咸鱼翻身了。他们可以从失败中吸取教训，调整改变，找到再次崛起的机会。

方法也有战术的一面，做任何一件事情都可以选择不同的方法，可以选择像那些日本米其林餐厅厨师一样，只做一家仅有八个座位的餐厅，也可以选择像共享单车一样，两眼一闭先砸几个亿下去再说，反正又不是自己的钱。世间各种事情，正确的道路往往不止一条，同样一件事情可能各种方法都会成功，也没有一条道路是一片光明，只要走上去就能确保成功，基本上每一条路都是通的，但各有各的困难和不同，轻松的，路上盗贼强盗多，艰难的，要熬得住风餐露宿和寂寞。要靠自己本事的，当然要熬得住苦难寂寞，但这条路难就难在，你并不知道什么时候会赢来转机，大多数人从一开始的信心满满，到吃了几次苦以后就心怀疑虑，再吃几次苦以后就怀疑这世界其实是个大陷阱，到最后要么愤世嫉俗，要么放弃初心甘愿走上快捷道，没啥资源走不上快捷道的就沦为普通人。

一个团队究竟以什么样的方法来做事情，领导在这个事情上责任重大，如果领导一天一个主意，三天打鱼两天晒网，必然可以预计这个团队里最后都会留下些什么样的人，这个团队的成绩也是可以预期的。在确定了方向以后，领导的一个重要任务，就是决定整个团队用怎样的方法去实践自己选择的方向，在前途暗淡的时候鼓励大家"红军不怕远征难，万水千山只等闲"，在光明坦途的时候告诉自己的团队要未雨绸缪。个人认为，具体到执行层面的方法，其实没有太多的对错之分，对错只在坚持和不坚持之间，有些事坚持就对了，不坚持就错了，谁也说不好。但这往往也是最难的，做好这件事，领导必须心智成熟，坚韧不拔，能够耐得住寂寞，抗得住怀疑，忍得住脾气。

我们常常看到的领导是自己一个人忙得要死，团队里的人却并不如何充实，这位领导其实只是一个业务高手，还称不上领导。从数量上来说，做领导的人是少数，被领导的人是大多数；从生产力上来说，领导的生产力小，被领导的生产力大，该让谁发挥更大作用，一目了然。我们可以把这件事情这样来理解，有一位好演员演戏演得非常好，因此他开始做导演，当导演以后，他依然自己当主演，让员工给自己打下手，却不考虑影片的整体框架、协调资方与市场、参与后期制作，结果电影效果一塌糊涂。

这种情况的出现，其实主要是组织上出现了问题，主要的问题有三个：

第一，领导和团队定位出现问题，领导认为团队是为自己服务的，只要团队为自己服务，自己就能发挥更大的生产力，这是职场上绝大多数"家养"领导的想法，这也造成了目前"家养"领导守业难的现实。事实上，由于人数的悬殊，很显然团队的力量会大于领导的力量，领导要做的是指挥这股力量，而不是让这股力量无脑地听从于自己。

第二，没把团队中的人当成是一个个具体的人，而是当作了一个抽象概念的人。每一个人和每一个人都不同，有人可能懦弱得全副武装地面对赤手空拳的敌人而没有反抗之力，也有人可能单枪匹马面对敌人的机枪大炮却毫不畏惧。因此团队里的每一个成员，其实都是独立的个体，他们有思想有性格有自己的具体条件。同样是"我跟他/她讲过了",每个人呈现的结果是不一样的。花时间了解自己的团队,知道如何能够让自己团队中的每一个人去做事情,是每一个领导的重要功课。但现在大部分的领导,不太愿意花时间在自己的团队身上,也不愿意去解决每一个人的问题,甚至是团队成员之间的问题。

第三,让情绪控制自己,而不是理智控制自己。领导常常爱犯的错误包括但不限于爱找替罪羊,爱乱发脾气,有时任性,喜欢自我吹嘘,喜欢当好人,喜欢被众星捧月,不喜欢不同意见……当情绪控制了自己,团队一定会有反应。你喜欢众星捧月,那么马屁精就会来;你不喜欢不同意见,那么有想法的人就会离开;你喜欢找替罪羊,那么就不会有人死心塌地;你喜欢当好人,那么蹭吃蹭喝的人就会来。最后这个团队就是一个放大版的情绪化的你,你的脾气大,你的团队脾气就更大;你任性,你的团队就更任性……

如何让自己的团队成为一个分工协作、运转良好的有机体,而不是各自为政、各谋其是的一盘散沙,这是领导必须花时间好好研究的。

总而言之,如果你想要做一个领导,如果你对管理有兴趣,请你换一种思路重新开始学习,因为领导是一个全新的专业,和你之前从事的具体业务不同,他也是一种具体的业务,但他不是原来具体业务的延伸,而是完全不同领域的一个专业。比如你原来是从事销售的,那么销售管理并不是销售的延伸,而是一个管理的专业领域,在某些方面和销售有关系,更多的方面并没有。相反,大多数的管理专业却有着更多的共通性,无论是管理工厂、管理生产,还是管理销售,对于以上提及的内容,有着一致的考虑。

> 永远在追求新热点的最大的问题，就是没有耐心去安心做好一件需要长期投入的事情，热点人物的能量和热情，是一个抛物线，当新事件发生的时候，就像刚刚离弦的箭，充满能量，随着时间推移能量慢慢衰减，直到热点消失，能量衰减到零。

热点人物

我这里要说的热点人物不是热门人物，而是跟随着热点的人物。大家都围着他讨论的叫热门人物，这些人善于创造热点，或者他自己就是热点。但热点人物不是，热点人物就是跟随热点活动的人，比如一些网红主播，所有的话题都紧跟社会热点，或者娱乐圈热点，内容的选择上并没有自己的想法，而是完全围绕着热点来展开，什么热就说什么，谁火就撕谁，话题一旦冷却即使再有意义也很快抛诸脑后。他们擅长的，就是蹭热点，对于事件背后的深层次思考，很抱歉，他们几乎没有。

这样的人在职场上其实很多，他们有一个共同的特点，注意力随时被身边发生的各种新事情所吸引，积极参与到新事情的讨论中去，至于应该关心的并不新的事情或者没有看到听到的新事情则并不关心。这基本反映了这群人的最大特点——没耐心，想要尽快宣泄出自己的情绪和看法，等不及事实真相，等不及分析推演，自己的情绪宣泄比一切都重要，如果再有一个互撕的对手，那就更完美了，简直可以把这种宣泄发挥到淋漓尽致，把和对手的惨烈互撕转述给其他人听，无论输赢，那就是人生最大的享受。在看过《祝福》多年以后，我隐隐觉得其实那些关于狼叼走孩子的絮絮叨叨是祥林嫂后来最享受的时刻，沉溺于撕开自己的伤疤，痛惜自己并给如今的自己找到一个落魄和无法振作的理由，有的时候痛苦也会让人感到享受。

永远在追求新热点的最大的问题，就是没有耐心去安心做好一件需要长期投入的事情，热点人物的能量和热情，是一个抛物线，当新事件发生的时候，就像刚刚离弦的箭，充满能量，随着时间推移能量慢慢衰减，直到热点消失，能量衰减到零。没有新事件刺激的时候，这些人往往没有兴致去做好手边的事情。没有热情的时候，工作就挑三拣四，或者挑被人催得最紧的，见招拆招按照环境或者别人的要求就可以被动做的事，比如回邮件；或者挑最不用动脑子的，只要人在那里脑子不在也可以做的事，比如走流程。对于怎么把手边的事情做漂亮，没有思考的兴趣。

在职场中，这样的现象发生在中层干部身上的不少，中层干部往往面临这样的局面：对于事情的全貌还没有足够的认识或者说站的位置还不够高，信息也不够完整，处理事情的眼光和经验也有待提升，但有时因为高层干部的懒政，或者为了培养人而放权，导致中层的自主权很大。自主权很大而看待问题并不全面深刻，自然就导致过度自信，从而随性而为，对自己感受的重视超过了对于事实的重视。重视表达自己的感受，而轻视对于事实的探究。

很多人原来是有自己想好的道路的，但是刚刚走了没几步，突然路边冲出一只鸡，禁不住去追，追着追着偏离了原来的道路，等发现鸡已经追不到了，原定的道路也回不去了，只好重新选一条路，不想半路又杀出头猪，于是悲剧重演，又迷失了原来的路，他们的人生就在这样不断冒出来的热点事件中被不停打断，重置，归零，无法进步。正确的做法是，除非这头猪非要死在你面前，否则就不要去理它，不要被这些热点事件所影响。

成为一个热点人物很显然是上述的事业做不好的重要原因之一，因为这种做法从根本上所追求的目标就不是把事情做好或者做成，而是参与热点。至少当事人的潜意识中并没有将要把事情做好放在第一位，否则不会有那么多下意识的行为去破坏事情的结果。举例来说，干部和员工对话，如果发现明显话风不对，再往下讲已经不会有什么好听的话讲出来，此时除非双方感情深厚或者有能力让话题拉回正轨，否则完全可以让话题冷一冷，等冷静下来再处理。但不少的干部却一定要在这个当口争出一个所以然来，话赶话的结果一定是不好的结果。闹到离职乃至赔偿，再重新招人，重新培训，之前所花费的时间精力全部白费，还贴上了加倍的时间和金钱。在对话的当时，热点人物的注意力全部放到了这次争执的对错中，而没有考虑如何让对话产生好的结果。潜意识中要的是别人现场服软或者有第三方一起说对方的不是。不少人认为做成事情的关键是权力和资源，认为只要给自己权力和资源，自己也能干得不错。但事实是，干得不错的人开始的时候也没有权力和资源，恰恰是因为他们克服了自己种种的问题，在没有权力和资源的时候也把事情做得不错，才慢慢获得了权力和资源的。以上这个例子，并不需要权力和资源，只需要控制自己的习惯，只需要能够忍耐，就能得到好得多的结果。

在职业生涯中，大的成就往往来自一个大的、系统化的、持续改善的系列工作。但做此类工作最需要的是耐住寂寞，坚定方向，集中注意力，不停在原有基础上研究改善。但热点人物最容易被分散注意力，无法持久做一件事情，只要做一会儿就寂寞难耐了，只要一发生热点事件，就立刻会被分散注意力。我曾经看到一个干部，正在开会，突然会议室外面办公区的电闸跳了，他赶忙冲出来，了解情况，并且积极投入修复电闸的热点中去了，而那个会只好中断了。

这种习惯并非个别人的恶习，比如世人爱围观，也是这种习惯使然。虽然可能大多数人都有这个问题，但大多数人往往是不能成大事者，如果想脱颖而出，就要学会控制自己，而不能随性，随性就会被这种习惯所控制。

不断被热点吸引，就是这样一个需要克服的习惯。因为这个习惯会严重阻碍人们做好一件长远的事业。所谓江山易改本性难移，改变习惯是最难的，把困难想象得再大都不为过，但并非不可能，只要你肯承认自己有这样的习惯，并且常常提醒自己克制，逐渐的改善是可以达成的。

> 大多数普通人的思考模式是"短视损失厌恶型"……这种思考方式并不是通过对利益的全面计算得到的最佳结果，往往都是零和博弈的，和所处的环境以及环境中的其他人，不是你死就是我活的解决方式，同时也注定了基本不太可能得到其他人的支持。

以经济学家的思路工作

我看过几本经济学的书，比如《魔鬼经济学》，其中提到经济学家思考问题的方式和普通人不一样，看完觉得还真是那么回事。经济学家思考问题的方式更加直指问题的核心，我们日常工作中碰到的很多问题，都被很多其他的因素干扰了，甚至可以说大多数时候我们并没有触及问题的核心，而只是在和干扰因素较劲。问题的核心往往就是利益的线索，比如书中提到一个问题，怎么抓恐怖分子——可以根据人们的金融活动"嗅出"恐怖分子嫌疑人的蛛丝马迹，因为恐怖分子从来不买保险。是啊，正常生活在西方社会的人，生活是靠各种保险来保障的，大多数人会买保险，而恐怖分子自知过着刀口舔血的日子，谁知道哪天就没了，保险也不会给赔，买了也没用。大家都是从利益的角度来考虑的。

不得不承认，社会的发展进步几乎都是"利"所推动的。大家为了利发明了更好的产品，为了利改造城市环境，为了利提供更好的服务，为了利治理污染，为了利锻炼身体、健康饮食……但国人却在平时耻于谈利，感觉只有素质不高的人才能非常轻松地谈利，这些人又由于素质不高，一谈就是"我是流氓我怕谁"这种层次的沟通，大多数是零和博弈的交易原则，就是我赚了你就要亏，于是更让大家觉得谈利是流氓无赖才干的事情，市井小民虽然也经常谈利，但没有人觉得自己理直气壮，同样是"我是烂人，你也不是什么好东西"的零和博弈套路，从不想一个双赢的道路。

我们慢慢变得对"利"不敏感，甚至有些讨厌，平时不去多想，更少了对利的分析和掌握能力，最后只能以道德来判断事情，但道德的维度本来就不是单一的。举个例子来说，提及高利贷，舆论普遍的认知是放高利贷的都是坏人，这显然是以"德"在判断事情。可是你是否想过，如果能够低息贷到款，为什么要借高利贷？就是因为借不到低息的钱。为什么借不到？因为信用不好，或者因为银行觉得有风险，或者本人拿钱做非理性消费等原因。高利贷为什么利息高？因为很多人借了钱不还，还不上跑路，有大量的坏账，需要高息来补。仅从风险分析的角度，风险大的借款多收利息难道不对？事实上，对于利率数倍于银行利息的民间借贷，最高人民法院也是在一定范围内进行保护的，根据2020年8月对《最高人民法院关于审理民间借贷案件适用法律若干问题的规定》的修正，民间借贷利率与LPR（贷款市场报价利率）挂钩，对民间借贷的利率保护上限为合同成立时同期LPR的四倍。总而言之，与其不分青红皂白地指责"高利"，不如深入思考积极建言，如何从法律和社会保障体制健全入手，最大限度保护弱者的权益。

另外一个典型的例子就是美国的禁酒令。这件事从道德上说完全说得过去，事实上这事是在美国家庭妇女拿到选举权后，为了讨好这部分选民而出台的政策，的确具有典型的家庭妇女式的思维，少喝点酒对身体好，也少点家庭和社会纠纷，少点酒驾，少点酒后寻衅滋事。但却忽视了一个事实，那就是如果禁不掉会发生什么，结果就是黑社会泛滥，腐败滋生，社会撕裂。一个完全符合"德"的政策结果成了美国社会的大伤痕。联想到前一段日子有人在提"抓到人贩子就枪毙"，这种论调和禁酒令如出一辙。如果没有人买，哪里会有人卖？只要买孩子的需求存在，那么总会有人铤而走险，如果加大处罚力度就能杜绝，怎么还会有人贩毒？一旦抓到就枪毙，为了避免风险，被拐卖的人估计会面临更残酷的生活环境，对于逃跑更严酷的报复等情况了吧。

孔子说，"民不患寡而患不均。"意思是说人民相对于分得少，更计较分得是否公平。如果不公平，哪怕分得多了，人民也未必高兴。这和法家很不一样，法家崇尚的就是多劳多得、不劳不得的思想。儒家思想是很讨厌讨论利益和权衡利弊的，大家都应该"舍生取义"，都应该不追逐利益，甚至很多人认为"德"的对立面就是"利"，考虑了利，一定就违反了德。在这样的教育延续了上千年后，我们思考问题时往往不是以"利"为第一考量的，甚至是完全不考虑"利"的。但事实上"利"的对立面从来都不是"德"，"利"的对立面还是"利"，对立的是你的"利"和我的"利"。所以我们不得不考虑互相之间的"利"如何平衡，才能获得大多数人的支持。

常常被放在"利"的对立面的"德"也是个很玄妙的东西，大多数时候，就是大家都认为对的行为。"大家都认为对的"这件事有的时候是符合真善美的，有的时候又和真善美没什么关系，并且，随着"大家"的变化，德也在变。比如当"大家"仅仅指白人的时候，雇佣黑奴也没啥不道德，甚至黑人本身也这么认为；当"大家"变成所有人以后，驱使奴隶就变成了不道德。

我们工作当中，也常常是以家庭妇女式的利益考量，加上对于利益算计的厌恶来判断利弊的。"一个和尚挑水吃，两个和尚抬水吃，三个和尚没水吃。"这个故事大家都听过，在任何一个集体里有了工作，最容易产生类似"究竟活应该谁干"的矛盾。在大多数时候普通人宁可选择双输的局面也不愿意选择吃点小亏。我猜这和小时候的家庭教育有关系，这些人的父母大概率会教育孩子眼前的利益最重要，上公交车要抢位子，免费的东西要抢到拿不动，很少有教育孩子从长远考虑的。这样的教育大多源自贫穷，这种贫穷更多是思考问题的方式，只看眼前不看未来，为眼前的蝇头小利花了所有的精力，却懒于为将来考虑。很多成功的人也是没有背景的，但人们宁愿相信他们是干了什么见不得人的事情得到的第一桶金，也不愿意去研究自己和他们之间对于利益算计的不同方式。

我常常碰到一个问题，每当有一个难题，中层干部和员工首先想到的是"这活应该谁干"，接下来就是对于该谁干的无穷无尽的争执与推诿，说明这事情根本和自己无关，应该另外一些部门干，甚至互相表达对方部门的人就是傻瓜，拼命为自己和自己的员工争取不做或者少做的福利。这貌似有意义，但真的有意义吗？这有点像辩论赛，在辩论赛中一旦选定了正方或者反方的立场，在自己拼命找出来的理由的不断激励下，人往往会真的被自己说服了，非常坚定地认为自己"完全"是对的，而对方"完全"是错的。而一旦转换角色，又能被另一种观点把自己彻底说服。这些道理，未必那么有道理。其次，领导就像听过无数次辩论赛的评委，他并不会像场下观众那样轻易被双方的想法说服不断改变立场，现实中，这些理由根本说服不了领导，反而会招致极大的反感，领导会想如果一个事情必须干，而你们都不愿意干，意思就是我来干呗？那么，我要你们干吗用呢？

我们就简单地从利益的角度来分析一下这种情况，难题出现，首先应该做的是分析一下这是必须现在解决的难题吗？如果难题一定要现在被解决，下一个问题是该怎么干？这个问题远比"该谁干"重要得多。之前我碰到过一个事情，销售人员常常会要发票复印件，而公司每年几十上百万张发票，要从中找到，并且拿去复印，的确是一个不小的麻烦。当时立即有了这事情该谁来干的争执，财务部门认为应该销售自己去找了复印，销售部门认为这是财务应该提供的服务。用传统的方法，的确谁干都是很大的工作量，当然会发生推诿。后来问题的解决是参考了快递单的操作方式，在开票完成以后，立即就把发票用高速扫描仪成批扫描，并且编号归档，这样并没有增加什么工作量的情况下，再要查询就方便了，自己下电子档自己打印就可以了，这远比增加人力要划算得多。找到了正确的方法，"该谁干"也不是什么大问题了。这种情况下似乎找到了共赢的方法，难题得到了解决，这种解决方法似乎对其他事情也有借鉴意义，也没增加太多工作量，甚至调阅更方便快捷了。如果解决这个问题的过程是来自中层干部和员工的主动作为，那么他们得到赏识似乎也是情理之中的事了。

其实这并没有什么高明的地方，只是思考的模式不同而已。大多数普通人的思考模式是"短视损失厌恶型"，也就是我不想眼前损失，有没有多赚利益无所谓，哪怕这么做最终对自己是不利的，也顾不得了。这种思考方式并不是通过对利益的全面计算得到的最佳结果，往往都是零和博弈的，和所处的环境以及环境中的其他人，不是你死就是我活的解决方式，同时也注定了基本不太可能得到其他人的支持。而我上面提出的方式，则是在现有的环境下寻找到利益最大化的解决方式，哪种方式能够获得对自己最有利的结果，不言自明。

> 在一件事情的成败里所负的责任不同，对这个人的要求也不同……如果负的是决策者或者具体实施者的责任，那么这句话就显得不仅缺乏把事情做成的手段，而且对自己所负的责任也并不那么清楚。

我跟他们说过了

"我跟他们说过了。"这是非常常见的一种答复，通常用于别人嘱咐了一件事情，而后别人来询问事情的进度时，诸如此类的答复还有"在做""没有不做啊"，等等。这是在职场中非常常见的对话，但类似这样的对话，其实是非常不健康的，久而久之不仅对说这个话的当事人没什么好处，对听习惯的人来说也慢慢丧失了对事情进度的把控能力。

剖析一下这句话的意思，其实这句话没有任何意思，和邮件确认回执几乎没有任何差别，意思就是你的邮件我已经帮你发送，对方也收到了，然后就没有然后了。说这句话的人在这件事情上所起的作用和 Outlook 没有太大的区别，那么请问，别人拜托你做这件事的意义是什么呢？还不如拜托 Outlook 去做。

这世界上绝大多数人对于要做成一件事情的难度是没有清晰认识的，不少人觉得只要有了足够的权力，吩咐一声事情就成了。但现实绝非如此，大多数拥有权力的人总是把事情弄得一团糟，历史上浑蛋皇帝远远多于优秀皇帝。也不是有了情怀就能万事大吉的，就像李白能成为诗仙却大概率不能成为一个定国安邦的股肱之臣。细想一下即使是把家里弄得干净漂亮一点也不是那么容易，装修的时候，不得不面临很多的取舍，即使装修得很好，如果不能保持，家里还是一团乱，要保持就得养成定期整理清洁的习惯，这又不是人人都做得到的，每天生活的压力让人回家只想倒头就睡，哪里还顾得上清理，坚持不了几天最后还是放弃算了。

不知道为什么，我们接受的教育中很少有关于如何把事情操作成功的具体方法，我们的教育往往是只要一个人"头悬梁锥刺股"发一个大愿就能把事情做成，或者只要有"井田制"或者"一条鞭法"这样比较好的想法，原本麻烦的事情就可以迎刃而解。中国的史书爱讲情怀，爱讲面对"崔杼弑其君"史官们的铮铮铁骨，爱讲"卧薪尝胆"的忍辱负重，"伍子胥鞭尸"式的快意复仇，"封狼居胥"的气吞山河，"先天下之忧而忧"的悲天悯人，"还我河山"的悲愤冤屈……这些在中国都是显学，而如何丈量土地，如何改进工具，如何建造房屋，如何制造兵器甲具，如何饲养马匹优选育种……这些在中国历史上往往都得不到重视，这样的问题同样存在于现有的教育体制中。以至于步入职场很长一段时间里，在我们的头脑中，仍然不能像建造一个工程一样，把事情一点点分拆落实，逐步建立框架，用足够的表单信息来控制结果，用相互的钩稽关系让事情取得长期的平衡。在现实中，我们更爱特权，更爱走捷径，这使得我们一方面嘴边挂着的是最有情怀的豪言壮语，一方面却依然习惯用关系网来进行日常操作。我们显然是对于人际关系过于痴迷了，自古以来就是如此。看一下"会计学"就会了解什么是能够具体操作并且把事情做成的方法，这门学科让正常智力的人都能按照可以重复的方法获得基本一样的结果。而目前职场中的我们，得到这样的教育并不多，更多是受到环境的影响，花时间在人际关系上，往往最后关系不错，成绩不行。有不少的年轻人，有着巨大的热情，也有冲劲，却缺乏把事情做成的必要知识。

正是因为做成一件事情并不容易，人的存在才有意义，即使是发通知这样简单的事情，机器也是不能取代人的。发一个通知，首先有 50% 的人根本不会去看（很不幸，但我们这个世界就是这个样子），看了的人里面大概有一半的人根本没看懂（即使通知发钱，也会有一堆人没弄明白什么条件可以发钱，以及自己是否够资格去领钱）。看懂的人里面大部分人忽视了细节（还是发钱的例子，什么时候发，在哪里发，要带什么资料，能彻底弄明白的人少）。看了通知能基本弄明白的人，不会超过人群的 10%。如果是发钱的通知，这个比例会提高一些，但也不会高到哪里去，提高的主要原因还是因为那看懂的 10% 会去奔走相告。所以，认为只要发个通知、发个邮件，事情就会自动发生，您是第一次来地球吗？这其实很好理解，如果问你核心价值观到底是什么，你大约也是说不清楚的，这 24 个字哪里都能看到，你也不清楚，为啥你发个邮件，别人就都清楚了呢？

在一件事情的成败里所负的责任不同，对这个人的要求也不同，如果负的是助理的责任，"我跟他们说过了"这就算是一个可以接受的答案；但如果负的是决策者或者具体实施者的责任，那么这句话就显得不仅缺乏把事情做成的手段，而且对自己所负的责任并不那么清楚。虽然每个人都希望自己负的是前台的责任，享有的是董事长的权利，但这种好事轮不到各位渺小的"我"。这是一个讲究契约精神的商业社会，只有承担相应的责任才能拿到对应的权利，如果同意承担这个责任，那么就要用结果而不是过程来交答卷。越是身处高位的人越不能这样讲话，因为做一个领导，不仅有获得尊重和服从的权利，也有对被领导者的责任，如果被领导者听从了指挥，那么领导就不能用"我跟他们说过了"这样的话来敷衍应该兑现的结果。

宁可不要去开始一项没把握做好的事情，也不要在接受了任务以后用"我跟他们说过了"这样的答复来应对自己的使命。次数多了，慢慢别人心里就会有数"这个人办事不靠谱"。一个人是否可以得到重用，往往是从其过往做事情的状态来判断的,只有在过往的经验中不停让人感觉到"你办事我放心""事情交给这人就不用管了",而不是"你只是个传话的人",这样才可能得到更多的机会。因此,"我跟他们说过了"是一句非常伤害口碑的话,轻易不要出口,人要珍惜自己的口碑。稍稍有经验的管理者,从这句话就知道这是个怎样的人了。

> 当一件事情关联的人数众多，操作的环节复杂的时候，就应该引起重视了，一般不要轻易启动这样的事情，即使要启动，也需做好充分的准备。

那些看似简单的工作

在我看来，一个人要在工作上做出成绩，获得成功大约有两种可能，一种是先天的天赋，一种是后天的努力。不得不承认天赋是一种神奇的东西，就像电影里变种人的特异功能，别人费尽辛苦也做不好的事情，他们只是谈笑间便轻松完成。我读书的时候颇是见识过一些天才，这些人天生就明白，不用像我们普通人一样各种苦恼各种背书各种做题。只可惜，天赋这种东西简直比中彩票还稀缺，能天生具有某种了不得的天赋的人少之又少，至于舌头能打卷之类的天赋虽然也算天赋，但没啥用。那种靠天赋和运气的方式不是我想讨论的，我们主要讨论靠后天的努力达成的成功。努力并非蛮干，在不断的失败和学习中，总要去寻找一些规律性的东西，让自己在今后能够少走弯路。

我们在工作中常常会碰到一些"烦度"很高但貌似难度并不高的事情，比如搬家，比如办年会，比如生产一个技术含量不高的产品……这些事情是由大量的细节事情组成的，其中每一件小事情都不难，中等资质的人就能处理好。于是很多人在心中比划了几下，觉得自己也行，就以为"这事没什么难的，我也能做"。但实际上，由于几百上千件小事是相互关联的，而且要把其中大部分都做好才会总体效果好，并非只要做好几件就算做好。于是就出现了差强人意、千篇一律、意外频出的年会，丢三落四，人到了东西没到的搬家，以为很容易，生产出来却发现投了大量的钱和时间也没有弄好的产品……这样的事情就像一个陷阱，当你毫无防备地冲进来，以为可以大展身手，却不想跌入泥潭，手忙脚乱，但却一脸茫然，不知道发生了什么，往往还拒绝承认失败，为了挽回一点颜面，一面挣扎一面拼命找理由。

通常我们认为解开哥德巴赫猜想很难，唱歌音域跨 4 个八度很难，探索宇宙的暗物质很难，甚至生产圆珠笔芯的钢珠也很难，因为这些我们都不会干，也不知道他们怎么干的，什么原理也不懂。但前面说的办个年会啥的，就算没干过，没吃过猪肉还没见过猪跑吗？大概是怎么回事还是知道的，通常我们会觉得这种事不难。但从张艺谋花了两年左右的时间准备奥运开幕式不难看出，这类问题绝不是张指导到现场讲一下他的构思和创意，然后大家回去练一练就能做好的。大量细节上的事情需要互相协调配合，即使是那么多演员的吃喝拉撒也成了大问题，人再一多，连生病意外也成了问题，随着人数和环节的增加，事情的实际难度以几何级数的方式增长着，这成了事情的另一种"难度"。这种难度是要靠组织能力、协调能力、执行能力来应对的，往往和智力、创造力等方面无关，就像蚂蚁只要按部就班地劳作，就会轻松把大过体型很多很多倍的事物分解带回巢穴一样。

这样的事情其实在我们的工作中有很多，任何一个这样的工作往往都需要不少的人大量的工作时间投进去才能做好，而不是靠"我跟他们说过了"或者"我已经说/写得很清楚了"就能把事情做好的。当一件事情关联的人数众多，操作的环节复杂的时候，就应该引起重视了，一般不要轻易启动这样的事情，即使要启动，也需做好充分的准备。多年以前我的部门第一次负责年会，那年只有一个负责会务的小姑娘负责，年会的人数大约是 160 人，我看那个小姑娘忙前忙后脚下生风，但意外还是一个接一个地来了，不同的人因为不同的事情来找她，人们总是反复问她以为已经沟通清楚的事情，最后我看她崩溃了。即使是非常认真负责，即使是已经使出浑身解数，那次的年会不过是对付着能看，就像这世界上绝大多数的年会，但，毫不精彩，甚至由于场地过于狭长，后排的人很难听到前面的声音，导致效果与原计划差了不少。我发现了这个问题，于是给了一些建议，后面两年我们把准备的人员扩充到了 20 人左右，一组人负责创意，一组人负责实施，在年会以前多次开会演习，让每个人都知道每个时间点他应该在干什么，每一个具体的细节都有人负责。比如上台领奖时人的顺序和奖状的叠放，比如话筒的传递和保证每个话筒都能正常工作，比如离场前安排足够的出租车等待……开始前每个人都会拿到一个详细的说明。即使是这样，现场还是会有意外发生，但因为大家在演练中形成了默契，总能及时补救，那两年年会的效果是诸年中效果最好的。

  这样的事情如果不能充分投入资源和时间，结果只会是没有什么结果，由此决定了这种事没有绝对的必要性不要轻易启动。一旦启动了要先从简入繁再从繁入简，从简入繁就是把看似简单的事情背后那些互相关联牵扯的，那些没有注意到的影响因素都找出来，比如刚才提到的，奥运开幕式，那么多群众演员的吃喝拉撒绝不是一件小事，甚至会产生矛盾；这么长的准备期中，一定会有人离开，一定会有人临时来不了，预备人员也是需要考虑的问题；天气条件是必须考虑的，所以必须有人负责这个事情；这么多人集中在这个地方，安全问题也不容忽视；拍摄的团队也很重要，毕竟是直播，如果设备和人员出了问题，那只有看现场了……由简入繁的目的是展开上帝视角，把整个画面都看清楚，也看清楚这些所有事情背后之间的联系，不要扇了扇翅膀结果搞出个龙卷风。解构成非常具体的事件后，要分配任务给团队中具体的人，让每个人负责大画面里的不同小画面，并和其一起弄清楚每个小画面的具体问题，最后要负责把这些各自负责的小画面拼接到一起。

在这个过程中，人常常犯的一个错误就是失去重点，一下掉进具体的某个小画面出不来，把其他的工作给忽视了。因为有些小画面可能比其他小画面更容易吸引人的注意力，没点定力的人肯定忍不住要冲过去管，也不管是否已经分配给其他人分管。碰到类似的问题，还有一个东西能够帮上忙，你需要为自己找到"管理工具"，管理工具并不是钳子、斧子、鞭子，而是像三张财务报表（资产负债表、利润表以及现金流量表）一样起提纲挈领作用的管理工具。比如有些公司会考核员工拜访客户的时间和频率并要求填写报告，这些公司无疑认为他们的主要工作是靠和客户的拜访沟通来完成的；有些公司觉得他们的服务很重要，于是在服务端让服务人员签到，比如麦当劳的厕所里有清洁人员的签到表；有些公司觉得街头促销人员的陌生拜访数量很重要，于是按照收回问卷调查的数量来考核员工。这种管理方式的逻辑就是，千头万绪的事情太多，如果我们任由事情牵着我们的鼻子走，很有可能捡了芝麻丢了西瓜，这个时候我需要一个警报器，这个警报器的作用就是，每当我捡起来的不是西瓜就报警，有了这么一个警报器，我一定会尽力不让这个警报器发作，于是会针对性地选择自己工作的内容，从而达到了抓住重点的目的。

> 更多的人并没有追求完美的特质，针对这些人，应该常常问自己这样的问题："这件事做得最好的人是怎么做的？我做的比他们做的差在哪里？"用向"最好"不断靠近和模仿的办法来持续改善也是一种方法。

不忘初心持续改善

"不忘初心"这个词最近被用得有点滥大街了，我曾尝试着不用这么流行的话，却找不到更为贴切的词句。很多事情最初的源动力往往是很质朴的一些愿望，而因为这些质朴的愿望，事情慢慢变得成功，成功了以后，人们往往就会忘了原来那个质朴的愿望，无端生出很多枝节，慢慢脱离初心，走上作死的歧路，免不了"眼看他起朱楼，眼看他宴宾客，眼看他楼塌了"的老套路。

很多人刚刚进入社会的时候，可能只是因为"小伙子勤奋"，人家跑一遍的我跑两遍，人家不愿意做的我愿意做，人家不认真做的我认真做……在大多数人还浑浑噩噩做一天和尚撞一天钟的时候，这样的人就比较容易脱颖而出。于是就有了一些成绩，赚了一点钱，有了一些社会地位，这时候绝大多数人会有点膨胀，有点发飘，认为自己是天纵奇才，别说现在手上这点事情，就是给个总理干干也不在话下。由于觉得自己是天纵奇才，原本的勤奋特质也不重视了，总觉得自己主要是缺助理，缺权力。只要给了足够多的助理和权力，就会无往而不利。与此同时，随着人的膨胀，脾气也越来越大，越来越刚愎自用，听不进意见，此时已经开始走下坡路了。当发现事情不顺遂，大多数人往往不是从自身找原因，而是相信"有人要害朕"，还有人在觉得自己天纵奇才的时候已经冒险抄了不少近道，这时候一并累积爆发出来，眼看着"忽喇喇似大厦倾"，总会有人铤而走险，最终上演一幕人生悲剧。

这样的故事每天都在上演，一次成功或许能够不忘初心，两次成功呢？三次呢？没有持续进步的方法，总有一次人会跌倒在自己的心魔怪圈里。无论你如何克制，膨胀发飘、自我认知拔高、刚愎自用、听不进批评意见这些都是难以避免的，随着人的地位攀升，越来越难以克制，最终总是要爆发的。话说回来，如果一个人能够轻易克制自己的这些毛病，往往就没什么欲念，没什么好胜心，这样的人在事业上多半也难以成功，这真是一个矛盾的选择。

我年轻的时候，对篮球之神迈克尔·乔丹无限崇拜，在宿舍里床边的墙上贴满了他的大幅炫酷照片，津津乐道地和同学分享关于乔丹体脂有多么低，弹跳摸高有多么牛，罚球线起跳扣篮有多么拽的各种传说。有一个节目采访乔丹，他表示自己可以在任何一个体育项目里称王，当时的我也是相信的，我认为他就是天纵奇才。在名望如日中天的时候他退役了，我非常能够理解他那时的心情，篮球这件事已经不再有挑战，对于天纵奇才来说这样下去太乏味了，要有新的成就来刺激。他去打了高尔夫球，结果没有变成第二个泰格·伍兹，而且并不入流，不久之后他又去打了棒球，不幸得很，他也没有成为第二个杰基·罗宾森，而且继续不入流。篮球之神在经历挫折以后，再度复出，继续篮球事业。此后的乔丹已显老态，不再像年轻时那样任意挥洒，但我觉得他反而想明白了，复出以后的他在打球时常常用智慧和经验弥补身体不在巅峰状态的不足。不禁要感慨的是，如果他早点想明白，是不是会有更高的成就呢？

年轻的我和心目中的篮球之神共同成长着，当我经历了自我膨胀，当我输得精光，我不禁想起乔丹的故事，即使优秀如乔丹，也未能如他自己所认为的那样无所不能，最终还是回去打篮球了，很有可能打篮球是他这辈子唯一能够做好的事情，但这又有什么不好？我大致能够想象，当他是篮球之神的时候跟别人打高尔夫，打棒球，难免得到了言过其实的恭维，诚然他打得不错，但是和在这个领域浸淫十几年的专业选手比还是难免有差距，但这个时候他是篮球之神，人们总是不免有夸大其词的赞美，听得多了，就信以为真了。有的时候成功的人会被爱自己的人捧杀，如果他信以为真，可能就会误入歧途，甚至一条道走到黑。

我们往往是因为某个原因被这个社会所认可，但认可以后，因为我们膨胀也好，因为周围的人想把我们塑造成另外的人也好，我们渐渐偏离了当初的那个原因，于是也就不被社会所认可，于是"眼看他起高楼，眼看他宴宾客，眼看他楼塌了"，这样的故事年复一年地上演。所谓不忘初心，就是时时回去想想，究竟我们是因为什么原因得到认可的，如今这个原因还在不在，如果不在了，我们如何把它找回来。近年来，因为品质下降、服务欠佳而口碑受损的老店不在少数，光绪年间已经开起来的"老半斋"也曾陷入"零分服务"危机，一度停业整改。百年老店传承至今，一定是有原因的，只是当初的那些原因已经被后来的经营者弄丢了，如果不能知耻而后勇，前景堪忧。

在原来被证明成功的"初心"之上，持续改善，是一个靠谱的进步方法。绝大多数值得称道的成就，没有一个是可以通过简单的方法就能达成，往往还都是系统工程，甚至有些事情还依赖于其他外部环境的成熟，举例来说手机支付现在很方便，但这首先是因为硬件不断提升，回想十年前的手机多半还无法支持这样的功能，十年前的外部环境也不成熟，4G都还未普及，甚至第三方电子支付是否合法还是一个有争议的问题。

所谓持续改善，就是在一个认定的方向上，不断补充和改良，从量变累积到质变。很多人做一件事情，做一做发现没有什么结果，就放弃了，这个时候大概不是方向错了，而是没有持续改善。很多人对于持续改善没有什么感觉是因为持续改善往往是一个投入和产出比例关系不对等的事情，没有立竿见影的效果，这事和健身有点像，都知道只要坚持下去就会身材优美，但谁也不知道究竟是要到哪一天。从一个事情刚刚有了苗头，到这件事已经做到极致，大约可以让我们投入一辈子的时间，一辈子能做好一件这样的事情，能投身到一起做好这件事情的团队中，是职业生涯里最幸福的事情。

究竟如何去不断补充和改良，这是很难以说明的事情，有些人天生就追求完美，对于这些人来说，比较容易找到事情的缺憾，想办法补足这些缺憾就是持续改善的源动力。但更多的人并没有追求完美的特质，针对这些人，应该常常问自己这样的问题："这件事做得最好的人是怎么做的？我做的比他们做的差在哪里？"用向"最好"不断靠近和模仿的办法来持续改善也是一种方法。

如果我们有了那么一点点小小的成绩，那么就不要忘记初心，不要忘记当初是为何被认可的，并且在这个被认可的基础上，不断持续改善，这听起来是一个笨办法，但"天若有情天亦老，人间正道是沧桑"。

很多团队在选择成员的时候,并没有认真分析过什么样特质的人适合加入这个团队,甚至有的时候因为急迫,随便找了个人就用了,但错的人不仅不能带来帮助,甚至会带来毁灭性的伤害。一个团队或者团队的领导应该常常考虑,什么样的人才适合加入这个团队,这需要一些时间,更需要长期地总结和研究。

所谓团队

"人多力量大"的道理大家都懂,却未必都做得到,应该说绝大多数人都做不到。所谓"韩信点兵多多益善",有些人管理的团队越大越好,有些人只能管好自己,有些人甚至连自己都管不好。"管理"其实是一个很大的课题,"领导"就更悬乎,有人说领导是一种艺术,要看天赋,要看悟性。

我们都知道靠一个人的力量做不了什么太大的事情,即使是超人也可以被蝙蝠侠设计打败,更不用说作为普通人的我们。《未来简史》里面说,之所以作为智人的我们成为地球的主宰而不是比我们强壮的其他生物,是因为我们最能协作。因为协作,我们可以分工,可以把复杂的事情分工完成,我们可以协作着移山填海,我们可以协作着创造飞机潜艇,甚至协作着奔赴遥远的太空……所以要活在现代社会中,我们必须学会协作,没有协作我们只能回到刀耕火种的石器时代。在做事业的过程中就更是如此,一个公司就是一个协作体，高效的协作体效益好赚钱多，也有低效的协作体，甚至内部不仅不协作还互相拆台的公司也并不少见。

大部分人在工作当中其实并没有弄清楚团队的概念，没有协作的团队不是团队，互相拆台的团队就更不是团队。而一个名义上的团队其实并没有什么用，大多数公司里的团队其实并不能称其为团队。我们其实在生活中和卖菜的、送外卖的等这些人都在协作，但我们却不能说我们和他们是一个团队，因为我们和他们的协作只是最基本层面的协作，我们并不会帮商贩去想他怎么能降低成本，快递小哥也不会替我们算计这样买买买是否划算。一个团队里的人必须比这种协作要深刻得多，要互相了解，要彼此配合，要互相让对方把自己的最高水平发挥出来。最典型的例子就是大型球类体育运动，足篮排球，一个好的球队必须经过长期的磨合才会有好的协作，临时拼凑的团队即使用的是最好的球星，也未必能够战胜有配合的团队，反之，能花功夫磨炼协作的人后来也都成了不错的球星。

一个团队并不是划到一个组织结构之下就成为一个团队了，而一个领导也不是因为被任命为领导就成为领导了。要成为一个团队，首先要有能力了解这个团队要干什么事情，团队的成立往往是面对特定任务的，比如特种兵小分队是一个团队，他们长期磨炼处理暗杀、救人质、破坏高价值目标等任务，但让他们去打 NBA，估计会输得很惨。同理，让勇士队去围剿恐怖组织估计也没法活着回来。工作中一个团队的存在基本就是应对一些特定目标的，比如把某个业务做好，除此以外，这个团队未必有效，没有全能的团队，更没有全能的领导，即使有了团队也不是打遍天下无敌手的。我们必须弄清楚第一个问题"这个团队是干吗的"，这也是这个团队存在的主要目的。

第二步，需把这个事情分解成为由几个独立解决模块相互配合就能基本解决整体目标的模型。举例来说，推倒《魔兽世界》里面的任何一个怪只需要三个模块，坦克、奶妈、输出，坦克负责承担怪的主要伤害，奶妈恢复怪造成的伤害，输出负责伤害怪。这个模型是最基本的模型，好的团队可能还要增加一些其他的功能，但最主要的就是这三块。这种把一个问题通过几个模块的配合来解决的方法，是人类发展出来的应对万事万物一套行之有效的办法，但我们是否能够把我们碰到的问题分解成正确的解决问题的模块则是这个团队面临的第一道障碍。错误的解决模块无法解决问题，比如我们用坦克、奶妈、输出模块去处理一场足球比赛，只能把对方球员打残却无法赢得比赛。

第三步，需要看这个团队里的人是否适合干这个模块，有些事情是一眼就能看出来的，比如即使郭德纲再喜欢打篮球，把国家男篮争取世界冠军的梦想寄托在他身上也似乎不合适。有些事情则不是，我们日常的工作，需要什么样的特质，这并不像身高体重一样明显，有些事情看似是个人就能做，比如前台，但脾气不好、脸色冷漠的人未必能做好前台的工作。很多团队在选择成员的时候，并没有认真分析过什么样特质的人适合加入这个团队，甚至有的时候因为急迫，随便找了个人就用了，但错的人不仅不能带来帮助，甚至会带来毁灭性的伤害。一个团队或者团队的领导应该常常考虑，什么样的人才适合加入这个团队，这需要一些时间，更需要长期地总结和研究，我猜刚开始的时候，踢足球也是一窝蜂乱踢，球到哪里大家就追到哪里，渐渐地有人发现不能这样踢，于是有了各种位置，然后又有了各种套路。有些套路被发明出来，慢慢被对方研究，对方也想到了应对的办法，套路慢慢又过时淘汰了。所谓高手，就是能够不停地面对新的形势调整出更好的协作方法，不吃老本，不躺在功劳簿上。

第四步，一个团队需要面临很多很多的困难和挑战，经历艰难困苦的时刻是人们之间的关系最脆弱、最容易分崩离析的时候。一个团队要凝聚在一起很难，要解散却是弹指一挥间的事情，要获取别人的信任很难，要获取别人的仇恨很容易，天底下的事情莫不如此，那些很难的事情往往有好结果，那些很容易的事情往往没好结果。为了让团队能够相对比较牢靠，第一要务是让大家的利益绑定在一起，比如西天取经的四人团队，在各种困难面前时时刻刻面临崩盘，最后能不散摊子，最根本的原因是好处太大了，成功就能成佛，不成功就得回高老庄流沙河当妖怪，当然要想办法尽量撑下去了。世界顶级的球队也主要是因为球星们能够名利双收才绑在一起的。第二要务是团队领导有强大的组织能力，人们有很多时候靠自己无法冷静下来，无法看清方向，无法坚定意志，面对自己的软弱时，团队领导的作用巨大，团队的领导要像灯塔，要像战旗，指引着方向，传递着希望。在艰难困苦中领导要维持团队，要有威信，要能服众，领导的威信不是来自职位，而是来自成员的信任，这种信任是基于以前由于信任你每次都基本成功了，就像我们每次看到灯塔就能平安靠岸一样，日积月累下来形成的信任的习惯。如果你无法做到让你的团队跟着你每一步都走对，那么说明你还不是个好的领导。

有了这几步，一个团队基本就可以形成，就有了能够解决问题的能力，在这个基础上积累经验，改进方法，积极创新，就是走向成功的路径。回头看一下你所处的团队，你们的团队有问题吗？

> 获得了权利和资源后……也可以用借口来解释自己没有取得好成绩,但这些借口已经是对于自己的不尊重了,把这些借口翻译过来,你是在告诉给你权利和资源的人:你不要信任我,我下次干砸了还是会有一大堆说辞,我还是扶不上墙的烂泥。

我不要做烂泥

听过这样一句话,意思大概是,一个人这辈子最后成为什么样的人是自己选择出来的。我估计80%以上的情况下,这话是对的。诚然这个社会有人遭受了巨大的不公平,有人经历了莫大的委屈,有人抄了近道,有人靠老子就能成为人生赢家。但对于绝大多数人来说,生活只是平常,并没有那么多巨大的不公平,也没有什么超好的运气。

很多时候你的选择决定了最终你是谁,每一次选择你都让这个世界对你做了调整,一次又一次地调整,塑造了你在这个世界中的位置。英国的传奇女王伊丽莎白二世曾经说过:"当遇见生活中的困难,期许自己当那个为了未来起身奋斗的人,而不是直接屈服于失败。"我所工作的公司有一位非常强势的员工,她的强势来自她的个性,而非她的特权,每次和别人沟通,都不惜扣大帽子威胁放狠话,但结果居然是,后来大家凡事必去请示她,慢慢成了意见领袖，并且她说的话比她的领导还好使。这个世界慢慢调整了，比她弱的人在一次次的沟通中放弃了自己的主见。

很多时候，我们的选择在暗示这个世界，"我就是扶不上墙的烂泥"，次数多了，就真的成了烂泥。比如开会的时候问你的意见，你表示没有意见，久而久之，大家就不需要你的意见了，等你再想表达自己意见的时候，已经没有机会了。很多事情在开头的时候都是混沌的看不清楚的，每一个选择最终会让事情清晰起来。

如果你已经把自己当成了小透明，是不会有人主动上来把你当作大人物的。广义上来说，我们活在这个世界上的所有人都有着那么一点竞争关系，因为毕竟资源是有限的，谁都想多占一点，你多占了一点资源必然别人要少占资源，对你来说，最好全世界其他人都把自己当作小透明，这才是最有利的选择。除了你的父母，没人想要逼着你成功，没人想要逼着你过得更好些。这一切，要靠自己争取，而争取则先要从把自己当回事，尊重自己开始，唯有你先尊重自己，别人才有尊重你的可能。

尊重自己，就应该尊重自己的口碑、名声，比如但凡从我手里经过的事情，我就不能说我不清楚，我只是来打酱油的，唯有这件事是我认为正确的，或者我被说服认为是可以接受的，我才会让它通过。外部的压力并不能改变我的决定，不管是不是领导吩咐的，我知道什么是对的，什么是错的，能够做独立的判断。有且唯有如此，才能渐渐赢得别人的尊重，渐渐让自己和他人的相处回归到问题的本质，别人也就知道只能走正道去和你交流，如果不是这样他们一定乐意常常找你的领导。

尊重自己，要珍惜给自己的权利、资源，做一个负责的人。获得了权利和资源后，你可以用好的成绩来回报信任你而给你权利和资源的人，也可以用借口来解释自己没有取得好成绩，但这些借口已经是对于自己的不尊重了，把这些借口翻译过来，你是在告诉给你权利和资源的人：你不要信任我，我下次干砸了还是会有一大堆说辞，我还是扶不上墙的烂泥。

我看到很多人对于自己的工作其实并不想深究，他们只想快点摆脱，只要能快点摆脱，让他签卖身契他都看也不看先签了再说。自己所做的是否有价值，自己的做法是否正确，还有没有更好的办法，对于这些他们都不在乎。这里面有很多人会认为这是赚钱多少的关系，一定有人会说"我才赚多少钱，干吗要操这么多心"。机器人不在乎自己做的是否有意义，也不在乎是否有更好的办法，它们只想快点把这段程序执行完。那么这么想的人和机器人有什么区别呢？你已经把自己放到了和机器人一个水平上，要别人如何拯救你呢？我几乎可以笃定地说，这一定不是赚钱多少的关系，就像健身，明明知道只要坚持下去一定有用，可大部分人还是坚持不下去。你认为只要给你高工资就能努力起来，这就像认为只要有空闲就能坚持锻炼一样，只能说你想多了。

也有人会说我的意见没有人会听，说了也是白说。这个世界很大，我们都很渺小，根本没有能力左右什么，唯一能够左右的只有我们自己。面对这个世界，我们事实上没有什么操作的空间，只有对于自己的选择是我们可以操作的。可以把这理解为我们开着一辆车在这世界游荡，唯一受我们控制的只有我们手中的方向盘，方向盘无法改变外面的一切，但是在每一个路口做出不同的选择，最终会把我们带到不同的地方。方向盘毕竟只是方向盘，不是法宝，每一次能做的只是在路口左拐右拐或者直行，当然不能指望一次的左拐右拐就能改变什么，持续做下去，结果就不同了。

有很多人把自己的不顺利归咎于别人的不好，你问他为啥没成功，他给你列举一大堆坏人坏公司，答非所问，或许在他心里这就是答案。但在我看来"我要好"跟别人并没有关系，别人能帮那自然感激，别人不帮甚至捣乱，我还是要好，而不是要跟别人同归于尽。

有人天生喜欢刨根问底，但更多的人是普通人，他们天生空白，既没有天生喜欢钻研，也没有天生喜欢懒惰，基本看环境，环境好，他就倒向爱钻研，环境不好就倒向爱抱怨。我估计我的读者大多数是这样的人，对于这样的人来说，首先要想好，你到底打算怎么过你这一辈子，如果你想拼一拼，先要有心理准备，这和练出六块腹肌一样，不容易，但并非不可能。很多人的问题在于想的和做的方向不一致，比如从外地跑到北京、上海这种地方来，不拼一拼能活得下去吗？如果不想拼一拼，那么干吗来到北京、上海这种地方？又想要北京、上海的便捷和机会，又不想太辛苦，那么还不如去炒股票机会大一点呢。

如果你是有意愿要做成一些事情，要拼一拼的，先从不做烂泥开始，先从尊重自己的工作、自己的时间、自己讲出来的话开始，爱惜自己的口碑，爱惜自己的羽毛，让世界因为你的每次选择而对你做出相应的调整，让人们渐渐把你的话当回事，让团队渐渐习惯考虑你的意见，让领导对你越来越信任，这么干，拼一拼才有一点胜利的希望。

> 世界上成功的基本公式大体就是这样：选择一件事，然后用一辈子去做好。但我们常常会怀疑自己的选择，似乎只有那种被自己考验了很久，对自己不离不弃的才叫作自己的选择，否则仿佛是被别人硬塞了一个东西，打心底里就觉得这似乎不是自己的选择，大多数人对自己正在从事的工作的态度也大抵如此。

兴　趣

　　和朋友聊天，说到哪种人执行力最强，我认为是瘾君子。一个人如果犯了毒瘾，会不眠不休地动脑筋想办法搞到毒品，会使用出各种办法、各种手段，不达目的决不罢休，直到被抓被强行送去戒毒。朋友深以为然，不由感慨，这股劲如果用在职场，怎么会不成功？职场人如果不眠不休地沉溺于某个事情，做这个事情效率总会提高很多的，因为会不停尝试，尝试失败了也不会放弃，在一次次尝试和失败中，总归会学得越来越高效。

　　这世界任何一件有意义的事情都有千千万万人在做，为了能在这芸芸众生的竞争中脱颖而出，我们需要找到这样一件事情，这件事情能够让我们上瘾，为了这件事情我们可以不眠不休，我们可以茶饭不思，时时刻刻都在想这个事情，并且为了这个事情不断尝试创新，敢于面对失败，而且放弃这件事要脱一层皮，仿佛戒了一次毒或者走出一段刻骨铭心的恋情。

如果能够碰到一件自己有极大兴趣的事情当然是一件美事，但是更大的可能性是并没有什么明显的能够立即引起兴趣的事情。那种天生就对某种事情极度感兴趣，而且生命中也的确碰到了这样的事情的概率并不高，比如天生的画画神童估计本身就不多，又恰好降生在一个能够接触到高水平画画的环境的可能性就更低。因此我们能够期待发生在我们普通人身上的，大体都是需要某种程度调整的，而很难遇到天生的"恰好"，这种调整，包括了把自己调整成为对某件事非常有兴趣的人，培养对某个事情的兴趣，因为某种兴趣而抵制住了另外的诸多不顺不适。

凡是兴趣大约都离不开带来快感这个要素，有些人即使是肉体受苦，也往往因获得精神上的愉悦而能对苦行乐此不疲。要找到一件让自己上瘾的事情，首先要找到让自己上瘾的快感，这种快感肯定不是身体层面上的，而精神层面的快感无非就是来自两点，自我认可，以及别人对自己的认可。

电影《夏洛特烦恼》里面夏洛改变人生，让自己获得了事业上的成就，"升职加薪、当上总经理、出任 CEO、迎娶白富美、走上人生巅峰"，后来却发现原来自己并不喜欢这一切，还是原来的生活好。这的确是个普遍现象，大多数人都在经历着这样的困惑。其实这个困惑说穿了也没啥，就是一个人天天吃素吃腻了，觉得自己其实是一个肉食动物，于是改天天吃肉，开始觉得美得不行，后来发现天天吃肉也受不了，开始怀念吃素的日子。是的，我们人类就是这么作，这样也不好那样也不好。知道天天吃素吃腻了要去吃肉这是聪明，但能提前预知自己吃肉也会腻而放弃这个尝试，这是智慧。我们先得有这种智慧——无论我们选择了什么样的道路，都是有代价的，吃素有吃素的代价，吃肉有吃肉的代价，知道我们要的是什么，知道我们需要付出的代价是什么，并且能够安于所得和所付出的。

产生兴趣并不难，大多数人在事业上有一点小成就，被别人有一些小认可的时候就会产生兴趣，但就如上面说的例子，这种兴趣很快会被重复弄得乏味起来，别人也不可能天天来夸你，而不断地重复却是把一件事情变熟练所必须经历的过程，于是成了一个死循环。刚开始有点兴趣就被慢慢磨灭，然后重新开始，又有了新的兴趣，又被磨灭，正是这样，芸芸众生就在这生活的磨盘里不停地被磨灭着。这也恰恰是世道筛选优秀者的方法，谁没有被磨灭，谁就幸存下来了。摆脱这种死循环是一件困难的事情，因为大多数人会像祥林嫂一样，找个借口，欣然就接受了这样的磨灭，然后哀叹世道不公。

我小时候看过一本苏联翻译过来的指导学习的书，里面提到了心理暗示法，书里说，每次学习之前，自己心里默念，我爱你物理，我爱你化学……以此强迫自己进入一个不那么抵触的情绪中，尝试着从重复中寻找一点乐趣，这似乎对我是有那么一点点用处的。一次次重复的确容易磨掉人的耐性，甚至很快产生厌恶感，很多人在一家公司里干得好好的，在第三年往往就会产生要离开的想法，其实就是这个原因，就是重复磨掉了耐心，心生厌恶，认为自己在干的事情是全世界最没劲的事情，任何事情都比自己在干的事情有意思。

世界上成功的基本公式大体就是这样：选择一件事，然后用一辈子去做好。但我们常常会怀疑自己的选择，似乎只有那种被自己考验了很久，对自己不离不弃的才叫作自己的选择，否则仿佛是被别人硬塞了一个东西，打心底里就觉得这似乎不是自己的选择，大多数人对自己正在从事的工作的态度也大抵如此。但我们大多数人并没有那种命：面前摆着一大堆选择让自己挑，如果不满意还能提供更多的选择。有些东西来到我们的身边，也不是谁硬塞给我们的，如果能有更好的选择，我们当然早就选了，如果能够选择诗和远方，谁愿意早上五点起床？今天走到这里不过是因为没有更好的选择罢了。这是我们的命，没什么好抱怨的，这个起跑线虽然没有什么了不起，但好好跑一样也可以光芒万丈。

做好一件事的学习曲线往往是曲折向上的，没有人能够一帆风顺把一个技巧一直学到最高水平，一般都是向上然后遇到平台期，通过不停重复磨炼练习发现新的向上的办法，然后又进入平台期，然后再练习再进步再向上，再遇到平台期，如此重复，甚至永无止境。直到最后遇到了永远也突破不了的平台期，上苍大约就是这样设计的。虽然最终的结果一定是无法突破，但要知道全世界大部分人在第一个平台期就倒下了，如果你经历了四五个平台期，那么大约已经是全世界一流高手了，这已经足够了，不是吗？

　　要么你有超人的毅力，在这样的重复中忍耐下去，直到发现新的兴趣；要么在一次次的重复中不要浪费时间，去感受每一次的不同，去寻找一点点小改变、小进步的快乐。既然无法抵抗，那么就尽情享受吧。有些时候，兴趣并不是天生的，苦中作乐更是一种积极的生活态度。

当有了一点成绩以后，有人会误以为那点成绩是因为自己的与众不同，恰巧找到了唯一正确的道路……认为事情能够做成，几乎全靠自己与众不同的品位和决策。殊不知，还有很多很多种方法可以取得同样的成绩，取得同样成绩的别人的身上一样有不错的感觉和逻辑，别人的品位也不会差到哪里去，别人的方法也大有可取之处。

个人的好恶

我日常的观察中，大多数人在取得一定的成绩，有了一定的地位以后，都会在工作中或多或少加入个人好恶，个性强的人尤其明显，有大量的关于工作上的争执是源于对各自好恶的坚持，但实际上个人好恶所在意的那些因素对于工作结果的影响并不大，在这里耗费掉大量的力气是不值得的，更有甚者，争执的时候已经把话说满，到后来下不了台，只能一条道走到黑，把错误坚持到底了。

大多数事情都有多种解决的办法，有些高明点，有些效率低一点，但大多的解决方法没有本质性的差别。举例来说，从北京到上海，既可以选择坐飞机也可以选择乘高铁，还可以选择开车走高速，甚至坐大巴，或者从天津坐船。这些方法都可以达到目的，各有各的好处，也各有缺点，同样是走陆路，同样搭乘公共交通，看起来坐高铁比坐大巴要靠谱，但价格上还是大巴便宜一些，似乎坐大巴去也不是完全没有可取之处。如果是个人选择，每个人当然可以根据好恶选择适合自己的方案，但在工作中，采用哪一个方案似乎并没有绝对的对错，倒是跟具体负责实施的人熟悉哪种方案有很大的关系。比如我本人对于坐飞机和高铁是熟悉的，但对于去哪里坐大巴，过程中会有哪些步骤，在哪里买票，去哪里检票，全都两眼一抹黑，对我来说可能选飞机、高铁更有效率，假设负责这事的是一个每天都在大巴站出没的人，或许坐大巴是一个不错的选择。

在一个商业公司，事件往往都是以结果为导向的，而个人的生活很多时候更重视过程，二者之间有很大的差别，商业公司必须拿结果出来向投资人、向顾客、向员工交代，不能因为经历了一个美妙的过程就可以不需要交代了，但个人生活则只需要跟自己交代，自己喜欢不喜欢最重要，至于有没有好的结果，其实并不那么重要。比如有人喜欢从底部开始挤牙膏，有人喜欢从中间挤牙膏，这在个人生活中或许有人觉得很重要，但在工作中这一点都不重要，只要牙膏挤出来了，后面也没有浪费就可以了。在工作中，结果比过程重要，首先要以达成结果为目标。但很多人在有了一点成绩后，难免有点小膨胀，对自己有了很大的信心，所以不仅要达成目标，还要加一个"按照我的方式"达成目标，一旦起了争执，大多数人最后会把"按照我的方式"凌驾于"目标"之上，如果做法没有按照他的方式，那么就算有结果也不要。

我一直觉得人类如此"自我"就是上天这么设计的，取得一点成绩后就让我们膨胀，让我们自以为是，刚愎自用，听不进别人的话，让我们众叛亲离，走向毁灭。人类个体进步的过程被设计得异常艰难，并且把最主要的敌人设计成了我们自己，我们最终都将输在自己手里，只是早晚问题。当有了一点成绩以后，有人会误以为那点成绩是因为自己的与众不同，恰巧找到了唯一正确的道路，从而对于自己的感觉和逻辑有了过高的评价，认为事情能够做成，几乎全靠自己与众不同的品位和决策。殊不知，还有很多很多种方法可以取得同样的成绩，取得同样成绩的别人的身上一样有不错的感觉和逻辑，别人的品位也不会差到哪里去，别人的方法也大有可取之处。更要命的是如果这人还是一个长期爱跟人吹牛表示自己有多厉害的人，到了这种时候，更是退让不得了，如果退让了，那么之前自己吹的那些牛，要怎么圆？要怎么让自己接受自己其实也就一般并没有想象得那么厉害的现实？于是只好继续硬撑下去，走到哪里算哪里了。

我面试过这样一种人，喜欢讲自己对事情的看法，而且特别强调自己的观点和意见，仿佛国家还没有复兴就是因为他被埋没了，只要按照他的意见和看法来做，立即就能柳暗花明。但问到具体要做一些什么事情的时候，却只能提出空泛的主张。对自己有信心是好事，但像日本漫画主角一般，认为只要有信心就能战胜一切，那就只是一个中二少年。对自己的信心不应该来自对于好恶品位的信心，而是要来自对于自己操作能力、解决问题能力的信心。在工作中如果能够建立这样的工作习惯才是能够取得成绩和更多支持的好办法：随时检讨有没有把目标放在第一位，能够把自己的好恶先放下，实事求是地分析问题，接受和自己好恶不同的做法，如果要争执，也不是因为对方的做法不符合自己的好恶。

绝大多数人并不会记得去年的年会地毯颜色是什么样的，更不会记得三年前的展台上产品是怎么排列的。如果一件事情三年后不会记得，那么这个事情就不是个大事情，不值得为此花太多力气争执。只要有人能够做，能够达到基本的目标就好，如果大家意见统一，也不增加什么成本，加入一点好恶倒也无妨，但为了这些好恶花大量时间去争执和坚持就不值得了。有些事情没有绝对的对错，只有个人不同喜好，比如地毯的颜色，领导的品位也未必就更高，如果觉得这个事情很重要，那么就请专业人士来设计，如果不重要，那么一个人发言就可以了，每个人都来发表自己的好恶，最终事情要么搞成四不像，要么办事的人无所适从。对于众口难调的事情，尊重办事人员的选择，不要随意发表自己的好恶，领导更应该如此。

我们基本上没有自己想象的那么重要和能干，在自己的生活上可以按照自己的性子来，可以坚持自己的主张，可以沉醉在对自己的迷恋中，可以只接触欣赏自己的人。但在工作中，需要和很多人协作，这样的协作中如果每个人都坚持自己的好恶，就没办法产生顺畅的协作。无论是主观上还是客观上，我们都必须要把自己的好恶放到一边。就像如果自己开车，大可以选择你习惯的线路，按照你喜欢的驾驶速度，欣赏你所喜欢的音乐。但如果你去开快车、专车，乘客选择了线路但你却要坚持自己的线路，结果会如何可想而知。在这个协作中，把人送到目的地这个结果最重要，至于行驶线路、播放音乐这些个人的好恶，其实并不重要，而且并没有对错，争论不出一个真理来，即使争论出一个结果也比不上尽快把人送到更有价值。

> 一个老板忍了所有的事情，勤勤恳恳地把父亲、哥哥留下的烂摊子慢慢扳回了轨道，但一个骨干员工整天各种不服，要把老板的父亲、兄弟接回公司，还要正值壮年的老板赶快指定继承人，最要命的是有一个关键的项目谈到了关键时候，这个骨干员工一心想把这个项目搅黄了，如果你是老板，你怎么办呢？

如果岳飞是你的员工

我个人成长的过程中，有一件事情是对我影响很大的，就是看书看到岳飞之死，简直世界观崩塌了，那前后我还看了电影《吉鸿昌》，看到爱国将领惨遭杀害，又是一阵义愤填膺。这两个故事彻底颠覆了我那时的世界观，小时候好人、坏人二元对立的世界观非常完美，而正义终将战胜邪恶，那时看的艺术作品也都是大团圆的结局，都是好人终有好报的故事，虽然也偶尔有点小困难，比如灰姑娘会被后母害，《地道战》里也会碰到鬼子往地道里灌烟……但最终总是好人战胜坏人，即使是好人暂时失败了，也总会有后来人替他报仇雪恨。然而岳飞的死彻底粉碎了这种非黑即白的世界观，英雄就这样死了，故事就这样结束了，没有复仇，没有申辩。原本以为坚持对的一定会有好报，结果发现未必如此，含冤而死也很正常，以为受了委屈一定会有一天真相大白，结果发现委屈隐忍几代人也很正常。

这些真实让我们长大，让我们知道这个世界和童话并不一样，这个世界要残酷得多，也冷漠得多，没人保证好人会有好报，甚至开始觉得只有坏人才活得风生水起。随着知识的积累，想得也多了起来，我开始觉得如果有造物主的话，他应该是冷漠地看着这一切保持着一贯的沉默，毕竟解释强者愈强、弱者愈弱的马太效应也是源于圣经中的寓言故事，说的是"凡有的，还要加倍给他，叫他多余；没有的，连他所有的也要夺过来"这样的道理。刚刚接触这些时，我对社会是绝望的，是愤青式的，相信只有像鬣狗一样从别人那里掠夺食物，才能在残酷的草原上活下去，人和人之间就是争抢资源的关系，上天看着世界上斗来斗去的一切，就像我们在看斗蛐蛐。那个时候我觉得岳飞是个异类，一个好人生到了妖魔横行的乱世，或者这个世界从来就是妖魔横行的，出几个异类总是要被妖魔收拾掉的，岳飞的出现本就是个错误，被杀也是必然的结果。

再长大一点，读了更多的书，对社会有了更深的思考，又觉得之前想的还是不对，这世界其实是混沌的，既不善也不恶，因为善恶都是随着立场的不同而转换的。如果狼吃了兔子算恶，那么兔子吃了草算不算恶？如果人打了狼算善，那么人吃了兔子又算什么？这世界并没有善恶，善恶不过是我们世界的价值判断，但这世界也不在意我们的判断，风调雨顺并不是希望人们赞美祭拜，狂风骤雨也不是对人们发怒；坏人作恶而发财也不是上天帮忙，好人受欺负也不是上天使绊子，这个世界并没有情绪，也没有好恶，人们的不幸怪不到这个世界头上。那个时候我觉得岳飞是生不逢时，没有赶上好时代。

直到近两年，在职场打拼二十余年的经历有了沉淀，考虑问题也能够站在更宏观的角度时，我又觉得，原来很多的不幸都是有原因的，很多的故事都没有讲完整，很多的事情在不同的时代人们的看法是不同的，拿现在的眼光看过去的事情，或者拿不同立场的人的眼光看别人做的事情总是会和事情真相有差距的。直到有一天，我突然有了一个想法，如果我是赵构，可能我也会杀岳飞的，虽然这个想法让我不寒而栗，但我越来越觉得这可能才是事情的真相。

还是用我比较擅长的职场来举例，岳飞和赵构的关系就是员工和老板的关系。说实话，赵构算是个好老板，他有勇气，有担当，肯努力，不放弃，有作为，比他那几个兄弟强得多，如果不是他，赵家的宋王朝估计坚持不了多久就被灭了。赵构一边与金人斗争斡旋，一边以南宋续存赵氏王朝，南宋又坚持了一百五十多年，要知道他接的是一个病入膏肓的烂摊子。员工往往以为老板的日常就是作威作福，其实不是这样的，作威作福的老板事业都做不好，每一位有作为的老板，其实每天工作量都不小，雍正每天批折子要写 8 000 字，这是用毛笔写，不是用电脑打，据说朱元璋有个纪录是 8 天批了 1 600 多份奏折。赵构面对着这个烂摊子想弄好，估计也是要废寝忘食很多年。好不容易比较太平了，却总有一些人告诉你这不对那不对，年轻时的赵构是能够虚心纳谏的，即使臣子说的不对也不会计较。但我自己的体会是，如果这样的日子过久了，总有一天会累，会受不了，由己及人，时间久了赵构应该会想"我过的什么日子你知道吗？我干个皇帝容易吗？你们就知道指手画脚，你们动动嘴我就又得费心费力，你们到底是来帮我的，还是来坑我的"。阅读史书不难发现，很多皇帝的包容度和毅力都是随着年龄增长越来越差，这其实很好理解，要当好皇帝、好老板其实是很累的事情，时间久了就坚持不下去了，难免就会松懈，难免就会爱听好话。而员工只是看到了老板做决定时的一言九鼎，认为做老板一定很爽很轻松，没看到老板在面对各种两难决定时的挣扎。岳飞是不容易，难道赵构就容易吗？凭啥岳飞可以说三道四，而赵构就要高风亮节？而且赵构认识岳飞多年，岳飞从来就是一个性格强硬的人，可以想象早年赵构没少忍耐岳飞的坏脾气，但他始终力排众议挺岳飞。

之前我一直认为如果让岳飞坚持打下去就能收回北方，就能迎回二圣，但这两年对此我越来越怀疑。当你具体管理过一个国家或者一个公司以后就会知道，单凭勇气和决心是无法真正做成什么事情的，资源和管理才是做成事情的核心。打仗就要花钱，要各种资源，当时的南宋朝廷是否支撑得了这样的消耗，这事至少没见岳飞讨论过。岳飞讨论比较多的是道德、理想、使命这种东西。即使能够支撑，也一定不轻松。国家刚刚过了几年太平日子，是让老百姓继续勒紧裤腰带冒险去收复失地呢，还是先发展几年经济缓缓再想办法？这两种选择我觉得没有对错之分，但是，一旦形成了国家或者公司的决议，大家就要坚决执行，才能把事情做成。但总有一群这样的人，公司的决议他同意的他就执行，不同意的就不执行，不仅不执行，还要捣乱。南宋的朝廷里不止有赵构、岳飞、秦桧，高层人物还有一大堆，如果说这些人都是卖国贼我坚决不信，他们卖了国有啥好处，他们已经是最高层了，卖了国能得到更大的好处吗？和金国和谈一定不是赵构一个人的决定，一定是很多人的共同决定，但只有岳飞一直梗着脖子不执行。如果一个公司里的某位骨干员工对于公司的既定战略总是梗着脖子不执行，还总是说风凉话，老板开始的时候忍耐劝慰，但如果一直不听劝，怎么办呢？

曾经有一个公司里的元老级骨干跟我说老板的各种不好，有哪些事情老板对不起他，有哪些事情老板不公平。我问他，工商税务消防药监等部门来我们公司的时候找你吗？上游厂家要我们达成各种条件，提出各种刁难的时候找你吗？完不成指标要面对投资人怒火的时候找你吗？你有一大堆委屈到处抱怨，老板有一大堆委屈找你抱怨了吗？在各种资料里我只看到岳飞找赵构的各种抱怨，从没看到赵构找岳飞抱怨过什么，相反，赵构总是在批评完岳飞后及时抚慰，这老板相当不错了，至少比我强。当初金兵"搜山检海捉赵构"被追得上天无路入地无门，当初苗刘兵变时因为身边的人叛变差点没了命，也没见赵构抱怨过。一个老板忍了所有的事情，勤勤恳恳地把父亲、哥哥留下的烂摊子慢慢扳回了轨道，但一个骨干员工整天各种不服，要把老板的父亲、兄弟接回公司，还要正值壮年的老板赶快指定继承人，最要命的是有一个关键的项目谈到了关键时候，这个骨干员工一心想把这个项目搅黄了，如果你是老板，你怎么办呢？

极端的思想往往更容易煽动人,特别是我们等了三个红灯后在这个绿灯结束前终于可以开过路口时,有个素质低下的人拦在面前闯红灯过马路……此刻,如果"撞死白撞"的念头出现,而你又不去压制这样极端的念头,那么只有一个结果——坠入万劫不复的境地。在职场上,这样的极端情况可能会被掩饰、伪装,让你第一眼看不出来,如果你被煽动了情绪,可能你连怎么出局的都不知道。

闯红灯撞了白撞行不行

作为开车一族,看到行人无视红灯,无视正在行驶的车辆,在宽阔的道路上"勇往直前"时,我也会恨恨地想,既然你自己都罔顾生命了,是不是可以要求把法律修改成行人违反交通规则的,被撞时由行人负全责,无过错的机动车可以不用负责,看看这样还有没有人敢乱闯红灯。但是等你冷静下来,就会觉得违反交通规则撞死白撞这种操作显然也是有问题的。假如真的如此改了交规,可能比简单粗暴地要求无过错的机动车一定要承担部分责任更差劲。

首先,交通设施也未必完善,举例来说,我就常常碰到一个绿灯的时间行人根本无法走过马路的情况,再比如,有些马路上的标志完全被树叶给挡住了,等看到的时候已经来不及了。

其次,如果违反交通法规撞死白撞,那么是否可以同理得到,抓到小偷打死白打?正当防卫的对施暴者打死白打?只要有错的就可以被打死撞死?那么按照这一逻辑推论下去，私刑也就合理了，法律直接倒退到奴隶社会。

第三，如果违反交通法规撞死白撞，那么机动车在道口过绿灯的时候还会减速吗？反正撞死白撞，有恃无恐的驾驶员并不是不会犯错的驾驶员，他们撞的也有可能是无辜的行人，如此是不是又多了很多马路杀手？

面对乱穿马路的行人到底交规该怎么判的问题，个人感觉有点像是法家思想和儒家思想的交锋，前者更就事论事，讲究按照制度办事，所谓"不别亲疏，不殊贵贱，一断于法"，后者会更多地考虑综合因素，比较看重对当事人品德修养的教化，强调仁与礼相辅相成；前者直接根据法律条款判定对错，希望快速解决问题，后者是水磨工夫，希望润物无声滋润地从量变催化为质变；前者是"激进式"的勇往直前的冲锋，后者是"温和式"的兼容并蓄的固守。

我们工作当中的管理思路，其实也不出这两个大的方向，无非是激进式的或者是温和式的管理，只是偏向哪一边而已。时下朋友圈常常流传的"对你狠的老板才是好老板"一类的就是没有规矩不成方圆的激进式，而谷歌等企业一直标榜的就是人与人和谐相处的温和式，同样的，并没有对错优劣之分。一个企业初创的时候，大多是雷厉风行，一断于法，但往前发展的过程中，只靠几个精英的铁腕手段是做不大的，想要发展壮大，就不得不包容更多不同的人，温和的、仁而有序的做法在激励人和搞好内部关系方面优势就显现出来了，但温和派总会去做一些关于"情怀"的事情，于是又开始内部改良的折腾。包容，既容下了有才能的人，也容下了蛀虫；宽容既给了人改正错误的机会，也给了人官僚主义的机会，于是公司渐渐破败下去，此时激进派再上台，裁员招新、重新制定规则……但不是每一个公司都能熬得过去这样的折腾的。

如果你初来乍到，想快速了解这个公司的发展前景，那么就去观察你的上司，以及公司的实际话事人，只要明白了领导大致是个什么思路，那么公司后面会发生什么事情，其实不难猜测。

当你在工作中冒出类似"撞死白撞"这样的极端想法时，或者遇到别人有这样的想法时，按照我说的上述思路去剖析一下公司最近到底发生了什么，会更接近事实的真相。以我的经验而言,当极端的激进和极端的温和出现时,往往是公司出现了严重问题,在一般情况下,一个良性发展的公司基本上是按照外儒内法或者外法内儒的方式运转的,差别不过是谁是显性表露谁是隐性伴随罢了,或者是齐头并进中的某一方占的路更宽一点而已。不幸的是,极端的思想往往更容易煽动人,特别是我们等了三个红灯后在这个绿灯结束前终于可以开过路口时,有个素质低下的人拦在面前闯红灯过马路……此刻,如果"撞死白撞"的念头出现,而你又不去压制这样极端的念头,那么只有一个结果——坠入万劫不复的境地。在职场上,这样的极端情况可能会被掩饰、伪装,让你第一眼看不出来,如果你被煽动了情绪,可能你连怎么出局的都不知道。

有很多事情,短期的方向是不明确的,但长期的方向是明确的,公司的发展不一定有剧本,但是一定会有一个剧情走向的大纲,只要你能识破"撞了白撞"的诱惑伪装,了解了自己的领导,按照这个大纲做准备,在事业上还是比较容易获得一些成绩的。

> 专业无非含了两重意思，一方面是有经验，另一方面是有方法，每碰到一个问题，有现成经验的用现成经验解决，没有现成经验的用方法摸索出一套做法来解决。经验是多年从事同样的工作积累起来的，方法是在多年工作中逐步总结摸索出来的。

决　策

对于一个团队的领导来说，"做决策"几乎是最重要的一件事情，如果决策正确，哪怕领导的个人魅力等其他方面欠缺一点，都不会有很大的问题。决策不是决定，一方面要决，另一方面还要策。几乎每一个重要的决定都需要配套对应的策略，才能使这个决定成功。

我们每天都有很多决定需要做，有些简单，比如饭掉在地上还要不要吃？今天中午吃什么？出门穿哪件衣服？……有些复杂，继续读研还是直接进入职场？到底是先买房还是先买车？今天这桩赔钱生意到底要不要做？……

大部分简单的决定每一个有生活本能的人都会做，但仅仅凭这些简单的决定，我们没办法干成一些像样的事情。越是简单的决定需要配套的策略就越少，而这个决定的效果也就越差，而越复杂的决定需要配套的策略也越复杂，但效果会好很多。举例来说，如今有不少节目是讲设计师帮助一些户型奇葩、结构糟糕的房子进行改造，最后达到了比较惊人的效果，和原来的居住条件天壤之别。虽说装修花了一些钱，但这些钱即使让业主本人来花，估计还是搞不好。每一个人对于自己居住的条件都有直观的感受，当碰到储物空间不够该怎么办？把东西堆起来是一个简单直观的决定，也是大多数人都会采取的简单决定，也不需要配套什么策略，于是可以发现大多数人家里都是杂物随意堆放，到处都是。弄一排储物柜则是一个比较复杂的决定，需要配套的策略也比较多，比如储物柜放哪里？设计成什么样？需要多少预算？用什么材料？如何安装？放什么东西？怎么安排方便收放又不太干扰行动？高低位置如何安排才不至于要攀高伏低？……这里又有很多互相矛盾的需求需要妥协，要方便就要牺牲空间，要空间就要牺牲方便。

这些节目里的设计师，主要起的就是这样的作用，首先要综合考虑各种需求：上下水以及强弱电，足够的储物空间，独立的各种功能区，采光良好……需求确定之后，就需要考虑用怎样的配套策略来完成这些决定，最后让成果比较理想。而这些配套策略的构建，其实就是"专业"。专业无非含了两重意思，一方面是有经验，另一方面是有方法，每碰到一个问题，有现成经验的用现成经验解决，没有现成经验的用方法摸索出一套做法来解决。经验是多年从事同样的工作积累起来的，方法是在多年工作中逐步总结摸索出来的。

我们在日常的工作中有很多的决策要做，简单的决策大家都会做，但领导会碰到的大多是不那么简单的决策，这种事情往往是没有绝对正确的选择的，可能哪个选择都对，也可能哪个选择都不对，关键是决定了以后要配套什么样的策略。然而现实中碰到最多的却是领导不做决定或者做了决定却没有配套的策略。做完一个决定如果没有配套的策略就像我们决定做一个橱柜，但却不安排其他所有的事情，这个橱柜是不会凭空出现的，这样的决定其实不是决定，就像我们每天晚上睡觉之前偶尔发发梦，决定自己明天要如何如何，结果第二天起来还是该干吗干吗，那个梦永远也实现不了。决定本身很重要，但配套策略也很重要，甚至更重要。我们往往会看到世界上很多事情都有两个相反的流派，都可以做到很好，比如甜粽子和咸粽子，难吃只是因为做得不好，只要做得好，无论甜粽子还是咸粽子都很好吃。

决定的困难来自无法选择，当一件事一眼就能看明白如何选择，其实决定并不会困难，困难的是看起来怎么选都对，怎么选也都不对，越是困难的决定，越需要配合复杂的策略。同时做出的决定本身也不能过于偏激，否则即使配合策略也无法达成目标，各种诉求需要相互妥协，在妥协中获得最大公约数。就比如上面说到的关于装修房子的事情，无一不是在舒适、经济、美观、实用、安全等各种诉求中寻找最好的妥协方式，虽然最后每个设计师的选择会有一些不同，但大方向上是一致的，没有人会否认装修后比装修前好得太多了，但装修中选择的方案可能还是会有每个人对于不同诉求的倾向和让步。

职场上，不少行业是有多年累积的，有可考的成例，有专业的做法，有成熟的经验，比如会计、建筑这些行业我们人类做了几百年甚至几千年，所以决策中的策略也比较现成。但是更多人从事的是近些年新兴的行业，比如物流，比如IT，这些事只有几十年甚至十几年的经验，在这些行业里碰到的决策往往没有现成的策略，需要人们根据实际情况来分析归纳总结出策略，而不能按照生活中的经验，凭着生活常识来做决定，按照生活常识做的决定，往往会把工作搞得和堆满杂物的家里一样，这样的工作很难获得成功。

> 在职场中遇到的情绪之苦多半就是一句"意难平"……要想解决这种意难平，最好的办法就是跳出自己的主观感受来看待问题……人们在理智上要的东西和在情绪上要的东西绝大部分时候都不是一回事，甚至会背道而驰。

处理情绪

　　尽管看起来我们在工作中是处理事情，但事实上，大多数时候，我们与其说是在处理事情，还不如说是在处理情绪，与其说是在处理情绪，还不如说是在被情绪处理，任由情绪把我们推到东推到西，这一点在年轻的一代人身上更加明显。有个"世界那么大，我想去看看"的辞职故事，一方面可以解读为有个性，潇洒地去过自己想要的人生；另一方面，大概率是给自己的离职找一个体面的理由，而这种离职，大概率是情绪导致的。旁边喝彩的人当然是看热闹不嫌事大，但这个辞职的人浪费掉的时间和积累不知谁会惋惜，如果这个人还有家要养，不知道家里人的生计是否也能如此潇洒地解决。

　　很多人认为锦衣玉食的家庭养的孩子脾气大，虽然说受过苦的人似乎更加能够处理自己的情绪，但二者并没有必然的联系，受过苦的人只是对于苦难忍耐力强些，不见得更能够处理自己的情绪。是否会处理自己的情绪其实和贫富无关，却和眼界与训练有关。鲁迅的小说《祝福》中有个人物叫祥林嫂，她的确是很不幸的，两任丈夫都早死，第二次的婚姻还是被婆婆强迫的，最大的打击是孩子被狼叼走了。但祥林嫂的悲剧，有一部分是因为她处理不了自己的情绪，她无法从悲痛的情绪里拔出来，只是想要人可怜她同情她跟她一起难过悲伤。丧夫丧子的确是人间悲剧，悲痛欲绝也是人之常情，但问题是她始终抱着这种情绪不肯放手，进而要大家一直都同情自己，在我看来就近似道德绑架了，于是最终她变成了大家都要躲着的人。我一直觉得职场中很多人其实很像祥林嫂，觉得自己经历了不幸，然后任由自己沉浸在负面的情绪里，根本不想好起来，极端的人还会闪出与这个世界一起毁灭算了的念头。大多数人在进入职场之前都没有经历过什么苦难挫折，因此在工作中受挫遭遇坎坷就如丧考妣，除了怨天尤人，不会想到要训练自己面对不幸重新振作的能力，慢慢地，这些不幸就成了不思进取的借口，这样可以活得轻松一点，到处跟人讲自己的不幸，只想获得人家对自己的认同：你看我都这么可怜了，不努力也是情有可原的吧。

世间众生，贫的富的，善的恶的，老的少的，各种各样，都会受到情绪的摆布，看着这些被自身情绪折磨的人，只说得出一句"众生皆苦"，但这苦从何来？又如何解？人生八大苦，生老病死、爱离别、怨憎会、求不得、五阴炽盛，但在职场中遇到的情绪之苦多半就是一句"意难平"。

前阵子有位同事离职了。促使他离职的最大原因是之前一次内部协作当中，他和协作的同事一同犯了错，两人都受到了人事处分，他虽然认同自己有错误，却认为对方的错误更为严重和恶劣，同样的人事处分并不公平，这件事就是他的意难平。我非常理解此种心境，我年轻的时候也曾深陷这样的心境之中难以自拔，就像失恋的时候，觉得除了这份感情这个世界上其他任何东西都是没有意义的。在那种意难平的心境中，别的什么事情都不重要了，唯一重要的是心里这口气要顺下来，此时甚至对方认错认孬都没用，他要的，是有人认可自己的这种意难平。

我觉得这种对于委屈情绪的宣泄是需要的，举例来说，那些得了奥运金牌的运动员大多数都要在领奖台上哭一把，无非是对于当初自己受的那些苦难和委屈的一种宣泄。我也曾经体验过类似的情况，当一个人在跟别人诉说自己所受的不公和委屈的时候，我觉得是能够获得某种生理快感的，这很有可能是某种内分泌物质在起作用。我上大学的时候，有一次班里和外面人打架，吃了点亏，好几个同学就跟生离死别一样，在宿舍里哭哭啼啼了一整天，表示第二天要去跟对方把命拼掉，来生再见了，最后其实也就不了了之，这种受了委屈怨天怨地，甚至想要和世界同归于尽的快感，我称之为毁灭快感。大概也只有这种毁灭快感才能抚慰意难平。但是不能沉溺其中，否则会在一遍遍的诉说中不断强化认知，越来越确信自己是真的受了委屈，越来越坚决，越来越不理智。

人们对于自身所受到的委屈、冤枉是敏感的，敏感到夸大的地步，而对于自己给别人的委屈和冤枉是钝感的，钝感到无视的地步。这种夸大或者无视，都是人的主观感受，很不幸的，我们大多数人，就是凭这种主观感受来评判客观世界并且处理问题的，这就是人性，也是意难平的根本原因。对于同一个客观问题，大家各自凭自己的强烈主观感受来感知并处理，必然很难得到共识，这种无法达成共识的状态，一定还伴随着觉得自己被侮辱、被忽视、受委屈等的负面情绪。一件事我觉得重要你说不重要，这时我不仅会觉得你针对我，甚至觉得你在侮辱我，迫害我，此时我多半想找个人来认同我受委屈、受迫害的感知，一起发发牢骚说说坏话，如果别人不认可我受了委屈，我就会更加意难平，更加觉得这个世界充满了恶意。奇怪的是，这个过程中完全没有提到真相，完全没有提到对错，只提到自己的主观感受，只是要宣泄自己的情绪，只是要找个奶嘴嘬着，才觉得心安。在职场里这样处理问题，很显然不会得到什么有用的结果，毕竟最后是结果决定一切，股东也好，客户也好，老板也好，下属也好，没有人关心你是不是受了委屈，大家关心的是结果。

要想解决这种意难平，最好的办法就是跳出自己的主观感受来看待问题，想象自己元神出窍，跳出来站到第三方的角度不带主观感受地来看这个事情。

这需要先把情绪平静下来，把那该死的毁灭快感放下，深吸两口气，让自己平复心情。平静下来以后按照重要性顺序问自己三个问题：

1. 理智上我究竟要什么？
2. 这件事是不是很重要？
3. 有没有可能我有不知道的信息？

人们在理智上要的东西和在情绪上要的东西绝大部分时候都不是一回事，甚至会背道而驰。我们以路怒症为例，有人开车不讲规矩，插了我的队，我很生气，此时路怒症发作第一反应是要报复回去，但我很快会冷静下来，思考我们开车出来到底是要干什么的，是要早点安全到达目的地不是吗？如果跟对方纠缠，既不能早点也不能安全，而且这种纠缠也可能让双方蒙受较大的经济和人身损失。我想要撞毁对方的车吗？好像也没有，其实就想要对方点个头而已。我所采取的行为和我想要的好像背道而驰了。很多时候我看公司里双方产生矛盾的时候，大家表现得好像是要对方死，或者要对方磕头下跪，或者要对方去坐牢……这个时候冷静问问自己，我真的要他死吗？真的要他下跪吗？真的要他坐牢吗？这对我有什么好处？他死了我能加工资吗？很显然这些都不是自己真正想要的，而是心里的那个情绪魔鬼在毁灭快感之下冲到了这一步。所以很有必要时时问问自己，我理智上到底要什么。

我受的委屈真有那么重要吗？前面我举的例子，大学里打架吃了亏觉得天都塌下来了，觉得明天就要去跟对方同归于尽，但如今这些当事人都活得好好的，估计大多数人也都忘了此事。我常常问自己一个问题："这件事三年以后我还记得吗？"如果答案是否定的，那么说明这个事情不重要，如果事情不重要就不要纠结，人生有那么多事情要做，哪有时间去纠结不重要的事情。有些时候我们会被面子架住，下不来台，导致原本不重要的事情，却没法不搭理，比如忍了胯下之辱的韩信和卖刀的杨志就是截然相反的结局。曾经在综艺节目里听岳云鹏说他年少时做服务员受的屈辱，说到动情处泪洒当场，节目里大家也不尽唏嘘，不过，如果岳云鹏没红呢？你们还唏嘘吗？所以重要的不是那些委屈，是红没红。如果事情没有那么重要，就不要让情绪控制自己做不该做的事情，人生没有那么多公平，这些公平也没那么重要，岳云鹏记到今天说明还是很受伤的，但估计如果不是节目提起，他也不会天天惦记着这事，如果当时被情绪控制做点傻事，也许就没有今天的岳云鹏了。

  人类的一个缺陷就是对于自己能够感知到的信息过于自信，以前我们看不到地球的曲面，就认为地球是平的。人们对于事物的认知，大多就如瞎子摸象一般，自己摸到啥就说是啥。就像电影《罗生门》里所描述的，每个人说的都是"部分"正确的，但每一个人都认为自己说的是"完全"正确的。正因为对于自己正确性的充分自我认定，对于和自己说法不太一致的，就可以推定为坏人、恶人、奸人、小人，这种人居然还没有被大家所抛弃，居然还能在跟自己的冲突中占上风，情绪当然就发酵上头，进一步认定这个社会不公，小人当道，自己怀才不遇（其实大多数的怀才不遇都是这种情况）。碰到事情，一直保持问问自己：我知道的是全部的真相吗？还有没有什么我可能不知道的部分？然后努力去找找这些我忽视掉的，才不容易被情绪忽悠瘸了。

  控制情绪说来容易做来难，大多数人看了一个道理觉得自己懂了然后就会了，其实根本不是那么回事，但凡掌握一件事，都需要不断练习，甚至只要练习中断，掌握程度就会下降，"曲不离口，拳不离手"就是这个道理。这也是为什么有些人看了很多书，但是最终好像除了打发了一些时间，也没有什么大的收获和对生活的改变，其中关键是有没有行动起来，一件事听人家讲觉得有道理和自己掌握完全是两件事。控制情绪这件事，还是需要练习的，刚才所说的三个问题，需要不停尝试，或许还是会经历很多次失败，还是会觉得好像也没什么用，但成功总是这样，你就煎熬着、磨炼着，突然有一天，不知道怎么，就会了。

> 我们常说的坏人，更多时候是"不一样的人"，这其中，最坏的是和我们立场不一样的人，其次是和我们想法不一样的人，然后还有各种其他不一样的人……立场不同以后，原来亲密的人也可以成为坏人。

职场上的"坏人"

说起职场上的鲶鱼效应，大家都很熟悉。这原本是指鲶鱼在搅动小鱼生存环境的同时，也激活了小鱼的求生能力，后来，这个概念被用在了企业管理中，成为激发员工活力的措施。具体是指组织管理部门通过引进优秀人才以激活原有员工的活力，产生一石激起千层浪的激荡效果。比如空降一个部门主管，比如高薪引入一个藤校学霸。其实与鲶鱼效应相比，在职场更常见的，是当问题无法解决陷入僵局时，找到一个"坏人"，然后"消灭"他。一些人将"消灭坏人"当作屡试不爽的解决问题的良方。这种解题思路并不是新鲜事物，古即有之。古人无知，对于重大的自然灾害无能为力，觉得是上苍对人类不满，于是就杀掉一些人来祭祀，看看能否让大自然平息怒火；发展到后来，但凡发生自然灾害就是皇帝失德或者有奸臣为害，说到底都是一种找坏人的解题思路，欧洲人捕杀女巫也是出于同样的考量。不能说这种思路全然是错误的，这种做法从某种意义上是让当权者心存一丝敬畏，他们在处理政务时就不敢恣意妄为，多少会想着点黎民百姓，真出了问题，帝王也会用"罪己诏"的形式来安抚老百姓，甚至可以追溯到禹汤时期。据古籍记载，大禹登上帝位后，有一次无意中看见了犯罪的人，就伤心地哭了起来，左右问其故，禹曰：尧舜之时，民皆用尧舜之心为心，而予为君，百姓各以其心为心，是以痛之。大禹见民心涣散，深感内疚，认为自己没有当好这个帝王，于是自省自责，主动承担失察和保护的责任。商灭夏后，汤也布告天下，安抚民心，此布告史称《汤诰》。在《汤诰》中，汤也检讨了自己的过错。这样的找坏人其实更像自省，但发展到后来，找坏人更像是找背锅侠……

是不是真的有坏人？极端意义上坏到骨子里的人其实不能称之为坏人，应该称其为变态，这些人即使没有利益驱动也会作恶，直接就是反社会人格，但实际上这样的变态在这世界上极少。我们常说的坏人，更多时候是"不一样的人"，这其中，最坏的是和我们立场不一样的人，其次是和我们想法不一样的人，然后还有各种其他不一样的人。我有一位同事，他在先前的职位上采取了将二级经销商从一级经销商那里独立出来的办法达到了弱化一级经销商的目的，但他离职后自己变成了一级经销商，他的老同事也采取了同样的办法来对待他，此时，那位老同事成了他眼中的坏人，既然打上了坏人的标签，在他眼中这个老同事干啥都是在针对他。这是现实版的智子疑邻，立场不同以后，原来亲密的人也可能成了坏人。

关键的问题是消灭这些坏人能解决问题吗？换一个人来就会更好吗？显然不可能，甚至情况还会更糟，如果你不能厘清这个"坏人"产生的原因以及其背后牵扯的利益关系的话。举例来说，赶公交车时，没来得及上车的人希望车子不要走，最好能晚点启动，可一旦上车以后，这个人就会希望车子赶紧开，不要再等了。

可是，就有把抓坏人当主业，把煽动对立当主业的人，原因很简单，因为这样做轻松呀，具体解决问题是多么困难，而把别人指责为坏人则轻松多了。

加上人们天生的八卦体质，说一个人坏得头顶长疮脚底流脓可比说一个人扶老太太过马路要有话题性多了，人们也更爱听，说这话的人也更容易引起关注。造谣动动嘴辟谣跑断腿，把人抹黑成坏人没有啥成本，这种既没有成本，又有话题性，还能获得群众关注的办法，不香吗？这么做唯一的缺点是就算消灭了那个坏人，还是没有能够解决问题，但那又有什么关系？再找一个坏人就是了，只要随时主导话题的焦点，我就能吃香喝辣，谁管问题能不能解决。

在职场里，也多有这样找坏人的思路和把找坏人当主业的人，你身边就有。这些人显然忘了，评价人不是我们的工作，一个人是好是坏并不应该由我们来评价。我们如果想要在职场解决问题获得成绩，更应该探究那些造成问题的具体原因，顺藤摸瓜寻到解决的途径，就像物理实验一样，如果我要让一个小球滚上坡，究竟要怎么办？小球不滚上坡是因为没有足够的速度或者没有一个足够的力在作用，并不是有坏人在捣乱，也不是小球素质太差。绝大多数人做事情都是利益驱使的，如果没有利益驱使，哪怕是做坏事，人们大多也不愿意白干。如果你觉得有人一直跟你作对，只可能有两种情况：一，完全是你的幻觉，被迫害妄想；二，你和对方的利益冲突了。如果没有利益冲突，没有人会"一直"跟你作对，因为不划算。没有利益的情况下，那种"你瞅啥，瞅你咋地"式的激情作对有可能发生，但一直作对绝不可能发生。所以不要轻易就把原因归结到有坏人，也不要轻易把原因归结为这个人不行。一个岗位职责的设定如果必须天才或者特别优秀的人才能做好，说明这个设定有问题，一定是这个岗位的工作内容没有细分，只有把一个工作细分到一个普通人也能完成，才是正确的岗位职责设定，而一个复杂的工作就是多个这样简单的岗位组合来解决的，所谓的人不行很可能就是这种设定的问题。对于负责人来说更是如此，一个项目的负责人就是领头羊，领头羊的方向错了，大家都跟着错。而负责人更容易被人怂恿着找坏人，因为他们掌握着权利，那些怂恿领导找坏人的人，大多是有自身的利益诉求，他们并不是来解决问题的，他们是来给自己争取利益的，不要被他们当枪使了。当有人总是跟你说别人的坏话，这个时候就要小心了，这人大概率不是什么好人，问问自己，自己有什么又被人惦记上了。

回到本文开头说到的鲶鱼效应，据说这个效应的始作俑者是挪威人。他们喜欢吃沙丁鱼，尤其是活鱼，因此市场上活鱼的价格要比死鱼高许多，渔民也总是千方百计想办法带活沙丁鱼回港。虽经种种努力，可大部分沙丁鱼还是会在中途窒息而死。后来，有人在装沙丁鱼的鱼槽里放进了一条以沙丁鱼为主要食物的鲶鱼。沙丁鱼见了鲶鱼四处躲避，这样一来缺氧的问题得到解决，大多数沙丁鱼活蹦乱跳地回到了渔港。但是实际上，活鱼在狭小空间内的剧烈活动会极大消耗水中的含氧量，没有氧气，沙丁鱼很快就会一命呜呼。相反，它们静静待着也能活很长时间，实在是不需要鲶鱼来横插一脚。之所以会有这样的一个故事，大概率是因为在讲述管理学的原理时，有个生动的例子会让人印象深刻。这和我们需要在职场上需要树立一个"坏人"有着异曲同工的作用。

更有趣的是，绝大部分讲述者都会把"鲶鱼效应"的故事背景放在挪威，但是北大西洋没有鲶鱼（咸水鲶鱼也没有），而挪威人也从来没有听过这个故事。如此有鼻子有眼的描述，是不是也像极了职场上对坏人的设置，时间、地点、事件一应俱全，所以就是如此，至于这个时间、地点、事件是否经得起推敲，有关系吗？有人关心吗？当然，真相终究会浮出水面，所以才会有此时我在这里和大家分享这个故事。

不能听信那些成功学书籍里举的例子,那些人只是找好了观点以后从素材里挑选对观点有帮助的内容,而却忽视了大量失败的案例。很多失败者肯定不是傻子,你都能明白的道理他们肯定也能明白,他们未必是没有看过那些成功案例,很有可能就是败在相信了那些粗糙分析出来的成功关键点上。

幸存者偏差

有这样一个故事,二战的时候,盟军希望能够提升战斗机的存活率,于是空军的专家就做了研究,发现很多战斗机飞回来的时候某些地方被敌军的炮火击中,打得千疮百孔,很惨的样子,下意识地,他们就在那几块普遍千疮百孔的地方做了加固。但是加固以后发现飞机的存活率并没有提升,后来才琢磨出一个道理:这些飞机被打得千疮百孔还能飞回来,说明被打的地方不重要,所以才能安全返航,而被击中这些重要地方的飞机就回不来了,所以需要加固的不是返航的飞机那些被击中的地方,而是那些没有被击中的地方。改变思路后,果然提升了生存率。这个故事讲的就是幸存者偏差。

产生这种偏差或者谬误的原因是,我们在根据统计性的经验做判断的时候,总是只看幸存的样本,没看那些湮没了的样本。上述这个例子就是只看返回的飞机,没看被击落的飞机就进行了统计,这样得到的结论显然是谬误。而我们普通人往往都是根据经验和感觉来做判断的。举例来说，我们常常犯"老婆都是别人的好"的错误，先不说引人遐想的部分，很多人会觉得别人的老婆贤惠，顾家，会打扮，会说话……但这是由于印象样本并没有收集全，你看到别人老婆的时候，都是她出门在外打扮得漂漂亮亮的时候，在家素颜抠脚的时候你是看不见的；你看到她能说会道，温和恬静，她在家破口大骂或者作天作地的场景你是看不到的；你看到她顾家贤惠，她在家跟婆婆吵架的场面你也是看不到的。而自己老婆则是把所有的面都给你看到了，素颜，坏脾气，不能体谅婆家……两相对比，自然觉得"老婆都是别人的好"，可一旦野花变成了家花，就会发现自己原来看走眼了，很多社会新闻都是这么个套路。很多人在找工作的时候也是如此，自己现在所从事的这份工作，因为好的不好的都看到了，因而心生不满；却对一个不了解的公司充满了憧憬，因为你对这个公司最多的了解也只是网站上的粗略介绍。事实上，这个公司内部大概率也是一地鸡毛，办公室里一样拉帮结派，一样有喜欢欺负下属的领导，裙带关系也是必不可少，可能一切并不会比自己现在就职的公司好。不管要不要采摘野花，总该先对野花有个正确清晰的认识，而不是付出代价后才发现自己看走了眼。

这种偏差常常让我们相信很多错误的结论。比如以前有个说法，适量饮用红酒对身体好，但我们知道，研究发现，酒精对人体没有任何好处。这种结论，一是其背后的商业利益在推动，二是在商业利益的推动下，研究人员只要偏差选择一下就可以得出结论了，比如找出一些长寿且有饮用红酒习惯的人，拿他们做一组统计数据出来就能得出红酒有利于健康的结论了。这样的操作手段也是资本运作的惯用手法。那么请问，现在市面上跟你说的，这个好那个好，有多少是真实的呢？有些结论即使有研究支持，但当它是被商业利益支持的时候，这样的研究还有多少客观性呢？真的要有这种好得不行的机会，他为啥要给大家都知道，如果吃某个东西真的能长寿，他一定奇货可居，秘方锁起来卖天价。如果那些脱发药水真的能长头发，那些秃顶权贵和明星一定第一个尝试。同样的那些股评人，真的能预测股市的话，他还会跟大家分享？一定是去借钱炒股自己闷声发大财。上述这些例子，都是有人拿了一些对结论有利的数据，掩藏了一些对结论不利的数据，而得到一些看起来有道理的结论，以此来忽悠人。

我们还会碰到很多不靠谱的成功学分析，比如分析马云为什么能成功，项羽为什么能破釜沉舟，火烧赤壁为什么能成功等，这些分析大部分都犯了幸存者偏差的错误。就拿破釜沉舟来说，历史上这么干成功的，史料里也只有项羽和韩信两个例子，其他学这招的全部完蛋，当时项羽、韩信到底面临的是什么局面史料里并没有过多的文字介绍，只说"项羽乃悉引兵渡河，皆沉船，破釜甑，烧庐舍，持三日粮，以示士卒必死，无一还心"，到底士气如何，敌人情况如何，地形如何，天气如何，都没说。仅凭这一句话就从这个案例里去学习把士卒逼到绝路上的办法，无疑是相当粗糙的。即使对于一个事情的记载是完整的，也很难总结出来究竟哪一个因素才是关键制胜因素，所以不能听信那些成功学书籍里举的例子，那些人只是找好观点以后从素材里挑选对观点有帮助的内容，而却忽视了大量失败的案例。很多失败者肯定不是傻子，你都能明白的道理他们肯定也能明白，他们未必是没有看那些成功案例，很有可能就是败在相信了那些粗糙分析出来的成功关键点上。成功学的核心是说可以帮你速成，找到前人案例里面所谓的速成点，然后告诉你按他说的那套来做就能速成。不能说所有速成的办法都是骗人的，但的确大多数成功学都是通过一些粗制滥造的速成办法来忽悠人的，即使有真正速成的办法，一定是经过认真研究分析，然后不断试错，才总结出来的。任何粗糙便宜的结论都是不可靠的。同时要明白，特例是不能拿来简单复制的，有些特例是运气，有些特例是多年的辛苦训练，比如林丹可以把羽毛球打进球网对面的羽毛球桶里，这是多年的艰苦训练得到的结果，全世界能做到的人没多少，除非自己也付出二十年艰苦训练，否则根本没办法做到。我们不能把别人的成功轻易总结出速成的窍门，企图以这个窍门来获得同样的成功。

还有一种情况，我们常常拿一些名人的故事来得到一些结论，比如李白的铁杵磨成针的故事。这个故事的寓意本来是好的，但是这个故事一看就是瞎编的，史料上根本没有类似的记载，从逻辑上也讲不通，一个铁杵多少钱，一根针多少钱？普通人算不过来这个账吗？就算脑子真不好使转不过来这个弯，能有资金实力拿铁杵来磨针的，还用得着自己来干？李白为啥要跟一个脑子不好使的人学习人生道理？这样的故事虽然寓意是好的，但除了给小孩子讲讲故事以外，普通人是没法以此作为自己人生实践指引的，同样的，普通人也无法做到愚公移山的事情。这就让普通人很凌乱，要么就是高高在上的愚公移山，要么就是过于市侩的蝇营狗苟，就不能有一点普通人可以操作的指南吗？很多普通人容易走极端，就像电影《功夫》里的星爷，小的时候也是想学会绝世武功拯救世界的，但现实是残酷的，被生活毒打数顿后，万念俱灰走向另一个极端，变成个小混混。事实上，更值得去讲述和学习的是普通人的成功，而不是拿这种幸存者偏差下的极端例子来教小孩子。

我们在工作中免不了会思考分析工作当中的得与失，以及思考别人的成功和失败的例子，但是这样的分析和思考，要避免幸存者误差，要多看一些案例，不能用一个孤证加上简单分析就得到粗糙的结论，更不能拿着个粗糙的结论就冲出去照做。一个做法，既要看成功的例子，也要看失败的例子，大胆假设，小心实践。问问自己，真的是这样吗？是不是还有我没有考虑到的情况呢？

如果可以把人的辛苦程度在全世界排一下位，大多数认为自己比较辛苦的人，估计都属于不太苦的范畴。在我们身处的这个环境里，个体的苦难常常源于自身的认知和现实存在差距，所谓求不得、爱离别、意难平都是自身觉得自己应该得到的，结果却没有得到，这才有了想象中的苦难。

对待委屈

姜文的电影《让子弹飞》里面有个小六吃凉粉的桥段。小六吃了一碗凉粉，被诬陷为吃了两碗，辩驳无用又被胡万用话僵住，激愤之下，小六拿刀切腹，剖出吃下的凉粉，以自证清白，结果旁边那些刚刚还在貌似为了正义而呐喊的群众一哄而散。原来这只是一帮吃瓜群众，谁正义谁不正义，他们并不关心，只要有热闹看就好。胡万最后对小六说："我知道你只吃了一碗粉，你上当了。"这应该是一则寓言，姜文应该是想借此批评鹅城群众的吃瓜行为。

而我更关心受了委屈的小六，这样的情况在我们的生活中并不新鲜，生活中我们难免要受委屈，我们该像小六这样自证清白吗？问题是证明给谁看呢？他自己知道自己是清白的，卖凉粉的知道他是清白的，胡万知道他是清白的，其他人根本不在乎他清白不清白。这孩子，显然是用力过猛了。很多人受不了委屈，尤其是被当成祖宗一样养大的一代年轻人，受了委屈就仿佛天塌了，什么事情都不重要了，所有的注意力都集中到这个委屈中来，不把这口气给出了，今天就得嘎嘣死这里。曾经看到过一个视频：一辆车开到路口正好和王思聪的车并排等红灯，这个车主对着王思聪就一顿视频猛拍，嘴里还脏话不断，还讲了些类似"给大爷笑一个"的挑衅之语，但王思聪只是看了看他，一言不发，绿灯亮起开车走人，看起来王校长修炼得比小六要好不少。

在中国人的历史里，能够受得了委屈是一项优秀品德，比如卧薪尝胆、胯下之辱、唾面自干这些讲的都是能受得了委屈，没人笑话这种忍耐。只是现如今，每个人都要"张扬自我的个性""追求个性的解放"……所以精致的利己主义者越来越多，所以总是能看到花钱要求别人把自己当上帝服侍的巨婴……这些人追求的个性和自由，其实是全世界围着自己转的自由，只要自己的需求被满足了，旁人的自由是不重要的。如果自己的诉求被忽视，那就是受了天大的委屈。这种"委屈"，只是巨婴们的无病呻吟，巨婴们觉得全宇宙都欠他一个幸福，只要自己不满意了，就是别人的错，就是没有被公平对待，就要作天作地，我闹我有理。

可是，这世上只有绝对的不公平和相对的公平，每个人投胎的基本条件就不同，性别，地域，种族，家世，天赋……都不相同，如何要求绝对的公平？要求绝对的公平本来就是个伪命题。人能够决定的，其实只是在目前的环境中能否给自己争取最大化的公平，比如通过高考改变命运，尽管高考制度不可能做到尽善尽美，但这是目前能够想出来并且能够操作的最公平的办法了。人要学会跟这个世界相处，年轻的时候，心高气盛，觉得自己可以改变世界，被社会毒打后痛并坚强，这是大多数人都必然经历的人生过程。被社会毒打后要依然保持热情，但更要学会和这个世界的相处之道，知道各种选择的代价，并且从中找到对自己最有利的选择。不公平总是会存在的，就像死亡一样，永远摆脱不了。既然如此，抱怨、愤恨、诅咒、仇视又有什么用呢？

几乎所有人都爱跟人比惨，别人说一句，今天加班累死了，立刻就会有人说加了一个月班的飘过……每个人都觉得自己是最辛苦的那个人，其实差远了，但是绝大多数人绝不接受自己其实不算太苦这个事实，最后只能整出"成年人的世界没有容易二字"这种和稀泥的心理安慰。如果可以把人的辛苦程度在全世界排一下位，大多数认为自己比较辛苦的人，估计都属于不太苦的范畴。在我们身处的这个环境里，个体的苦难常常源于自身的认知和现实存在差距，所谓求不得、爱离别、意难平都是自身觉得自己应该得到的，结果却没有得到，这才有了想象中的苦难。这也的确让人感受到苦，但这并不是客观意义上的苦难，这是我们人为创造出来的苦难。就像失恋，并非有了什么具体的损失，只是觉得自己应该得到的没有得到而已，或者只是觉得自己被否定了，没面子。总之，我们并没有我们自己觉得的那么委屈。还有一些委屈是说不清楚的。前两天看到一个热烈讨论的帖子，有个公司的 HR 觉得很委屈，因为她收到了公司要工资打折的邮件，给出的理由是企业面临巨大危机，希望员工能够共渡难关，该 HR 表示她深谙打这种官司的门道，绝不接受，一定会和公司搞到底。评论区两极分化，一方表示这人一点同理心都没有，公司都要活不下去了，她却只想着自己的利益，哪怕公司要倒闭、其他同事要失业都跟她无关；另一方表示，本来就跟她无关，你敢出来开公司，就应该做好这种思想准备，身在职场本来就是用工作换取报酬，薪酬是组成雇佣契约的重要部分，所以你要我干这么多活，就该给我这么多钱，至于说什么目光长远，我统统不信。这种委屈，到底是不是委屈，不好说，大家看法不同，有些人觉得是，有些人觉得不是。

但以上说的这些情况，不在我们所说的化解委屈的范畴里，否则花了半天力气来处理并不是委屈的委屈，纯属浪费感情，既得不到同情也拿不到任何实际好处，纯属跟自己较劲。当然也有一些是真正的不公与委屈。人世间总是有不公的，在面对这种情况的时候，我们应该怎么办呢？绝大多数人希望的是基督山伯爵式的快意复仇，但那只是小说，属于作者给主角开了挂，如果可以开挂，我当然也想开挂，但如果不能开挂，我们该怎么办呢？

不妨问自己两个问题：1. 我能做什么？2. 我能得到什么好处？面对一个

委屈，我能做的如果都已经做了，那么也就没啥可以纠结的了。我们举个例子，如果你家邻居把他的鞋柜放到你们家门口了，你怎么处理？你敲敲门跟对方说一下，60%的情况下，就算对方嘟嘟囔囔，也大概率会调整鞋柜位置，这个时候需要做的只是正常沟通，最多忍受两句不好听的话。30%的可能，需要费一番工夫，要来回拉扯一番，这个时候你可能需要找找物业，甚至居委会，来回沟通协调，耽误工作休息。9.9%的可能，对方非要见到公检法铁拳的力量才肯让步，你可能还需要找公安、律师、法院、媒体，反复拉扯，耗费时间打官司。0.1%的可能这人就是神经病，天天堵你家门口，反过来威胁你，跟踪你家人，到你单位闹。到了这个时候，你还能做什么？只能搬家了。能做的都做了，难道还为了个鞋柜跟他拼命不成？我们还有什么可纠结的？如果能做的都做了，不幸还是要发生，那就是命运，也只好坦然接受了。

人在受了委屈的时候，容易上头，一上头就容易失去理智，而在这种情况下能够不冲动的能力，就是定力。定力也是修炼出来的，碰到事情多问问自己，我能有什么好处？有些时候，感到了委屈，我们是可以做点事情，甚至做很激烈的事情的，比如《让子弹飞》里的小六，但是小六这么做，有什么好处呢？他可能觉得会还他清白。但问题是，谁都不在乎他的清白，你以为你证明了自己的清白，他们就会认可你的清白了？你以为你证明了清白他们就会为自己说过的错话道歉？不会的，小六没剖肚子的时候，他们义愤填膺，当剖了肚子，他们看到了一碗粉，然后就散了，顾左右而言他了。因此，当我在网上看到关于我们公司的负面评价，我选择一言不发，我知道，即使我剖开肚子证明只有一碗粉，他们也并不关心，他们只是要骂人，要发泄不满，并不关心被骂的人是否冤枉，也不关心自己是否真的正义，甚至也不会真的关心在乎受害者，只要有人骂就好。所以，我想了想，我做点什么的话，有没有好处？后来发现并没有什么好处，于是我选择了什么也不做。我忍了。

我们想象一个场景，如果把一只老鼠放在迷宫里，在迷宫出口放一块奶酪，老鼠是否能够自己走出迷宫得到奶酪呢？我估计只要不是迷宫太简单，老鼠很大可能是无论如何努力都拿不到奶酪的……那怎么办呢？如果我们先帮助老鼠把走出迷宫的线路找好，然后把奶酪掰碎，一点点洒在出来的路上，老鼠就大概率能够走出来了。要记得，我们的目标是老鼠出来，不是让老鼠自己动脑筋出来。

激励机制与打怪模式

我认为对于组织和个人的效率而言，影响其高下的就是激励机制问题。人们加入一个组织，总归有其动机和目的，组织吸收人，也有其目标和规划，双方能否达成自己的目的，激励机制其实就是在做利益分配，合理的利益分配，可以让组织和组织里的人双赢，组织就会有效率。

激励机制问题也是一个非常难处置的问题。举个例子，唐朝的节度使制度，所有的节度使加起来也就是 50 多万人马，就这 50 多万人马，让外族只有挨打的份，只有吐蕃在唐朝最虚弱的时候能占点便宜。宋朝有上百万兵力，但在对契丹、西夏、女真、蒙古的战争中，输多胜少，不提宋朝时的人口、科技、财政情况已经比唐朝时进步不少，更不提唐朝疆域远大于宋朝，需要防守的战线也远超宋朝。原因无他，节度使的兵是为自己打仗，宋朝的兵不仅不是为自己打仗，有的时候还要为领导免费干活当长工。再举个例子，刘邦、朱元璋打天下的时候，封了好多王，天下打下来以后，杀了好多王。为什么呢？打天下的时候，需要大家为你卖命，打工可以让人把命卖给你吗？要让人把脑袋赌上去，不封王怎么办？封了王，你打下来就是你自己的，你的地盘你说了算，大家当然玩命。坐天下的时候，这些王不好办了，倒不见得是刘邦、朱元璋不念旧情，而是坐天下的时候，国家的政策要通畅实施，而这些王控制着自己的地盘，自己的地方自己做主，各自有各自的算盘，不愿意配合国家，他们也不觉得自己有对不起国家的地方，这个国家都是自己脑袋别在腰带上打下来的，不配合你的政策怎么了。这个时候封王越多政策越难实施，就需要中央集权，才好集中力量办大事。面对不听话的异姓王怎么办？说不通只好杀了。这就像公司创业的时候给股权就像给白菜，等公司创业成功了，再加入就只能打工了，给了股权的老人，如果常常倚老卖老不肯跟上公司的发展，最终难免被请走。

激励机制的难点在于，如何平衡得失利弊。如果你采用了唐朝的节度使制度，好处是节度使的兵为了自己战斗，战斗力超群，对外作战厉害；弊端是给了节度使极大的权限，导致军阀割据，对国家没有忠诚度，节度使本人和治下的军民都不认中央政府，内部发生矛盾往往就会导致内战爆发，对外战斗厉害，对内战斗也厉害，国家因战乱一下子从巅峰陷入颓势，比如安史之乱。如果采取宋朝的方法，好处是各地的将官都没啥权力，甚至官至枢密副使（国防部副部长）的狄青都要被韩琦羞辱说"东华门外唱名方为好男儿"，高级将领在军事力量上没有话语权，社会就会相对太平稳定，这对于国家政治经济的发展是有很大好处的，所以宋朝在经济上也取得了巨大的成就；坏处是，军队因此孱弱，当兵的抬不起头，武将没有地位，连打仗都要听监军太监的，打赢了也没啥好处，打输了也容易和稀泥，只要上面有人就行。打仗要付的代价是很大的，国家无法提供强力保障，当兵的怎么肯拼命，这就是宋朝军队一触即溃的主要原因。同时激励机制越是纯粹，效果越好，但副作用也越大，激励机制不纯粹则效果差些，但副作用小。商鞅变法，改的就是激励机制，改得非常纯粹，效果也非常明显，但是，也埋下了对老百姓残酷严苛的隐患，内部稳定有很大问题，即使秦国人民也是花了很多年的时间去适应，而刚被征服的六国人民当然受不了秦国标准严苛的政令，所以秦王朝就二世而亡了。

总的来说，当需要人们发挥创造力，敢于拼搏，勇于承担，坚忍不拔的时候，就需要给设计更积极的激励机制，而当一切只需要按部就班，做一天和尚撞一天钟的时候，就不太需要积极的激励机制，一个组织的领导在制定激励机制的时候，就需要考虑组织目前的主要任务、主要矛盾是什么，并且随着主要任务和矛盾的变化，及时调整激励机制。

我也看到了不少领导做了比较积极的激励机制，但是组织成员却没有什么反应，比如我这里有一个销售部门的奖励方案，如果能结单一个较大的客户，最高每单可以奖励 100 万元，看起来奖励是不少，但是好像员工也只是看看而已，极少有没日没夜琢磨怎么赚这 100 万的。原因有二，第一是不相信，就跟商鞅说把木头从南门搬到北门就可以拿十金一样，没人相信，大家都是观望。虽说每个人都是独立个体，能够根据自己的独立意志来做出对自己有利的判断，但事实上，大部分人却是情绪型的，并不擅长独立判断，而是选择从众，不愿意当出头鸟，对于新事物无论好坏，背后先要吐槽几句。所以商鞅一直把赏金提高到了百金才有人去尝试。第二，我们想象一个场景，如果把一只老鼠放在迷宫里，在迷宫出口放一块奶酪，老鼠是否能够自己走出迷宫得到奶酪呢？我估计只要不是迷宫太简单，老鼠很大可能是无论如何努力都拿不到奶酪的。这就和我们前面说的情况很相似，这个要干的活太过复杂了，虽然有 100 万的诱惑，但是大部分人一看这么复杂还是放弃了。重赏之下也只会出现个别勇夫，大部分人看到重赏也没办法。那怎么办呢？如果我们先帮助老鼠把走出迷宫的线路找好，然后把奶酪掰碎，沿路一点点洒在出来的路上，老鼠就大概率能够出来了。要记得，我们的目标是老鼠出来，不是让老鼠自己动脑筋出来。

所以当碰上复杂目标的时候，可能要进行分段的激励机制。这一点，电子游戏就做得特别好，游戏公司为了让人持续玩下去，所采取的就是这种分段的激励机制，甚至是按件计酬的激励机制。游戏里打怪，每打死一个，就会长经验，爆装备，爆金币，就能切切实实地感受到自己的进步，也知道自己距离目标还差多少。这种对于过程的确定感，显然是游戏的魅力所在。假设游戏设计变成不告诉你打死怪物以后到底得了多少经验，爆出来的装备也不告诉你有什么样的属性和参数，涨是涨了，涨多少都要自己摸索，有时猜对有时猜错，就像真实世界里一样，这样的游戏就会大量流失玩家了。现在的网约车、外卖等都采取这种激励模式，每一单完成马上让人看到赚了多少钱，而不是到了月底才集中奖励，在这样的机制之下，到处都可以看到小跑着工作的外卖小哥。

激励机制说白了就是"奖和惩"，奖惩是非常重要的事情，但大多数干部都没有用好这个工具。简单来说，奖惩就是组织里用于说明"什么是对，什么是错"的工具，是个非常重要的管理手段，但是这个重要的管理手段却往往被滥用。干部主要会犯四种错，第一种，当滥好人，不辨是非只求和稀泥，到底手下的人做得好不好，不说清楚，只求不吵不闹，人好不好不应该去说，但是工作做得好不好却是必须说清楚的。在这种人手下，做得好和做得不好没太大差别，最后就是大锅饭。第二种，公器私用，把权力当个人私产，像管奴婢一样管理员工。可能会为了别人说的两句好话就给人不应得的恩惠，拿着鸡毛当令箭在职场搞顺我者昌逆我者亡，过当官的瘾，最喜欢饭桌上手下敬酒拍马，此时似乎到了人生巅峰。这种人往往最可悲，今天是领导的时候人家哄着你，明天不是领导了背后人人唾骂。第三种，不分青红皂白地护短，自己的手下都是好的，别人的手下都是坏的，只选立场不选真理，凡是自己的都要积极保护吹捧，凡是别人的都要积极打击贬低，这种领导往往就是内斗行家，把工作当成了宫斗，不能贡献新的价值，只是钻营在原有价值体系里的蛀虫。第四种，不能及时反馈，很多领导平时对员工的工作没有反应，既不批评也不表扬，所有的不满都不当面传递，却会在背后说一大堆不是，突然有一天就表示这个人不行要开掉。很多劳动纠纷就是这样产生的，因为领导并没有反馈过，所以员工没有听到过领导对自己工作的意见，还以为自己做得不错，虽然背后听到过类似这个领导不喜欢你之类的话，还以为是谣言，也就没有放在心上，突然听说要被辞退，必然觉得这是领导整他，当然会引起劳动纠纷。这种干部就是懒政甩锅的典型，而且出了问题上级问起来就喜欢往下甩锅（切记不要在领导面前说手下无能，这实际只能表明自己无能），这种领导往往都不主动找自己的员工，都是等员工来找自己。

在一个组织里明确"什么是对，什么是错"，这是非常重要的，对错的标准体现的是企业的价值观，企业的价值观是通过激励机制实现的。如果一个组织里干部体系不能说清楚什么是对，什么是错，并且将其落实，那么自然有旁的声音来争夺话语权，其中传播最广最能挑动人心的就是负面的声音。这些声音因为更有话题性也更符合人性的阴暗面，因此更容易打动人，搭一座楼千辛万苦，拆一座楼只要一瞬间，一个组织的价值观建立起来非常非常困难，但是摧毁起来非常容易。在企业里，每一个干部都要对自己的团队负责，明确告诉团队成员什么是对什么是错，如果其不能、不敢或者懒得讲就不是一个好的干部。

很多人更愿意强调客观困难，但可以看到的是，所有了不起的事情，都是人在困难下想办法做出来的，别人能够做，我们也能做。关键问题是有多少人愿意努力去做，而要人努力做最有效的办法就是好的、与时俱进的激励机制。

> 能够做成事情的人，开始了一件事，就会持续琢磨，改善自己的方法，纠正自己错误的认知，培养习惯，学习知识，累积经验，在一个事情上反复使劲改善，这样的力气花下去，批量而有效，事情总是能做好的。

执行力

　　这个话题并不好写，因为说起来较为枯燥，我们先给执行力做一个定义，我认为执行力就是把一个复杂的事情做成的能力。何谓复杂，需要用到一个团队来解决的问题叫作复杂的事情。一个个人能够完成的事情，哪怕需要很高的技巧，这都不能叫复杂，这只能叫难，这种难可以通过个人不断练习提升技巧来做到，俗称熟能生巧，只要找个高手来就能做到，比如弹奏一曲《野蜂飞舞》，这并不能叫作执行力。而一个团队来解决的事情，就牵涉到组织、调度、协调、人员之间的磨合协作，外部资源的获得，各个环节的把控，天时地利人和等，这事靠一个高手完成不了，比如请梅西加入，中国男足国家队大概率也进不了世界杯。

　　然而现实工作中，人们往往会陷入"权力崇拜"的怪圈，觉得权力可以解决一切，因此少了对于付出代价的计算，似乎权力加持之下，代价就可以不计。工作中，很多人会拿着领导交代的事情说，这个是任务，必须做成，不要考虑代价。这样蛮干最后办出来的事情，很多领导大抵是只好捏着鼻子把苦果给咽了。多数领导大概会觉得这样的人"听话"，部分领导知道这样的人不堪大用，不能委以重任，极少的领导会心生警惕，不动声色地把这样的人从自己身边清开。把领导当幌子说事的人，一方面是对权力有谄媚之心，另一方面是未尽自己所掌握权力对等的义务。一个人在握有权力的同时也必然对等需要尽其相应的义务，比如一个将军管理一个城池，在掌握生杀大权的同时，守土有责，有保护当地人民不受欺负的义务。但职场中多的是权力用起来很利落，但对于义务却不履行的人。这对于领导是一个非常大的考验，很多领导喜欢这种只要领导说的话我就不加分析蛮干的"忠诚"，认为这才是执行力，但这恰恰是这些领导没有履行自己义务的表现。那些放任下属蛮干的领导，是在过度强调自己的意志或者自己面临的压力，而忽略了承受代价的员工的感受和境遇，必然导致其权力的消失。

很多人对于可操作性没有概念，关于公司的发展，很多领导喜欢讲大方向，至于这个方向怎么落地，他认为容易得很，只要找两个助理来做就可以弄好了。实际上，实操虽然不一定是最难的部分，但一定是最烦的部分，需要花费大量时间去摸索尝试，才能总结出一点点经验，绝不是像领导想象的那样，只要找个灵活一点的助理来就可以操作（当然也的确有不少助理秘书因为得到了太多这样的机会训练，导致其执行能力变强）。讲方向甚至和决策也不是一回事，很多时候决策也很重要，尤其是在生死攸关的关头，一个正确的决策会起到力挽狂澜的作用，决策是具体的、可操作的，不是虚的、模棱两可的。

实操中还要有审时度势的能力，如果在过程中发现事情可能没到能做好的时候，不管是因为条件不具备，还是准备不充分，在可做可不做的选择中，还是应该选择先等等，不妨等到条件成熟了再做。但有些人比较主观，自己决定的事情就一定要按自己的意思干，完全忽视那些自己不想看的，不考虑条件是否成熟，只想挥洒自己的主观能动性，这种人往往有过自己觉得还不错的职业经历，非常自信且主观。当一个有能力的人在错误的道路上飞奔，破坏力更大。

练习把一个事情做成是一项非常重要的锻炼，而且这个是有规律的。我常常看一类把旧物件翻新的视频，你会注意到，除锈和各种氧化层乃至包浆是翻新工作中常常遇到的一类问题，但经过反复摸索，可行的办法前人已经摸索得差不多了，无非是用砂轮或者钢丝轮物理除锈，用除锈剂化学除锈，用喷砂激光等方法除锈。在这个领域里不停试错，很快就能够成为这个领域的实操专家，未来再碰到相似的任务，也能根据过去的经验，大致处理得不错。从一个想法到熟练的处理能力，需要很多很多的练习和经验总结，否则就会是大量的错误伴随着事情推进而产生，有时甚至错误多到已经超过了做这件事情本身的价值。

了解事物之间的钩稽关系是执行力非常重要的一环。钩稽这个词，应该是来自会计学，所谓钩稽关系，即我这边的一个行动，必然导致另一个地方的变化，注意是必然，如果不必然，就没有钩稽关系。这种关系还出现在比如机关设计上，有些人会设计非常巧妙的机关，让一个小球通过精心设计的轨道，通过杠杆、滑轮、轨道等原理走出一些不可思议的路线，这种机关也是必然会产生联动反应的，凡是不会必然反应的，一定会导致小球在某处被卡住或者失去动力。实操当中，我们所做的事情和我们想要达到的效果有钩稽关系则是有效的行为，反之则是无效的行为。比如，我们要求员工有服务精神，除了开会讲，还请讲师来培训，但这些动作和员工最后真的有服务意识并没有钩稽关系，也就是说，我们可能天天讲，但员工可能当作耳旁风，开会、培训等都只能当作一种补充，并不是可靠的有效动作。而网络外卖平台的做法则是让客户打分，如果客户投诉，则扣钱，这么做，必然性大大提升，几乎可以看作是有钩稽关系的做法了，所以外卖平台的人敢当面对消费者态度恶劣的不多。很多人讲大方向很有一套，但是，问到具体怎么操作，却总是提出一些没有钩稽关系的操作方法，这个时候你就应该知道，这人不是个会实操的人。

执行力中还有一个重点是解决问题的能力，所谓解决问题的能力，就是当执行的结果没有达到预期的效果时，能够分析出来导致这种不理想的原因是什么，并且设计办法来排除这个问题。网上有个花 100 万元装了一台电脑的视频，机器装起来以后，跑了个分，发现排全世界第九、第十位，拥有者觉得不应该是这个结果，当时他们选的已经是最好的配件了，于是分析原因，最后觉得是供电的原因，他原本的供电策略是稳定，而跑分高需要供电充沛，顺着这个思路又发现电脑的 BIOS（基本输入输出系统）版本也过低了，更新了 BIOS 后发现供电提升，果然，再一跑分，跑到了全世界第四。通过这个例子可以看出，我们操作一件事，首先要对执行效果有个目标，这个非常重要。其次，当无法达到这个目标时立刻开始找原因并解决。实操的基本原则就是解决问题，所以有什么问题要解决，这个要非常明确。举例来说，我们吃饭，需要解决的是缓解饥饿感，补充能量和营养，甚至追求口味带来的幸福感这些目标，这些目标都是可以被解决的，比如，如果只是要缓解饥饿感，那么窝窝头就可以，如果要补充能量和营养，麦当劳也可以胜任，如果要吃出幸福感，那么就要了解当事人的口味等然后给出匹配的食物，又是可能一碗泡面可能解决。但如果我们把目标设为通过吃长出八块腹肌，这个问题就基本无解了。所以任何实操的人，首先都要了解自己是来解决什么问题的，并且能迅速找到问题或者说目标。这一点，很多人都忽略了，很多人得到领导安排的工作，就开始埋头苦干，但是对于这个工作要解决什么问题，解决到什么程度，却没有概念，结果就是有的做过了头，有的随便应付应付，领导自然不满。如果应该解决的问题没能解决，就要分析原因，找找到底操作中哪一步出错了。这个过程其实和破案或者看病很像，破案和看病都是根据现有的线索，先假设一个因果关系，然后继续收集更多的线索，来确认或者推翻假设的因果关系，从而渐渐逼近真相，找到关键所在，其实是个挺有意思的过程。

一件复杂的事情，可能由很多很多小的事情综合构成，比如装修房子，要分电工、瓦工、木工、硬装、软装、灶台水槽、卫浴马桶……要把整件复杂的事情完成，就必须把组成这件事情的各个小事情大致都做好。如果大多数事情都没做好，只有一两件事情做好了，整件事情是无法完成的。就像人吃一碗饭，只有吃够那么多米粒才能饱，并没有那么一粒米是关键米粒，只要吃这粒米就可以饱了。所以先要确保大多数环节都能优质完成，才能确保整件事情的质量，这是对事情的整体把握能力，知道这些小事件互相之间的关系，并且保证能够平衡整体的进度。

执行力中最最重要的一点，是持续改善，这个世界上要我们去做的事情，基本没有好做的。遇到难做的事情、没有经验的事情，开始的时候做不好是正常情况，但大多数人会轻易放弃。这些人往往在开始的时候盲目乐观觉得很容易，真正上手一做发现远非自己想象的那样，于是很快就又陷入悲观，怀疑自己是不是不适合做这个，是不是环境不友好，是不是给我的条件特别差，是不是公司的问题，是不是这个行业特别难做……事实上，这件事既没有那么难，也没有那么容易，跟大多数其他事情一样。这世上的人，要么就是一件事也干不成，要么就是一直能干成事情，关键原因就在于，一件事也干不成的人一直在这样的盲目乐观和悲观中，开始、放弃、再开始、再放弃……这类人还同时会犯一个致命错误，对于自己采取的动作到底会不会带来希望的效果，完全处于无知的状态，觉得"我做过了呀""我跟他们说过了呀""我在做"。这些人完全不知道钩稽关系这件事，也不知道数量的累积是非常重要的，正如《批量的有效行为》中所说，他们做的事情既不有效也无批量。而能够做成事情的人，开始了一件事，就会持续琢磨，改善自己的方法，纠正自己错误的认知，培养习惯，学习知识，累积经验，在一个事情上反复使劲改善，这样的力气花下去，批量而有效，事情总是能做得好的。难就难在相信这个规律，在这个持续改善的过程中，有时会毫无进展，甚至会倒退，大部分人在这个时候就会沉不住气，就会放弃，就会给自己找理由。而能做成事情的人，往往已经做成过其他事情，相信这么干最终能干成，所以也沉得住气。

执行力的核心就是把事情做成，把事情做成，需要审时度势判断时机，需要有明确的目标，有划算可操作的方法，有耐烦的心态，有通过不断练习得来的经验，有持续改善的态度和韧性。这一切，说难也难，说不难，只要做起来，也不难。

03.
历尽千帆之总结篇

人性（一）面对别人\人性（二）面对自己\人性（三）面对诱惑\做自己的主人\跟自己谈一谈\给自己找个老板\经营人生\识人\专业\人算不如天算\批量的有效行为\相处\名叫"焦虑"的恶魔

> 请相信，吃吃喝喝是建立不起来真正的团队感情的，大家出去玩玩也不会加深彼此交情成为可以互相依托的战友……唯有在竞争中不断胜出的，才能存活，否则只能是灭亡。商业公司的团队精神，也必定来自类似（球队、军队）的磨炼和优胜劣汰的过程。

人性（一）面对别人

我一直在想用一个什么样的名字来为这样一章命名，这是一个很难讲的话题，因为我们绝大多数人既没有那么好，也没有那么坏，就是那么普普通通，时好时坏。极端情况下可能不知为何就丧心病狂，或者不知为何就圣母心发作的案例也不罕见。基本上，我们是一个很复杂的物种，复杂到连我们自己都不了解我们自己。甚至我们对自己总是误判，大多数人对自己的评价不是过高就是过低，极少有人能够认清自己。

正因为复杂，既不能用褒义的词来说，也很难用贬义词来描述，只能用一个中性的词"人性"来解释我们的行为，不带任何情绪或者倾向。

在开始解释一切以前，请先相信这样几个统计性结论：

a. 我并不是一个好人，也不是一个坏人，我只是一个普通人，我遇到的绝大多数人也一样，大家差不多。

b. 根据统计，我们一辈子要遇见 1 400 万人，这里面的绝大多数人对我们来说是毫无意义的路人，我们的时间精力和认知能力，只够和大约 150 人认真打交道。并不是所有人都值得交往。

c. 如果没有好处，任何事都做不长久，害人也一样。如果觉得别人总是在害自己，要么去找找他究竟得了什么好处，要么就是想多了。

d. 我们绝大多数时候都高估了自己和别人的交情，低估了别人对自己的不满。

基于以上这些假设，我们应该如何在社会尤其是在工作中与人相处甚至是跟自己相处呢？或者说我们该如何看待职场中的其他人和环境呢？

首先，要明白我们来工作是干吗来的，对于大多数人来说，有且只有一个目的——赚钱。我们不是来交朋友的，不是来学习受教育的，不是来构建企业文化的……即使做这些事，目的还是为了赚钱，这些事情是手段而不是目的。如果要做的事情和赚钱矛盾，那么请果断不要去做，比如听别人传是非。

然而却有非常多的人将手段当成了目的，把团队拓展，建设企业文化，尊重每个人的个性发展等漂亮的话语挂在嘴边。最可悲的是，我们大多数人相信这一套，大多数人其实并不管真相是什么，他们要相信的只是自己听着好听的"事实"，比如，你真棒，你真聪敏，你的失败都是别人害的，别人干得好都是狗屎运，你的软弱是应该被原谅的，别人的软弱是不负责任……至于是不是真相并不重要，重要的是当下可以不用面对压力了。是的，我们就是这样一种动物，对我们来说重要的是"好听"，而不是"真实"，虽然有的时候好听的事情也是真实的，但大多数时候正相反。

请相信，吃吃喝喝是建立不起来真正的团队感情的，大家出去玩玩也不会加深彼此交情成为可以互相依托的战友，不信的话跟昨天和你喝酒时称兄道弟的人借 10 万块钱，看他怎么说，这种交情在生活中和工作中都帮不上什么，关键时候也不会雪中送炭，既然是假交情，何必花那么多时间去经营。企业文化不是刻意去建立起来的，是很多必然和偶然的事件不停地堆叠起来自然形成的。刻意去做这些事的话，所花的时间和努力注定要化作泡影。

团队的形成其实在现实生活中有两个很好的参照物，一个是球队，一个是军队，二者都是需要依靠团队来获胜的，从这二者获得团队精神的过程来看，只有一个方法——不断磨炼，优胜劣汰。从来没有听说过有哪个球队是靠团队拓展成为强队的，也从没听说过哪个特种兵部队是靠领导对队员的尊重、体贴关怀成为作战精英的。只有靠成千次的训练、上百次的实战来磨炼，在这个过程中淘汰弱的团队或者队员，留下强的团队或者队员。商业公司和这二者很像，因为唯有在竞争中不断胜出的，才能存活，否则只能是灭亡。商业公司的团队精神，也必定来自类似的磨炼和优胜劣汰的过程。

另一个真相或许是，其实我们大多数时候就是喜欢像家畜一样吃吃喝喝，其乐融融，至于难逃被宰的命运，顾不得了。因此虽然很多人心里隐隐知道要努力，要动脑筋，要吃苦，才能逃脱牢笼躲过最终被宰的命运，隐隐也知道我上面所说的内容是对的，但面对眼前的吃吃喝喝你好我好大家好，管他呢，今朝有酒今朝醉吧，先舒服了再说吧。

我们很多的纠结是来自本能的，而不是来自统计结论的，在我们基因成型的漫长岁月里，在我们文化成型的千年更迭里，我们养成了这种本能。比如以前的人并没有多少其他人可以交往，交通不便，也没有发达的沟通工具，一辈子并没有太多选择，所以在身边出现的人，都是必须认真交往的，否则就没人交往了。很多人之间就那么相爱相杀着，纠结缠斗着。但是时代变了，现在的我们可以遇见太多人了，我们既没有必要也没有能力交那么多朋友，也没有时间精力跟那么多人交往，因此不必刻意在办公室构建和谐社会，即使构建了，大多数也是假交情，没啥真用处，有了危难也不会尽力帮忙。如果大家是能够共同赚钱互相帮助的合作伙伴，志趣相投再成为朋友未尝不是一件好事，但如果为了成为朋友耽误了赚钱，就本末倒置了。

另一种虚妄，是你总认为别人欠自己的，这种想法无关对错，我只是认为这没有意义。如果认为别人都欠自己，那么有本事去对质、战斗，让那些欠你的人都偿还他们的债也算是一种本事。如果觉得别人欠自己，但又没办法让他们还债，每天把时间精力都耗费在怨恨、斗争、嚼舌头、咀嚼自己的不幸上，自己气出毛病，却什么也没获得，实在是一桩不划算的事情。大多数时候觉得别人要害自己，其实别人只是要生存。

真相撕开后，既不美，也谈不上丑，重要的是，已知条件清楚了，面对真实世界我们该怎么办？我的经验大致是如下两条：

第一，紧紧围绕着来职场工作的目的——赚钱，心无旁骛，既不要去做职场好人，也不要觉得公司欠自己的，用公平交易的方式，和自己所在的环境共赢。先赚到钱，再说其他。这一点有点像我们自己生存的自然环境，我们把自己生存的环境毁了，我们难道会好么？

第二，用平静的心态看待环境和人，当觉得别人对你好，不要马上乐昏头，可能不过是酒后的热血上头，当觉得别人对你不好，也不要马上愤恨，可能只是你自己有了不切实际的期望。当事情来了，先按捺住情绪，冷静看待，要明白人性是复杂的，你面对的不仅仅是别人的人性，还有自己的人性。

> 每个人都会犯错，但大多数人选择的是逃避，不承认，拼命解释辩驳，去找别人的错……结果他不得不一次又一次地面对这个错误，而如果当时就承认这是一个错误，并且想办法解决，那么他人生当中只需要面对这个错误一次。

人性（二）面对自己

职场是一个非常容易发生矛盾的地方，一旦有了利益分配、有了权力分配、有了我们你们，矛盾就会来了。的确有很多人非常享受这样的矛盾以及由此引起的斗争，但如我上文所说的，这么干往往赚不到钱，如果这么干能赚到钱，这个单位大概也不值得干下去。但更多时候的矛盾往往是我们上文说的统计结论导致的，我们总是看着别人的错误，但忘了自己也不是完人，自己的过错被选择性忽略了。

有一句话叫作"屁股决定脑袋"，坐在什么位置就会从这个位置来思考事情，这个就是典型的人性。这并非一个缺点，因为几乎人人都是这样，这是一个客观存在。我们每日的工作生活中有着大量这样的存在，但大多数人身处其中时，和置身事外时是截然不同的态度。我们往往可以看到这样的新闻报道，明明知道马路斗气很危险，但在这件事情中的当事人，顾不得理智了，先出了气再说。而站在事情外的人，觉得这两个人有神经病，但换作是自己是当事人，可能也忍不住。

一旦身处其中，我们会在第一时间带上对抗的情绪，甚至完全忽视事实本身，将全部关注点放在别人讲话的态度、别人的语气上，放大别人的不体谅、别人的不尊重，此刻你根本看不见自己态度也不好，语气也不客气，也没从别人的立场去考虑过问题，也没太尊重别人。由此可以发现，我们对待这些事情，身在其中和身在其外所采取的态度、所思考的问题是不一样的。这种情绪反应可能是我们从长期的进化中得来的，这可能是一种动物本能，我们在遇到野兽攻击的时候，必须迅速从野兽的态度中判断自己应该采取的措施，并积极应对才能活得下去，客观理智地慢慢思考只会把自己的命送掉。

但现在我们是处在一个协作的环境中，协作的伙伴并不是要吃掉我们的野兽，即使要害我们也并非一个立即性事件。我们有充分的时间让自己冷静下来，思考事情的本身，而不是在第一时间冲动地做出反应。这样的立即性反应，绝大多数情况下，获得的是最差的结果，不仅不能解决问题，还带来巨大的矛盾，大家把时间精力都花到内耗上面，既不会赢得什么，也不会有人同情。就像开车斗气的人，旁观者不会觉得这里面有人是值得同情的，如果有人值得同情，气也斗不起来。

前两天看到杜琪峰的采访，他说每个人都会犯错，但大多数人选择的是逃避，不承认，拼命解释辩驳，去找别人的错……结果他不得不一次又一次地面对这个错误，而如果当时就承认这是一个错误，并且想办法解决，那么他人生当中只需要面对这个错误一次。这个道理大多数人一辈子都不明白，大多数人任由自己的人性主宰着自己，碰到自己的问题总是拒不承认，最好的也就是高高举起轻轻放下，认为自己的问题都是小问题，别人的都是大问题。可惜的是，现在我们不是在被老虎追的年代，这样积极的自我保护，什么都得不到，获得的只能是一个个敌人和阻力。

争执中的人，往往不讲道理只讲感觉，不求真理只求报复，不谈细节只谈恩怨。最后搅成一本烂账，谁也不是好人，谁都不对，做不好都是世界不公平，更奇葩的是存有这样心思的还不在少数，叫嚣着谁也别装好人，大家都在烂泥巴里待着最好。这些人选择稀里糊涂、马马虎虎地对待别人，也被别人稀里糊涂、马马虎虎地对待，过着稀里糊涂、马马虎虎的日子，却也不知道究竟应该怪谁。

我们没有办法决定什么事情会发生到我们身边，但我们有办法决定我们用什么态度来应对这个事情。这是一种修养，既然是修养，代表需要很多的修炼，这种习惯不会自己养成，需要常常的练习，不断自我暗示，事后检讨，对自己的约束等一系列练习。比如常常有人说的，碰到事情先深呼吸十次，防止自己发怒，这也是对自己约束的一种方式。另一方面，很多人会问我为什么要这么做？他/她为什么不约束自己？为什么我要忍这口气？答案很简单，因为这样做实惠，会变成更好的自己，获得更多的机会，赢得更多人的支持，无论从经济上还是从精神上，会获得更多的回报。

我们大致有这样的经验，一个运动员开始的时候在校队，后来成绩好了到了市队，后来到了省队，后来到了国家队，后来参加世界比赛并破了世界纪录。为什么没有在校队的时候就破世界纪录呢？人们只有不停地接受更高的挑战才能进步，只有和更厉害的对手对抗才能提高，只有做比昨天更多的锻炼肌肉才会成长……如果蚂蚁A一直和蚂蚁B打架，最终即使赢了，不过是一只蚂蚁，更何况两只蚂蚁本来就本事差不多，难分输赢，于是就一辈子这样纠缠下去吧。蚂蚁A想要尽快胜出的办法就是不再和蚂蚁B纠缠了，把时间精力花到更强的对手、花到从更强的对手那里学习更厉害的本事上，那样会渐渐变成一只甲虫，一只鸟，一只狼，一只虎，一只象，当你成为一只象再回头看看蚂蚁B，就绝不会再有和它斗的兴趣和冲动了。工作当中我们花了太多时间在咀嚼别人怎么对我不好，而真正应该做的，是快点忘掉那只蚂蚁，去寻找更有挑战的事情，如果一直以这样的心态来面对，不用太久就会发现，原来那些与你纠缠的人，已经远远地再也无法进入你的生活纠缠你，人生再也没有重合的轨迹了，这样面对矛盾或许才是最高明的办法。

这个道理其实很简单，不要干没有好处的事情，不要花时间去树立敌人，让别人讨厌自己、看不起自己，这样做除了满足了冲动，没有任何好处。更何况，我们并没有自己想象的那么无辜，甚至大多数情况下，我们和对方一样差劲。

碰到问题先考虑如果自己不是当事人会怎么想，如果这是另外两个人之间的矛盾会怎么反应，如果能够置身事外，那么别人愿意纠结口气和态度，让他去纠结，别人愿意推诿，让他去推诿，我们不跟着他的情绪走，我们关注事情本身，我们把时间精力放在怎么解决这些问题，怎么让自己提升水平，而不是谁对谁错、谁的责任、谁没面子。别人的语气我只当没听见，别人的怪话我只当没听懂，别人的误会我只当是北风吹过。唯有如此，别人也能渐渐把防卫放松下来，和你产生协作，从而获得更好一点的结果。

> 我们不得不永远处于这样的状态，让诱惑探出点头，又不时地被我们推回去。

人性（三）面对诱惑

这个题目想写很久了，但一直没想好怎么去写，直到看了最近一期的"逻辑思维"，本期节目是一个央视前女性主持代班，讲述了她转行做投资半年以来对于一些事情的看法。我是看了评论进去的，因为之前代班的几位讲得普遍水平不高，因此有点不太积极追剧，这次评论说不错，结果进去一看，三观尽毁。她讲得最多的，是投资者对于各种事情和常人不同的看法，以及为这样的看法所做的解释或者叫辩护，因为这些看法听起来实在是不怎么光彩。

虽然被她的奇葩三观给雷得外焦里嫩，但要说的却不是这个，坚持听到最后发现居然被我找到了一个案例，拿来说这个话题最好。她说到有人说她速度还不够快，她就开始反思，觉得自己就像坐在一个秋千上荡向下一个秋千的人，总想着等自己的秋千荡到最高离下一个秋千最近的时候才纵身一跃，于是总在等下一次更接近的时候，但是，随着时间的推移，自己的秋千慢慢摆幅会变小，再也等不到那样的机会了，所以，有的时候要硬着头皮壮着胆子勇敢一跃，才不辜负了老天的偶尔青睐。

一个做幼儿园服务的公司，她怂恿对方融资上市，对方表示希望做得更扎实一点才上市，她说应该借助融资的力量，等你已经是行业老大了还需要借力干什么。她说要快，要更快，不要怕泡沫，只要及时处理好泡沫，这就是好泡沫。对此，我不敢苟同。

我们的人生常常在面对这样的选择，究竟是纵身一跃，还是退一步海阔天空？无论哪一种选择都有成功和失败的无数案例，并没有哪一种方法是放诸四海而皆准的。越是险峻的选择，往往意味着越丰厚快捷的回报，这就是诱惑。

说诱惑是天使，因为如果没有诱惑了，我们这个世界会变得暮气沉沉，没有创造力，没有肾上腺素，没有激情，没有刺激，没有急智，没有千钧一发，没有力挽狂澜……不得不承认，很多时候诱惑改变了历史，改变了世界。因为想要得到，所以我们不得不逼迫自己，去拼，去赌，去冒险，这个过程中极大地激发了人的创造力和潜力，让人做出很多不可思议的事情。就像一个赌场，如果不赌钱只是玩游戏，还会有这么多人趋之若鹜吗？而在赌博的过程中，人们绞尽脑汁，想方设法，甚至花大量的时间去学习，去观察，去计算分析。正是因为诱惑让我们自发自愿地压榨自己的智慧和体力，人类没有比这效率更高的创造和改变世界的办法了。

然而，我们是"人"——是有着很多很多毛病和恶习的人，我们是很容易受情绪影响的动物，我们往往高估了自己的能力，高估了自己控制局势的能力，高估了自己控制自己的能力，我们会选择性地听自己想要听的，我们会被别人一夜暴富的故事所激励，我们会被诱惑占据了整个脑海而无法三思而后行。赌场里因为诱惑才精彩，但同样的，因为诱惑才有人铤而走险，才有人利令智昏，赌钱赌得家破人亡的比比皆是。

不妨把诱惑理解为一匹狂放的野马，驾驭得好，可以风驰电掣日行千里，驾驭不好也可能被马儿掀翻，受伤殒命。淹死的都是会游泳的，摔死的都是会爬山的。认为自己绝对能够驾驭诱惑，基本上是对自己的高估，诱惑之所以称为诱惑本身就是因为很难抵御，就像饥饿的人看到美食能够有什么抵御力？没有抵御力的我们，眼中除了诱惑已经看不见其他，鸟为食死人为财亡，被捕捉的鸟儿只看到了食物看不见危险。前面提到的那位前女主持所说的好的泡沫是不太可能存在的，因为一旦到了那个时候，即使是当事人自己能够控制得住不去增加新的泡沫，其他被幻象激发了的急着一夜暴富的投资人、股东、高管、员工也不会同意，当事人一定会半推半就地在泡沫上继续叠泡沫。

既然如此，还谈什么驾驭诱惑？现实社会里我们常常做的事情就是我们一般认为很荒谬的事情。比如我们都知道"既要马儿跑又要马儿不吃草"是很愚蠢的想法，但在经济领域恰恰比的就是大家谁有这个本事，谁管理的公司既业绩好又成本低，既口碑好又花钱少。驾驭诱惑也是如此，单纯拒绝诱惑很简单，无欲则刚，做人没有风险，但如果这样，社会也无法进步，我们大多数人也没办法忍耐这样清苦平淡的生活。如果你一直把车停在车库里，那么几乎一定不会出车祸，但那样的话买车干吗呢？所以，我们不得不永远处于这样的状态，让诱惑探出点头，又不时地被我们推回去。这其实是一场危险的游戏，进行这样的游戏看起来是很愚蠢的一个行为，但既然我们无法用大智慧看透世界立地成佛，这样的危险游戏可能就是一个无奈的最不差的选择。

在这样的游戏中，我们要在一次次的拉锯中找到自己的极限，并且在一次次的对抗中增强自己控制场面的能力，这个游戏才能做得长久。最最重要的，你必须知道这是一个诱惑，糖衣炮弹不可怕，可怕的是不知道这是糖衣炮弹。一些官员滑入钱权交易的深渊，其实很大一个原因是没认为这是诱惑，如果清楚地知道这是诱惑，那么很容易会考虑一系列的后续发展，比如行贿的人未来跟自己不好了怎么办，口不严说出去了怎么办，因为其他事情牵连到了怎么办，万一被小偷到家偷了怎么办，收了这么多钱又不能存银行怎么办等一系列问题。当发现这些问题没办法妥善解决，不接受行贿无疑是一个最低成本的选择，这样本身也就抵御住了这一次的诱惑。大多数人在当时是利令智昏的，眼里只有糖衣，脑子里完全没有考虑到炮弹的存在，或者就是膨胀到以为自己固若金汤，可以做到糖衣收下炮弹退回。

既然诱惑是人类的伴生产物，没办法丢弃，没办法改变，那我们只能靠智慧去面对，保持冷静理性的态度去面对。诱惑来了，既不要紧张躲避，也不要放纵自己任自己滑落。好好研究一下这个诱惑，冷静分析，算一算账，看看有多大赢面，如果赢面足够大，不妨试试，毕竟出门还有被车撞的风险，这世界上没有没风险的事情。如果赢面小，果断放弃，不犹豫恋战，等待下一次机会。

> 本能之所以叫本能就是因为很难改变……如果想要在事业上有所成就，就必须尝试着对抗这种本能。本能会像另一个意志，控制我们的身体和行为，这并不是我们自己的意志，在其产生的当初，可能是出于对我们有利的目的，但现在已经不一定有利了。

做自己的主人

如果在地铁里遇到高声讲电话的人，整个车厢都能听到他的声音，那么很多人会认为这人的素质差，但我觉得似乎没这么简单。素质差的行为其实举不胜举，但这些被打上"素质差"标签的人又好像不是纯粹的恶人，刚刚随地吐痰的可能下一分钟就去给孙儿做牛做马，说这些人公德心差，也不完全对，在你看不见的时候他们也会给灾区捐款捐物，有些时候也会为弱者打抱不平。在种种的冲突里，别人看到的是他在地铁里高声喧哗，他看到的是指责他的人态度恶劣，不留面子，况且指责的人自己也未必是无可指责的完人。深挖一通以后发现根本是一片混沌，联想到新闻报道中，有的时候不值钱的东西也会被哄抢，有的时候撒了一街的钱也会被送回，甚至做这两件事的人会有重叠，根本讲不清道理，也找不到解决问题的办法。

我觉得这些问题出在有很多人没办法控制自己，没办法做自己的主人，也没有接受过这方面的训练,很多时候都是凭本能在反应。举例来说,在地铁里高声讲电话,之所以高声是因为地铁里比较吵听不清楚电话里对方讲话,但是要解决听不清楚这件事应该用耳朵而不是用嘴巴,是你听不见对方,并不是对方听不见你,放大音量并不能解决这个问题。如果能够控制自己,应该更努力地听,而非更努力地喊。这种反应我猜是来自人类的本能反应,在很久以前,听不见估计大多是因为距离远,所以为了互相听见,双方就要拼命喊,这样的日子过了上万年,于是我们的本能中就把"听不见"和"拼命喊"联系在了一起,地铁里高声讲话的人是按照本能在处理事情。还有很多人接电话的时候一开始喜欢拼命喊"喂",之所以拼命"喂"是因为听不见动静,但因为拼命喊"喂"更听不见对方讲话,于是双方要花不少的时间互相喊"喂"才能进入对话的节奏。

我觉得本能是写进基因里的习惯,我们做一件事做久了,就成了习惯,这种习惯如果一代代延续,就会写进我们的基因,而写进基因以后,我们就会不按照自己的理智而按照自己的本能来处理事情。比如吃东西,往前追溯不足百年,人类还普遍处于食物不充裕的状态,在这样的状态下,一定会形成有好吃的赶紧装进肚子这种习惯,几乎每一代都是这样,看到美食就想装进肚里就慢慢变成本能。这对于当时的人类是有用的,这帮助人类活下去,但到如今却成了肥胖的根源。

我们应该了解我们身上有很多不那么适合现在这个时代的本能,这种本能不仅不能帮助我们,还有可能会害了我们,在工作当中尤其如此。大多数生物对"刺激"会有积极的反应,这种刺激主要是感官刺激,比如我们对声音会有反应,对于那种在我们周边发出很大声响的事情,是会积极反应的,会想要尽快把这种声响消除掉,否则我们会焦虑。所以主动哭闹的小孩子会得到更多的关注,这并不代表不哭闹的小孩就不需要关注,但我们平时就是这么反应的。这时多数人会用喂奶或者换尿布等方式让孩子的哭闹赶紧停止下来,而不会考虑造成哭闹的可能性,直到用了各种方法都没办法停止这种哭闹,才会考虑是不是病了，是不是太热了，等等。在工作中，我之前也提到，热点事情的出现，也会吸引我们的注意，把我们的时间精力都放到了热点事情上，而那些并不会主动产生刺激的事情，则引不起我们的注意。比如病痛会引起我们的注意，而锻炼则不会，因为病痛会产生刺激，而"锻炼"这件事，你不去做它永远不会刺激你。

受教育的程度在一定程度上会改变人们对于本能的盲从。我发现，越是社会底层的人讲话越容易大声，原因我估计是这样的，一方面是社会底层的人容易身处嘈杂环境，需要通过大声说话达成交流的目的，同时因为受教育比较少，在身处需要安静的环境时，依然较多按照本能反应，这些人长久没有去练习在不同的场合控制自己的音量，一讲话就把音量放到最大，久而久之控制音量的能力消失了。而受教育程度比较高的人，会被教育要有教养，不能喧哗，上课时不能大声说话，等等，于是从小就开始训练自己的音量，长大以后也比较能够控制自己说话的音量，同时，教育也一定程度让他们摆脱了嘈杂的环境。

处理事情是按照事情发生的先后，以及急迫性去处理，这又是我们的一个本能。还是在遥远的年代，那个时候人类没啥重要的事情要做，时间漫长得用不完，每天处理的事情也都差不多，无非是吃喝拉撒睡，能见的人和事也就那些，资讯极其不发达。在这样的年代里，处理事情的确只需按照时间发生的先后顺序和急迫程度来进行，天亮了就起床，饿了就吃饭，天黑了就睡觉，肚子痛了就先方便……但是在现代，资讯太多了，我们每天见的人比前人一辈子见的都多，我们每天面临的选择比以前多了太多，如果此时我们还是按照事情发生的顺序来处理问题，恐怕就永远在和各种琐事打交道了。这种琐碎虽然也是生活的一部分，但这种琐碎却是做成事业的大敌。我见到很多年轻人在职场中，并不会先想想我该做什么，而是碰到什么就做什么，见招拆招。问题是在现代社会里招是拆不完的，只要你愿意拆，可以永远拆下去，而这种简单机械的见招拆招并没有太多的价值，因为大多数人都会做，一直干这个也就和成功无缘了。在开始做事情之前，总是要先想想，在现有的选择中，做什么事情的产出最大，先去做这个事情，这个考虑的过程其实就是对自己本能的控制。

　　本能之所以叫本能就是因为很难改变，就像食色性也，江山易改本性难移。但完全放弃对抗本能，就很难获得好的成绩，如果想要在事业上有所成就，就必须尝试着对抗这种本能。本能会像另一个意志，控制我们的身体和行为，这并不是我们自己的意志，在其产生的当初，可能是出于对我们有利的目的，但现在已经不一定有利了。我们必须用理智判断，才知道怎么做对自己最有利，这种不让本能操控自己，而让理智对于事情做出判断的方法，就是对于自己本能的控制，也只有这样，才能让我们成为自己真正的主人。

> 其实大多数悲催的人生和思想的懒惰有关系，你不愿意思考就只能按照愿意思考的人的想法去做，最后把自己的人生过成了别人的人生，只能在别人的剧本里做一个"匪兵乙"。

跟自己谈一谈

曾经，我对这个社会持乐观的态度，觉得一切总会是一个大圆满的结局，虽然会有一些困难，但总体来说，还是充满希望的，一切会渐渐变好的。但随着年岁的增长，发现事实并非如此，多数人都没过上满意的生活，好人未必有好报，坏人也未必有恶报，多少理想停留在空想，多少豪情被岁月蹉跎，最终大多都过成了平庸的人生，那些曾经令我仰望的人和事，渐渐发现或多或少都在吹牛皮，曾经以为是行业巨擘的，弹指间灰飞烟灭，曾经以为值得珍视的，在社会发展的大潮面前土崩瓦解，曾经以为海誓山盟的，如何也抵挡不过新鲜有趣的耳鬓厮磨。我们没有能力改变这个世界，多少英雄俊杰最终变成自己曾经痛恨的那个人，屠龙少年终将变为恶龙。现在的我开始变得悲观，除了自己的努力，没有什么是信得过的。

看过一段视频，一个老人在街边吹口琴卖艺，晚上的时候旁边面馆老板总是把当天没卖出去的东西很便宜地卖给老人，让其果腹，有一天晚上老人说要走了，老板问啥时候再回来，老人说不回来了，孙子得白血病走了，不需要他再卖艺凑钱了。我猜原本这段视频的用意是煽情，但我却完全无法入戏，类似这样的故事很多，这并不是最煽情动人的，这世界上充满了这种廉价的苦难故事，但除了赚取眼泪，还有什么作用？

人生苦难本多，一不小心就会有不幸发生，即使没有什么不幸，平庸总是摆不脱的一道坎，平庸也没有什么不好，只是在运气好的时候就只是平庸，在运气不好的时候平庸就成了苦难。在苦难和平庸之中寻求别人的理解和安慰，甚至把责任推给其他人和社会，是当今社会中的一种奇怪疾病。任何人做错了任何事，总有人冲出来表示他是无辜的，他也是受害者，而键盘后的人们也乐得不明辨是非，大家一起和稀泥，在这样的背景下甚至形成了"我弱我有理"式的无赖逻辑。但是，我弱我有理真的能让人幸福吗？我猜不能。摔断骨头的，即使讹了人的钱财，也还是伤筋动骨一百天，只不过把自己的不幸让人分享了而已，并没有能够避开不幸，这样的选择最好不过是双输，一旦讹不成被摄像头拍到，成了单输，不仅摔了跤还丢了人。这社会充满了我过不好大家都不要好好过的戾气，而且很多人的重点不在于"我过得好不好"，而是变成了"你也别想好好过"。很多人对于自己的不幸并不自我反省，也不愿理性分析寻找出路，反而是到处碰瓷。但这种方法其实就是一个可怜人害另一个可怜人，改变不了命运的大方向，就算救得了急，也救不了穷，未来的人生还有太多的坎在前面等着他们。

我们大多数人的选择其实并不那么多，多数人没有位高权重的爹可以坑，多数人没有含着金汤匙出生，也没有那么好的天赋异禀，老天爷给的天赋点数非常有限，自己还常常点歪了科技树，运气也大多很一般，买彩票也是基本不中，连年会抽奖都基本是安慰奖。那该怎么选择呢？可以选择受了苦难再寻求怜悯，也可以寻求自己在苦海中争取一点点主动。与其陪着苦难的人一起流廉价的眼泪，不如让自己先过好，然后再尽力照顾好自己力所能及可以照顾到的人，上这个船并不容易，但争取能在苦海中有一点自保之力，不会像一个浮萍随时被打翻。

于是我觉得我们应该好好反思一下我们的人生，我们应该跟我们自己好好谈一谈，究竟我们应该怎么活着才能相对让自己过得不那么狼狈。这也是我写这一系列文章的初衷，求人不如求己，求助莫如自助。有人说人生中欢乐是一个个点，而痛苦和平庸则是串起这一个个点的线。人生是一片苦海，世道好时，我们勉强过到平庸，世道不好时，求平庸都不可得。苦海里面撑一艘船，度尽量多的人，就是我在世间能做的最大的业报了。我也找不到从此就能幸福下去的济世良药，甚至我总结的很多道理，还没总结完就已经过期失效了，我也并没有什么特效药或者武功秘籍，虽然我知道这才是大多数人想要的。但是，我有一些思考事情的方法和理论工具，在对应日常的工作和生活中能够起到一定的作用，这一点点作用并不见得能让人从此幸福起来，但至少可以锻炼一个能够独立思考的头脑，让自己不至于跟着大多数人一起去犯傻；进而可以在事业上有一点建树，让自己在经济上有一点自保之力；如果再能学会一套克服困难达成目标的方法论，这样基本能够应对今后人生会遇到的大多数艰难困苦。

大多数人需要和自己谈谈——我究竟想要什么？除非的确是出生就极其不幸，其实大多数悲催的人生和思想的懒惰有关系，你不愿意思考就只能按照愿意思考的人的想法去做，最后把自己的人生过成了别人的人生，只能在别人的剧本里做一个"匪兵乙"。如果每天看看电视保持大脑一片空白是你想要的，那也没有什么关系，当你因此成为别人剧本里的配角，就也没有什么可抱怨的。世界上的事情都有代价，如何选择其实是每个人自由意志的决定，只要这个人知道其代价是什么，并且愿意承受，旁人倒也没有什么可以说三道四的。只是世界上大多数人并不知道自己想要的东西及其代价，或者是明明知道却假装不知道，既想要马甲线，又想躺在沙发上吃冰激凌。想要躺在沙发上吃冰激凌也没啥，就是别羡慕别人的马甲线，不要在意别人鄙视自己的身材，并且为肥胖可能带来的疾病做好心理准备就是了。如果要马甲线，那么就准备好痛不欲生的锻炼和放弃很多娱乐很多空闲时间。如果想好了，就不要左顾右盼，一条道走到底，人生就会变得好一些。至少，求仁得仁。

虽然很多事情都在一而再，再而三地提醒我们，我们并没有自己认为得那么正确，但我们人类就是这样，对于这些讨厌的事实，我们会选择性忽视，吊诡的是，别人在选择性忽视事实的时候我们是能够发现的，同时我们会认为只有别人才选择性忽视，而我们自己则没有。

给自己找个老板

有一个不幸的事实，我们绝大多数人对于自己其实并不了解，并且基本都过高估计了自己，而过低估计了他人。在我们看来，事情没做好，都是别人的错，都是别人无能，而自己最多就是犯了"轻信小人"之类的错误。而如果事情做成了，则功劳都归于自己，兄弟们喝酒，大多数时候都是在吹牛，把自己描绘成很厉害的样子，很多时候连自己都相信了，但其实真的并没有。这种夸张是因为我们需要给自己一个解释，否则不能完成自洽，我们需要告诉自己，我很不错，我干了很多有意义的事情，我对这个世界贡献很大……用这样的暗示让自己的人生有了意义，尤其是对于生活得不那么理想的人来说，需要给自己一个解释，为什么我活得这么悲催却还要活下去。

因为我们这样的特性，导致了我们在看待事情的时候，往往会和真实情况有误差，这种误差很多时候是致命的。但我们在看别人的事情的时候，往往就没有这样的误差，看别人做事情我们往往悲观而保守，对于自己则乐观而轻佻。当我们告诉别人有这种误差的时候，大多数人是不乐意接受的，我们自己也一样，我们也不喜欢听别人告诉我们说我们对事情的看法有误差。而对于比自己地位低的人的意见，我们更是很难听得进去，即使别人帮我们看到了问题，我们也选择性忽略了。于是，我认为我们每个人最好给自己找个老板，既帮我们看到我们的误差，也迫使我们不得不听进去这样的反面意见。

一个优秀的人往往在一些成功以后就不知道自己姓什么了，在这样的自我膨胀之下，这种误差会被持续放大，最终导致重大的失败。比如格力前些年转战手机市场，推出的中等价位手机市场反响平平。售价确实算不上贵，但是同时期同等价位的其他国产手机，参数性能都比格力手机要好很多，而且那些品牌都积累了很多的手机制造经验，在手机行业中具有很强大的话语权，而格力的手机显得没有那么多的诚意和基础，消费者肯定不愿意花这样的钱去购买这样一个产品。在空调市场颇有建树，但是在手机市场，格力就显得明显的经验不足，而且自己也不太愿意花费大力气去研究手机产品，以至于在手机市场遭到了前所未有的滑铁卢。这件事的前前后后充分给我们展示了这种误差，即便有优秀的过往，也在其他领域展现了很好的能力，但这并不意味着就能做好手机，这和我曾经提到的乔丹认为自己可以胜任任何一种体育运动一样，很显然有点想当然了。我自问我的能力应该不如格力的决策者，像她这样的人都会犯的错误，我估计更逃不过去，因此觉得我还是有个老板管着比较好。

拿破仑说，不想当元帅的士兵不是好士兵。他也身体力行地实践了这句话，从一个普通的炮兵一步步成长为一个伟大统帅，可是当他继续膨胀，放弃共和，戴着"自己奋斗出来"的皇冠征战四方时，等待他的却是被迫退位，流放孤岛。我们身边其实也不乏这样的例子，白手起家，挣得第一桶金，然后开公司做老板，渐渐膨胀的企业主们往往不愿意接受市场规则的约束，希望在一方小天地中能够自己说了算，管理层也都是亲戚，于是就有了富不过三代的魔咒，都传不到第二代手里，顷刻结束了自己老板生涯的也大有人在。我一直觉得上天在设计我们的时候，一定加了这样的公式，"成就和自我认知总体成反比"，有些人意志力强一些，这种反比相对弱一些，比如那些能传承两三百年的企业；有些人简直就是还没取得成就便已经毫无自我认知能力了。成反比关系的参数虽然人与人不同，但只有量的差别，并无质的差别。我估计单个的人靠自己是解决不了这个问题的，内求没用的情况下就只能外求，自己无法做到的情况下就需要别人帮忙，李世民把魏征这么一个人放在那里很有可能并不是因为魏征有多么厉害，而是魏征敢于唱反调的性子能帮李世民不至于在各种吹捧之下忘乎所以了。李世民曾经在赏玩一只鸟的时候赶上魏征觐见，怕魏征说就把鸟藏在袖子里，魏征发现了也不说破，絮絮叨叨说了半天就是不走，最后鸟被闷死了，李世民也没说什么。他在这件事上所采取的态度，就像是一个员工面对自己的老板，他给自己找一个了老板。

虽然职场中的人几乎都有老板，但大多数人并没有把老板用好，有些发展成了敌对的关系，变成了争夺功劳和资源的关系；有些发展成了马屁关系，成了某个山头的马仔，老板走了自己也留不下来；有些发展成了路人关系，每日基本没啥沟通，交代了事情就做一做，不交代就不做，大家也不相往来，未来离开公司就像生命中从来没有出现过这么一个人……这些都不是老板的正确打开方式。

在找到老板的正确打开方式之前，我们不妨先想一想，我们为啥需要一个老板，或者说一个老板对我来说究竟有什么用。我总结下来大约有三个用途，传播知识、扩展视野、提供资源。传播知识和提供资源比较好理解就不多说。所谓扩展视野，终其一生我们始终处于这样的一个矛盾中，随着时间的推移，我们总是认为我们已经都懂了，但每每总是会发现其实不懂的比懂的多，人生经不住回想，一回想就觉得以前的自己怎么这么幼稚，以为自己不幼稚了过几年再回想发现还是幼稚。帮你弄明白这点有两个方式，一个方式是自己去经历惨烈的失败，还有一个是有个老板一直在给你唱反调，虽然前者是更深刻的学习方式，但并非每个人都能从失败中学到东西然后爬起来的。

虽然很多事情都在一而再，再而三地提醒我们，我们并没有自己认为得那么正确，但我们人类就是这样，对于这些讨厌的事实，我们会选择性忽视，吊诡的是，别人在选择性忽视事实的时候我们是能够发现的，同时我们会认为只有别人才选择性忽视，而我们自己则没有。

老板的正确打开方式，我觉得应该是把老板当作唐僧，一直听他说那些我不爱听的话，虽然好气人但还是要保持微笑，强忍着气，放下成见去检查他说的那些气人的话到底是不是真的，如果是真的，拍拍胸口说还好有人帮我指出来了，要不然我搞不好要跌个大跟头。如果不是真的，跟他说这不是真的，他爱听不听，他看错事情吃亏的是他又不是我。但好多人在这里纠结无法自拔，就是因为受不了委屈。还记得我前面说的吗？我们通常没自己认为的那么正确，这事情是委屈的概率不高，多半就是我们的确有这个问题。即使是委屈，记得有人说过这么一句话，"胸怀都是委屈撑大的"，受点委屈，不亏。

> 有些事情我们做一年和做十年对其理解是不一样的，有些事情我们做一次和做十次也是不一样的。如果加上时间轴，这个事情本身也会发生变化，甚至有些变化是因为你的参与而发生的，如果适当引导这种变化可能会变得对你有利。对这样的事情的反复投入，会使得事情的产出和仅仅做一次或者投入一次所发生的产出大不相同。

经营人生

我年轻的时候有一段时间常常出差，那段时间我大约一年要出差到济南40余次。当时我每次都住在一个叫作"珍珠大酒店"的宾馆里，到后来下到打扫卫生的阿姨，上到酒店的副总经理都和我熟识，而且随着入住次数越来越多，我获得越来越多的优待，订的标间只要有空房就升级，房间里每次都送水果，退房晚一点也没关系，酒店的领导还常常来看望……这样的经验在后续的人生经历里一次次地重复，比如我喜欢去同一个饭店吃饭，去的次数多了，和老板以及服务员都熟悉了，也总是能获得各种优待，老板常常各种免单，也不必担心服务员服务态度不好，更不必担心他们加料，还能享受符合口味的特别定制的菜品……我把这些叫作边际效益，原本也是要住这么多次店的，原本也是要吃那么多次饭的，但如果分散了花费，这些边际效益就没有了。如果每一件事情上都会有边际效益，积累得多了人生就会和别人大不同。

在一个事物上反复投资、反复投入精力和把同样的资源和精力投入不同事物上，在产出上会有一个不小的差别，这个差别就是我说的边际效益。比如同样多的时间如果都用来练一种乐器，一定比分别练好几种乐器效果要好。人生当中常常会面临很多选择，有些人每个机会都想拿到，每一件事情都蜻蜓点水，这样往往就得不到边际效益的回报。除非这种机会本身就非常难得，本身就有高回报，否则还是把已经在手里的机会反复投入琢磨，话说回来，我们这些人的命运，非常好的机会落到我们身边的概率很少，不值得期盼。

几乎每一件事情，随着时间的推移我们对其看法都会改变，有些事情我们做一年和做十年对其理解是不一样的，有些事情我们做一次和做十次也是不一样的。如果加上时间轴，这个事情本身也会发生变化，甚至有些变化是因为你的参与而发生的，如果适当引导这种变化可能会变得对你有利。对这样的事情的反复投入，会使得事情的产出和仅仅做一次或者投入一次所发生的产出大不相同。

如果我们拥有无限的时间，那么当然也可以不考虑边际效益，但事实上我们时间有限，很多事情我们只有一次机会，比如我们只会有一班同学，总不能因为对这班同学不满意再重新去上学换一班同学。我们能够拿来做事业的时间是很有限的，随着年岁的增长，无论是体力还是毅力都慢慢衰退，能够真正风生水起做事情的也就是20年的光景，时间看似漫长，但想一下20年的时间够我们交几个真正的朋友？结识几个能够长久合作的伙伴？领悟几个花了多年时间琢磨的道理？但凡是值钱的事情，20年的时间都干不成几件。就像同学，如果你只上一天学根本形不成同学关系，之所以同学关系一般都不错，是因为我们花了多年的时间朝夕相处。而亲情之所以珍贵，也恰恰是因为我们花了海量的时间在一起。

事实上，我们这一辈子能够经历的事情是有限的，很多事情都有机会成本，你做了这件事就放弃了别的事情，你选择了这个人作为人生伴侣，就放弃了剩下的全世界人。我们的时间是有成本的，我们的选择也是有成本的，因此每每动念去做一件事情，千万要知道，你此时是放弃了做很多很多其他事情来做这件事，这就是机会成本。很多人没有注意到这个事情，结果发现不知不觉中自己还没有做成什么事情就已经老了。因为机会成本和边际效益的存在，我们不得不去认真经营我们的人生。譬如选择伴侣，我们并没有无限的时间去选择，我们会慢慢老去，随着我们老去，我们的选择也越来越少。天底下也没有恰好完美契合的一对，即使是人生伴侣也有必须互相磨合的地方。摆在我们面前的选择也基本上有限，你无非是选择张公子还是吴公子，王思聪或者李泽楷不会给你选，裤子也买不起的路人你也不会选，放在面前的选择基本上也都差不多，这个聪明些，那个勤快点，并没有什么天与地的差别。这些选择并没有太大的决定性的差别，而最终能不能过成和别人有差别的日子，更多在于对婚姻的经营是否成功。

很多人在现有的工作环境中感到不满，但除了抱怨和吐槽之外，并没有为改变现状做任何事情。我面试的人中，绝大多数人在表达对以前工作不满的同时却没有任何对原来环境缺点改善的办法。正如婚姻需要经营，工作亦是如此，并不会有一个工作完全适合你，总有这样或者那样不喜欢的看不惯的地方，换一个工作并不会就没有这些不喜欢的东西了，而且换着换着就发现自己越来越老了，自己的选择也越来越少了。我们想要一个好的工作环境，就只能自己去经营，没有的，自己做起来，不好的，尝试着去改变。不停在这里投入资源和时间精力，必然会有所改变，而这种改变的产出，获利的主要是自己。

人生当中有很多事情都不会再有第二次了，我们不会有第二次初恋，我们不会有第二批贫贱时的朋友，不会有另一批大学同学……人生就像一本不断在书写的书，随着落笔的内容越来越多，空白会越来越少，各种可能性也越来越少。我们只能和这些已经落笔的内容相处，与其抱怨开头写得不好，不如想想后面要怎么圆回来。

不要对别人的人性有过高的期望，同时也不要对人性失去希望，总的来说人性是自私的，偶尔也会无私一下，但主旋律是自私的，以自私的基本假设来推断每个人的取向，基本不会有错。但自私并不代表不能互利，把交易条件设定为让每个自私的一方都满意同时达到了互利，这个事情就基本能够做成。

识 人

我一直对人抱有一种复杂的心态，人这个物种，实在是复杂，以至于我们费尽心思用了无尽的艺术作品来表达对人性的认识，之所以要这样一代代人不断发掘，不断感慨，不断希望又不断失望，就是其中有巨大的不确定性。如果人的本性就像牛顿三定律一样，那就简单了，学习牛顿三定律加上其他必需的基础知识，也就是10年的时间，之后就没有什么可以讨论和发现的了，需要讨论和发现的也不是日常会碰到的事情。人的本性有点像用一个骰盅里面放上1 000颗骰子，每一把摇出来的结果实在是很难预测。

我们总是在历史里、生活中看到互相矛盾的各种人性展示，有的人有"向我开炮"的勇气，有的人明明10倍强大于敌人却任人宰割不敢反抗；有的人拾金不昧，有的人烧杀掳掠；有的人被诛灭十族而不屈服，有的人为了两块钱停车费大打出手；有的人以少年身躯承担家庭的重担，有的人骗走亲人的救命钱……甚至同一个人，在人生的不同阶段展示出截然相反的样子，比如汪精卫既可以为了理想"引刀成一快不负少年头"，也可以悲观妥协于现状说出"然想自己死了之后，未死的人都要为奴为隶，这又何能瞑目到底，也不是办法"这种为自己的软弱开脱的话。人心实在是很难看明白的，所以说知人知面不知心，有些转变简直毫无道理，有些事情的发展也毫无逻辑性可言，似乎到了那个点上，突然间鬼魂附体或者神明指点就做出了不一样的选择。

这样的不确定性，让我在和人相处的时候，总是把对人的看法放很大的冗余量，不会很快把对人的认知确定下来，这种做法的不好在于很难跟人非常快地熟络，好处是不会有太多"惊喜"。在遇到一个人之初，完全可以把对方想象成为一个中性的人，既不是好人也不是坏人，他有他的利益诉求，也有他的兴趣信仰，是什么我不知道，需要通过很多事情来了解。一定要相信，你看到的、听到的只是这个人的一小部分，你没看到的、没听到的才是这个人的大部分。永远不要过于相信自己看到的和听到的，无论这个事情的好坏，都不要过于相信。既不要因为听到好话就相信，也不要因为听到坏话就不信。别人传的关于这个人的话就更不能相信，大多数人都有当面说好话背后说坏话的习惯，因此别人传的话里能够听到的大多不是事情的全部，而是事情偏负面的那一面。我觉得完全可以给自己多一点时间，多观察，慢慢对这个人下结论。

不要对别人的人性有过高的期望，同时也不要对人性失去希望，总的来说人性是自私的，偶尔也会无私一下，但主旋律是自私的，以自私的基本假设来推断每个人的取向，基本不会有错。但自私并不代表不能互利，把交易条件设定为让每个自私的一方都满意同时达到了互利，这个事情就基本能够做成。这当然要比说服人无私容易得多，但即使容易，很多人仍然无法很好驾驭这样简单的方法论。和人相处基本都需要遵循这样的原理，每一方自私前提下的互利，自私和互利是里面的两个核心，任何一个核心缺失都会打破平衡。没有了自私，效率就会下降，自私能够提升效率，没有互利就会破坏关系，大家就会分道扬镳。实际的拿捏当然远比我这里写的复杂，毕竟现实生活是具体的，被人背叛或者欺骗几次也不是什么了不起的事情，完全没有必要因此对人性失去希望，人性的自私并不是"恶"，我们并不是在进行一场善恶大作战，而是在看要给小狗什么样的骨头它才肯乖乖听话。

人们说的东西往往不能和内心想的一致，有表达能力差的原因，也有言不由衷的原因，因此人们说了什么其实并不重要，为什么会这么说才重要。由于语言和文字其实是我们思考问题的主要途径，所以我们对语言和文字会不假思索地产生反应，因此我们会被我们听到的话所影响，即使一开始不相信，听得多了就半信半疑了，甚至耳根子软的人稍稍撩拨就开始动摇了。对于别人说的话，我认为并没有那么重要，每一个字也未必代表了具体准确的意思。人们之间互相说话，更像是一种社交行为，很多时候说过就算了。但有很多人，非常在意自己听到的话，更在意其中的遣词造句，很容易被这些话冒犯，我们改变不了他们，就要改变自己，尽量少说多听，也请相信，人人都有一颗八卦的心，搬弄是非是人的天性，你无论怎么相信和你说话的人，你说的那些话总是会传出去的，越不好的话传得越快，以飞快的速度直奔被你说坏话的那个人而去。彻底解决这个问题的办法是学会在人前说坏话，在人后说好话，这有点难，因为毕竟我们是压力导向的动物，在人前说坏话的压力是很大的。

虽说人性有很大的不确定性，但日常生活中并不会表现得那么不确定，每一个个体在一般的情况下所会表现出来的情况呈正态分布，也就是说，每个人就像是一个内部构造不同的骰盅，就算是 1 000 个骰子，也有某一个区间比较大概率会骰出固定的数字区间，这就是个性。个性开朗的人也会有悲观的时候，但大部分时候是开朗的，吝啬的人也会偶尔慷慨一把，但大部分时间是吝啬的。我们能做的就是摸清人的个性大概的区间，我们没办法"完全"了解一个人，但大致的个性是可以了解的，通过长期的观察和相处才能比较确信一个人的个性究竟是什么样的。在了解一个人的个性以后，才比较好配合协作，这是一个团队的成员之间必须经历的过程。

了解人是一件很辛苦的事，如果可以的话我宁可不要去做这件事，但没办法，我们只有通过团队协作才能做一个比较大一点的事情，团队协作中主要是各种各样人之间的关系，不了解人协作很难通畅。但这件事也不是完全做不了，前面提到的那些点都是人性中的一些普遍规律，如果能够掌握这些规律，大致是可以做到的。尽量以悲观的角度去揣度每一个人的人性，但也不彻底失去希望，他们多半比你所做的最悲观的预测要好很多，也以同样悲观的态度来看待自己的人性，这样的情况下，你采取的对人的态度才会比较容易被人接受。

> 任何一种技艺的练习，成长曲线都像是函数 y＝log₂x 一样，开始的时候上升很快，越到后面上升速度越慢，也就是说一件事做到 60 分，大概 3 年就可以完成，做到 75 分大概要 8 年，做到 90 分大概要 20 年。这导致了很多人在 60 分的时候就觉得自己很行了……这些人的人生发展曲线最后往往发展成了函数 y＝sin x，刚刚爬上去又掉下来重新开始，不断重复……

专　业

什么是专业？电影《功夫》里火云邪神说了"天下武功唯快不破"后，坤哥说"这就叫专业"。不不不，这是经验总结，不是专业。电影《喜剧之王》里，导演没喊"卡"星爷就继续装死挨揍后，杜鹃姐说"这就叫专业"。不不不，这叫职业素养，不是专业。所谓专业，就是专于此业，一句话就是只干这个不干别的。宋朝有一本叫作《鹤林玉露》的小说，里面记载了一个故事，汴京有人买了一个小妾，这个小妾原本是在蔡京家厨房里做包子的，有一天，这个读书人心血来潮，就跟自己的这个小妾说，我也想尝尝宰相府里的包子是什么味道，你给我露一手呗。小妾就跟他说不会，书生感到非常诧异，他说你原来不就是在太师府上做包子的吗？怎么能不会呢？小妾说，太师府上做包子的有几十个人，我在那里只是负责切葱丝的。这个才叫专业。我想这位小妾可能不会包包子，但那葱丝肯定切得又快又均匀，至于蔡京家里的包子，一定是多道工序，分工合作完成的，难吃不了。

专业的前提是分工，如果没有分工，就谈不上专业。小农经济的社会中，大部分人就没办法专业，因为对于大部分人来说，要自己完成所有的事情，从种棉花到织布到量体裁衣，跟生活相关的一切事务大多都要自己做，因此没办法只干这个不干别的，否则不是要饿死就是要冻死。在那个时代市场不大，大多数人是自给自足，需要交易的东西不多，因此可以拿来交易的专业服务也不多，只有一些特殊的领域会走专业化的路子，比如算卦、看病、打铁。人类社会进入工业革命以后，就形成了愈来愈细致的分工，《摩登时代》里的卓别林扮演的流水线上的工人，只负责拧螺丝，其他什么也不干。什么事情都有好坏两个方面，这样的分工，好处是一个人只要专注于一个细节，可以极大提升效率；不好的方面当然就像电影里所表现的那样，人越来越像个机器，工作枯燥乏味。但是当你说"我们可以永远相信女足"的时候，有没有想过，女足队员的日常也是这种像机器一样枯燥乏味的练习。

会不断重复的、由两个人以上才能完成的工作才有分工的必要和可能，无法拆分、靠一个人就能完成的工作也能达到专业，但不在本篇的讨论范围内。分工越是合理越是细致，原则上效果越好，但是分工越是细致的同时也会带来问题，就像越是精密的仪器越是效果好，但同时故障率也会直线上升。分工是规模扩大的必然产物，但是当规模过于庞大时就很难及时发现微小个体存在的问题，这也就是为什么小公司看起来总是效率比大公司好。所谓分工合理，其实是个大学问，我想在百年以前足球运动刚刚诞生的时候，应该也是一群人上去一通乱踢，就像小学时候踢足球一样，一群小孩追着球跑，但是经过了一百年，慢慢固定为现在这样有前锋、中锋、中卫、后卫、守门员这样的分工方式，这其中一定是经历了很多次的试错。对于一个想要提升自己效率的组织，如何让现有的团队来完成新的工作，无疑是一个需要研究的重要课题。最开始的时候肯定是原始的分工，开个家庭作坊式的小饭馆，哪里会有专门切葱的人，炒菜的人没准还要端菜收钱，但如果饭馆规模上去了，再用这样的方式就有点像一群人上去乱踢足球了，要有收钱的，送菜的，洗碗的，甚至厨师还要分出面点师傅，烧烤师傅，大厨二厨，切墩的，打荷的……先跟人学，看看人家是怎么分工的，然后根据自己的情况研究，怎么才能让专人干专事的效率最高。

在一个具体的分工里，做到高水平，这就是专业，比如音乐家、运动员、厨师等都很容易理解他们专业在什么地方，前提是做到高水平，这种高水平是通过天赋以及长期练习作为代价而获得的，天赋当然重要，但长期练习更为重要，天赋决定能否登顶，长期练习决定能否大概率比一般人强。所以要成为一个专业的人并不难，首先选一个具体的分工，然后在这个分工中长期练习。人在社会上安身立命，只需要在一个分工中做到高水平就足够了，未必需要太多优点。

任何一种技艺的练习，成长曲线都像是函数 $y=\log_2 x$ 一样，开始的时候上升很快，越到后面上升速度越慢，也就是说一件事做到 60 分，大概 3 年就可以完成，做到 75 分大概要 8 年，做到 90 分大概要 20 年。这导致了很多人在 60 分的时候就觉得自己很行了，因为成长慢了，不像前两年一样每天都能学到新东西了，就以为是学到头了，所以 3 年离职是一个常见现象，尤其是基础还不错的人。这些人的人生发展曲线最后往往发展成了函数 $y=\sin x$，刚刚爬上去又掉下来重新开始，不断重复，因为他们以为自己是 90 分，其实是 60 分，所以就对这个世界有较大的误解和怨气。做到 60 分还不足以在社会上混得好，因为能做到 60 分的人并不少，在社会上人的能力分布大致也是一个 $y=x^{-1}$ 的曲线，也就是分数越低的人越多，分数越高的人越少，也混得越好。所以人要熬得住，在 60 分以后的进步是非常困难而且反复的，因此也需要比较多的时间去磨砺。

专业还意味着根据实际效果来操作，而非根据生活本能来操作，我们举过专业搏击运动员的例子，一般人打架受痛以后就只顾着疼痛了，这是本能，但只顾着疼痛往往就会放弃应该做好的防守和攻击，然后就会被对手连续殴打，而专业练习的效果就是能够在受痛的时候仍然保持注意力在进攻和防守本身。生活中我们会根据事情发生的顺序做事情，而专业的操作方法是先把事情按照重要和紧急程度分类，然后再决定处理的先后次序。生活中会哭的孩子会被先照顾，而专业的管理者要能够控制自己不被无关的表达干扰。生活中我们都是站着起跑的，而专业运动员蹲着起跑。类似这样的例子还很多，各行各业中都有不少违反常规思维的专业操作。而这些看似违反常理的行为，一定是比依照直觉所采取的方式效果要好，要做到这一点，还是要经过长期训练。

专业还意味着量化与认真，反复练习不是傻练，要不断进步，不断变得更好。怎么才能进步？更认真更有量化数据很显然是一个方法。我们在非专业领域，总是会说，我觉得如何如何，但是到了专业领域就要拿数据，拿文献，拿资料，拿事实来讲话，而不能凭感觉。比如苏炳添要提升0.1秒，就要不停分析动作，一帧帧抠图像研究过往的技战术，他甚至写了篇研究自己的论文。我不敢说所有靠感觉的都改为靠数据一定百分之百对，但是，绝大多数情况下一定是对的，数据化，量化，逻辑化，证据链化……这些都是能够帮助做得更好更专业的方法。我发现一个可喜的现象，现在哔哩哔哩很多视频主在所做视频的后面附上了越来越多的参考文献或资料，视频的整体水平当然就越来越体现出专业度。

专业是一个很确定的词，我们在生活中把这个词给用宽泛了，有时指态度，有时指能力，有时指结果，其实我们每个人都可以在某个领域做到非常专业。

> 发生在我们身上的事情早就在前人身上发生过，没有什么好大惊小怪的，不要激动，不必那么大压力，兵来将挡水来土掩，碰到问题处理问题就是了。如果不能从前人的经验中汲取智慧，至少做到不要慌了手脚。

人算不如天算

有一句老话叫作"人算不如天算"，还有一句"机关算尽太聪明反误了卿卿性命"，由此看起来国人在对于未来的预测上，基本是悲观的。我想这种悲观都是从一辈子的教训中得来的，等真正从人生的教训中学到了东西，人却已经老了。这种年轻时看不透，等看透了人却老了的现象，成就了这样一句名言"人类从历史中吸取的唯一教训，就是人类不会从历史中吸取任何教训"。

我曾经叫了一个专车，这位司机和我见过的大多数人一样，开车时总是选择眼前移动较快的车道，总是选择眼前排队较短的车道，为此常常要横穿好几个车道才不至于错过路口，还要加塞并道，故而常常被人按喇叭，也有人超上来冲他瞪眼。将近两个小时的车程，路况也没有特别不好，如果他所做的这一切有用，应该会积小胜为大胜，提前不少时间到达才对，但事实是并没有，同时还冒了比较大的风险。人们总是这样基于眼前看到的一点点信息做决定、做判断，似乎这样的便宜错过了自己就会吃亏，然而，事情的发展往往与我们的算计一点关系都没有，有些时候我们没算计却得到了好处，有些时候我们算计了，却白算计，大体上来说，白白算计的时候居多。

我在面试的时候，发现不少人不过三四十岁，却有 5~9 份工作经历，我总爱问他们相同的问题：

"当初是你自愿加入这些公司的，对吧？"

"是的。"

"你刚刚进入这些公司的时候也是想好好干的，对吧？"

"是的。"

"那最后怎么没干几天就离开了呢？"

于是他们会给出各种各样的理由，我觉得他们是真的相信这些理由的，我也理解在做出那个选择的时候他们有他们的理由。但是需要问问自己的问题是，当初选择的时候，大家都是按照对自己最有利的方向做的选择，怎么一直到了这个年纪还是这种情况呢？说不上失败吧，但肯定算不上成功。

会从这个角度去反思自己的人很少，大部分人在稍稍诧异于这个问题后，就表示都不是自己的错。我其实并没有和他们讨论谁对谁错，可是大多数人聊到这里，基本就开始为自己辩护了。大多数人难以接受是自己把自己推到了这个地步，总要找点理由去怪别人或者环境。日本有个电影《盗钥匙的方法》，说的是一个杀手在澡堂摔了一跤造成失忆，结果和一个郁郁不得志的演员互换人生，杀手虽然失忆，虽然面临潦倒演员糟糕的生存环境，却还是一步步走出了困境，而不起眼的小演员即使偷来了富裕的生活环境，还是把日子过糟糕了。或许就跟这部电影一样，人生走到今天这步，是外因和内因二者共同作用的结果，但是，内因显然是更主要的原因。

生活中，选择跟朋友合伙开公司的，或者去投奔一个朋友的，结局大多数都是惨淡的，开始的时候往往觉得这是人生的机会，最后却发现不但没有抓住所谓的机会，还少了个朋友。大体的故事都是，事先双方把话说得不明不白，当结果和彼此的预期有认知上的差异时，基于这些差异和一开始不明不白的承诺，最后只能获得一个双方都不满意的结果。

　　人们对自己的判断通常有过高的自信，其实大多数时候我们什么都不懂，什么都不知道。一方面有能力的原因，人不是神，并非全知，没有办法知道全面的信息，我们只是基于眼前看到的非常少量的信息做的判断，能力虽可以提升，前提却是长期努力。另一方面是态度问题，更多的人做判断都是基于"我觉得""我感觉"，或者基于心血来潮，有些事可能无法获得更多的信息而不得不靠"感觉"，但更多情况的却是因为懒惰和缺乏方法。某知名咖啡品牌被调查公司爆出财务作假的故事其实很有借鉴意义，这家爆料的公司并没有采取什么了不起的方法，他们只是派了大量的人员去该咖啡品牌的门店看有多少人买了什么，看咖啡的叫号单，混进该公司的员工群……他们并不是靠"我觉得"，而是立即行动从各个角度去调查研究，从而获得了扎实的信息。

　　因为我们知道的信息实在太少，还有些信息虽然知道，但过于复杂无法通过简单推导得出结果，所以大部分时候，我们并不能做出正确的判断，我们以为我们做了最好的选择，最后发现"人算不如天算"。如果我们真的有本事一直做出最好的选择，我们还上什么班？直接去炒股票不就好了？我们能够做出的，只是基于本能的最简单直接的选择，比如摸到烫的东西我们会立即缩手，见到帅哥/美女会心动……而凡是涉及对于未来的预判，我们大多数时候都是在瞎蒙，这种瞎蒙的准确性和距离未来的时间成反比，也就是越未来的事情，我们越不知道，所做的判断就越是瞎蒙。根据一次面试来判断去这家公司是否会让自己走上光明大道和去判断三年后大豆期货是涨是跌几乎是同一个难度。我们一生做很多的判断和选择，在每一次的选择中，绝大多数人都想要为自己算一下，但是看一下这个世界，穷人多还是富人多？普通人多还是功成名就的人多？由此基本可以推断一个结论，世人为自己所做的绝大多数决策都是不靠谱的。

　　那要怎样面对职业生涯中发生的种种抉择时刻呢？如前面的文章所述，我们来到职场，首先是为了养家糊口，为了社会地位，为了社会认同……而获得这一切除非你能够拼爹，否则最靠谱的办法就是有一技之长，所谓一技之长，并不是你觉得自己有一技之长而是社会觉得你有一技之长。如何让社会认可你的一技之长呢？我听过这样一个说法，叫作一万小时法则，大致意思是对于普通人来说做任何事情想要做到脱颖而出，大致都需要一万小时以上的训练。如果你每个工作日花 4 个小时在做这个事情，那么需要 10 年的时间，如果每个工作日花 2 个小时，那么需要 20 年的时间。如果在职业生涯中，你的选择是能够不断延续这种训练，大致上，你未来的日子不会差，而如果选择是不停打断这种训练，就很难练成可以被社会认可的一技之长了。

很多时候我们的选择是基于情绪的冲动。一个比较普遍的现象就是，很多人一件事做久了就会厌倦，也会积累一些难以解决的"宿疾"，这个时候很多人会选择放弃，他虽然也知道可能放弃并不对，但是内心却有种抛弃掉这个包袱就会愉快的感觉在召唤，于是即便隐隐知道有问题，却还是先丢掉这个包袱再说。在单个人的一生中会发生很多很多意想不到的事情，但从人类几千年的历史来看，已经没有什么新鲜事了，能发生的早就已经发生多次了，我们所碰到的事情，绝不是人类曾碰到过的最糟糕的事情，也不是人类碰到过的最好的事情，就是那么一个普通的事情而已。发生在我们身上的事情早就在前人身上发生过，没有什么好大惊小怪的，不要激动，不必那么大压力，兵来将挡水来土掩，碰到问题处理问题就是了。如果不能从前人的经验中汲取智慧，至少做到不要慌了手脚。无论发生了什么，都不要上头，不要把情绪放在事实之前，问问自己，我该如何选择。

日前发生了一个事情，让我更清楚地看清了人算天算的模型。我们公司有一家客户一直使用 A 产品，但是由于 A 产品的当地经销商配合度不高，而且我们跟产品 B 的生产厂家也结成规模合作，希望能够大幅靠拢降低成本，产品 B 的质量也的确比产品 A 好，我一直希望客户换用 B 产品，但是客户和我们公司负责这家客户的销售张三都兴趣不高，找各种理由推脱，花了一年有余的时间，这家客户终于同意更换成 B 产品了。然而此时，我们的一位采购李四，突然跟张三说还是用产品 A，我问为什么，李四说，因为产品 A 厂家给了一个政策，只要继续买产品 A，我们之前买的部分产品就可以得到补贴。在这个事情里，不得不说李四的选择乍一看没有问题，他的出发点肯定也是做出对公司有利的选择，但李四至少没有考虑过以下四点：

a. 前面花了将近 1 年的时间所做的工作是不是都没有成本的？

b. B 厂家会如何看待这件事？如果我们的合作态度只是玩玩，只要有更大的利益就分手，B 会采取什么态度？

c. A 产品当地的经销商会跟 A 厂家怎么说？他一定会说继续使用 A 产品，这完全是他的功劳并要求对我们涨价。

d. 下一次如果 A 产品继续不配合了，我们要求客户和销售更换，客户和销售还肯换吗？

那些看似免费的，天上掉馅饼的好处，都在暗中标好了价钱。对于我来说，只有我自己付出了千辛万苦得到的，才是我踏踏实实敢拿的好处，这就是我的决策原则，虽然捡不到便宜，但也吃不了亏，所以我的未来是确定的。

面对职场巨大的不确定性，唯一能够确定的事情大概就是坚持做一件事会有比较好的结果。每次面临的选择，都有点像西游记里唐僧师徒碰到的劫难，这些劫难的唯一目的就是让唐僧师徒放弃，无论是对方用软的还是用硬的，无论来的是妖怪还是国王，无论他们嘴巴上说的理由是什么。而唐僧师徒，有时需要战胜恐惧，有时需要战胜欲望，有时需要战胜迷茫，有时需要战胜虚妄……总归不是给自己留在女儿国找个理由。

> 与投入大量精力找未必存在的超级英雄相比，一个管理者更应该考虑的是用什么样的办法做批量的有效行为，以此提升一件事情做成功的概率。用普通人也能做好的事业才是一个可以做大做强的事业，一定要超级英雄才能做好的事业必然是做不大的。

批量的有效行为

如果一个人想要成就一番大事业，那么一定要早早建立自己的团队，这个团队中还一定有几个与自己一条心的骨干，纵观历史，那些成大事者莫不如此。朱元璋团队的骨干，在他还是个和尚的时候就已经在他身边了；刘邦团队的骨干，在他是个小小亭长的时候就已经在他身边了；马云团队的骨干，在他还发不起工资租不起房子的时候就已经在他身边了，这样的例子不胜枚举，比如曹操的团队、成吉思汗的团队……这些团队从外界的描绘上来看简直是个梦幻团队，厉害得没边了。这让人非常不解，这么巧吗？老天爷让一群最厉害的人物降生在了一起，一次两次也就罢了，可常常这么出现，就说明应该不是这么回事。我开始怀疑，这群人并没有外界吹得这么厉害，但是实际上这些人一个个又的确位高权重，如果能力不行，怎么会身居高位？我猜，他们应该是有个什么办法，从而让团队里的骨干虽然能力一般，但是也能管好一摊事情。

在十几年以前，我自己也还是行业里的小透明，带团队的办法就是和团队的成员一起进入每一个具体的事情中，身体力行、言传身教，长期这样做，积累了一批公司骨干。说实话，对于具体的每个个人，甚至是自己，我都是有不少的不满意的，总有很多事情托付给一个人却完成得并不理想，培养一个人这么辛苦，未来也未必能放心地托付一方事务。这时，我就会再翻一遍史书，想搞明白究竟别人的事业是怎么做大的。其实，我们大多数人一直以来都对这件事情有认知上的误区，想象一下有一个车工师傅，教了一个徒弟，等有一天徒弟出师了，就可以自立门户，徒弟还可以再教徒弟，虽然大家的手艺会有差异，但基本都是合格的车工，这样就可以复制出大量车工。于是就同理推断，刘备教会了关羽，就可以把荆州托付给关羽了，但结果如何……大家也都知道了。看起来管理者并不是像车工带徒弟一样来传承的，也没有办法通过身体力行培养出大量基本合格的管理者。

我们看到的史书，毕竟不是当事人自己写的，很多猜测往往源自作者自己的理解水平。就像农民想象中皇帝娘娘一定是拿金锄头耕地，白面馒头管够，写这些东西的人，大概率都不是管理者，在他们的理解里，那萧何、樊哙、夏侯婴一定都是天神下凡一样的人物，否则怎么能做恁大的事情？小说《三国演义》里面描绘两军对阵的时候，总是两方的将官上去捉对厮杀，一边输了大家就落荒而逃，好像剩下的千万士兵都是气氛组。尽管《三国演义》是一本关于谋略的书，但作者更费笔墨的还是一个个英雄人物的传奇故事，羽扇纶巾的周瑜，刮骨疗毒的关羽，一身是胆的赵云，还有曹操麾下的五子良将……因此读者也会对三国武将的排名更感兴趣。是的，老百姓对于管理者的理解就是这样的，就是超级英雄化，老百姓用比较简单粗暴的办法来理解管理者为啥能干出这样的成绩，甚至还要附会上"九天玄女授兵书""设坛借东风"这样的桥段来超级英雄化领导者。在这样的逻辑影响下，一个企业总是在祈祷招聘到超级英雄一样的员工，然后就可以像打牌一样对付竞争对手了，你出一张吕布，我出一对张飞，你出一个超人，我出一个灭霸。很显然大家都误会了，现实社会不是这样的，现实社会里没有超级英雄。现实世界里，普通人和高手之间的差距并没有那么大，只要专注练习，基本大家都可以达到差不太多的水平，有些事情看起来很神奇，但是只要稍加练习，一般人都可以做到，比如摇骰盅把骰子一个叠一个立起来。

为什么刘邦一下子就培养出了一批不错的管理者？究竟有没有可以推广的办法？我们从另外一个例子来尝试寻找答案，吴起、商鞅是怎么获得军事胜利的。吴起主要解决了训练方法问题，入选者必须能手执一支长矛、身上背着五十支长箭与一张硬弓，同时携带三天军粮，总重五十余斤，连续急行军百里（半日内）还能立即投入激战，这样才可以成为魏武卒。显而易见，吴起并没有让这些士兵成为超级英雄，而是按照前面说的，要求这些士兵通过练习做到了一些看起来很神奇的事情，这些士兵也远非刀枪不入，也不会降龙十八掌这种大杀器，但是士兵整体身体素质水平的提升大概率地提升了战斗力和战斗胜率，魏武卒一度天下无敌。商鞅解决的是激励机制的问题，要让人高效地做一件事情，就要有正确的激励机制，想打胜仗就要让每个具体的士兵都想要赢，肯为胜利想办法，肯吃苦不怕死，军功爵制度就是很好的激励机制，每颗首级能涨一级军功，士兵的积极性就有了。这同样不是超级英雄式的变身，而是用正确的机制促成了一些不大的变化，但是不大的变化乘以巨大的基数和时间，就有了巨大的差别了。就跟下面这个公式想要表达的意思差不多：

$$\frac{1.01^{365}}{0.99^{365}} = \frac{37.7834}{0.0255} = 1482$$

1是一天，1.01是一天多做了一点儿，0.99是一天少做了一点儿。1.01和0.99，到底相差多少。表面看起来只是相差了0.02，实在是微乎其微，不足道哉。一年有365天，当两个数与365乘方后，结果却是千余倍的差别。如果你每天偷懒一点点，一年后，可能连奋进者的背影都看不见了。

从吴起和商鞅的例子里我们可以得出一个结论，他们的管理之所以有成绩，核心的点是两个：批量和有效。我大胆猜测一下，刘邦的管理团队比较优秀并非因为他们都是超级英雄，很有可能这些管理者们做得好也是因为他们做了批量有效的事情。或者他们按照既定的政策在执行，而这些政策也是解决批量和有效。

很多公司在人才的培养和干部的任用上面常常犯这样的错误：第一是希望招聘到一个超级英雄。可超级英雄如果存在，他为什么要去网上投简历呢，就算真的招到了一个超级英雄，他会不会跟现有团队好好相处呢？超级英雄很可能是双刃剑，砍人锋利砍自己也锋利。希望招聘一个超级英雄的背后逻辑是这样的：我招一个能干的人，然后把任务交给他，让他自己想办法把任务完成，这样我就能省好多力气了，也可以腾出手来管其他事情。这个世界上，或许有那种你只要给他目标，不用管他就能自己把任务完成的人，但首先这种人太少，其次这种人怎么会甘居人下？第二是喜欢只说目标和原则，具体细节操作都推给下面的人管。这两条错误的核心点就是领导不想自己进入具体操作，只想坐享其成。

与投入大量精力找未必存在的超级英雄相比，一个管理者更应该考虑的是用什么样的办法做批量的有效行为，以此提升一件事情做成功的概率。用普通人也能做好的事业才是一个可以做大做强的事业，一定要超级英雄才能做好的事业必然是做不大的。越是到了更高的层面，越需要考虑事情做成的概率，以及如何提升这个概率。以一个产品的推广为例，提升这个产品的质量，降低这个产品的价格，增加产品的曝光度，提高产品的品牌知名度，优化产品的使用体验，增加网点，增加售后支持……这些都是可以提升概率的办法，但是真正肯花时间去做这些事情的领导不多，何况还要做够数量，有效的行为如果没有足够的数量也起不到作用，比如仰卧起坐的确能够有效锻炼腹肌，但每天做一个就没啥用。提升质量、降低价格这些方法本身就已经兼顾了批量，而想要增加曝光度，提升知名度，如果只是开一次发布会，或者只做少量的产品介绍动作是起不到作用的，必须要做够数量，先不要追求一次产品介绍做得尽善尽美，而是要达成足够多的数量。做批量的有效行为是一种我们能够依赖的可预期结果的做法，而超级英雄不是。与其相信超级英雄，我宁愿相信批量的有效行为。

> 人和人的关系是流动的，变好和变坏都有可能，关系不可能是一成不变的，一件件小事情的积累，就像一个个河湾，决定了河流的最终流向，现在好的，将来也可能不好，现在不好的，将来也未必不好。对于和别人的关系，要有一个正确的估计，要估计到关系会变好变坏，当初讲的不管是海誓山盟还是肝胆相照，都敌不过心里的一个念头在生根发芽。

相　处

前一段时间重温了一下金庸先生的小说《笑傲江湖》，突然发现岳不群和令狐冲的关系变化很有意思，值得作为一面镜子反观人际关系的变换。我们先来捋一下这二人的关系，以及关系的变化。最开始的时候，二人是亲如父子的关系，岳不群是把令狐冲当儿子养的，而令狐冲也是把岳不群夫妇当作父母一般，即使岳不群有时不喜令狐冲的顽劣，但毕竟是父慈子孝的温馨家庭。罚他上山面壁思过，主要是家长和孩子价值观的不同造成的，既没有恶意也没有事实上的伤害。但事情慢慢起了变化，林平之的加入，让令狐冲的心态先起了变化，此时尽管岳不群想要谋夺《辟邪剑谱》，但岳不群对令狐冲的态度并没有变化，反而是青春期朦胧的爱情让令狐冲辜负了岳不群的期望，岳不群有点恨铁不成钢，虽如此，情义也没变。

直到令狐冲弄丢了《紫霞秘籍》，放过田伯光，从岳不群的角度，他对令狐冲有了怀疑，这很正常，种种迹象表明，令狐冲有嫌疑。但岳不群做了一件傻事，就是把怀疑写在脸上，让对方感觉到自己的怀疑，却不采取措施处理问题，只是发泄情绪般冷落令狐冲。这么干一点用都没有，心胸狭窄一点的人可能就走了，令狐冲要是溜了，《紫霞秘籍》不是更找不回来？所以岳不群要么就不要流露出自己的怀疑，要么就采取措施解决问题。接下来就是令狐冲刺瞎15人眼睛的名场面，此时岳不群的怀疑更深了，但也有道理，这个大徒弟怎么早不支棱晚不支棱，等自己被擒就支棱起来了？偏偏等岳不群给出新的指令后，令狐冲又不行了，一方面说自己身受重伤，一方面又在最巧的时间出手惊人，岳不群不怀疑才怪了，要怪只能怪令狐冲开挂。岳不群的怀疑加深了，但此时他又连犯两个大错（金庸是真不喜欢正人君子，把岳不群给降智了），第一，派个劳德诺监视令狐冲，这些江湖人士又不是刑侦专家，能监视出啥来，又是发泄情绪一般地让对方知道自己很怀疑，这对解决问题没有任何帮助，只会扩大对立，找到《紫霞秘籍》需要令狐冲配合，让令狐冲时时感受到被冷落和被怀疑，他会更加配合吗？第二，在事实和猜想面前，选择了猜想。这是我们在人生中常常碰到的情景，当两人产生误会时，在没有了解清楚事情的来龙去脉之前，就对彼此在多年间积累的恩义视而不见，却把一个不成熟的想法当作真理。现在岳不群面对两样东西，一个是十几年的恩情，一个是甚至不能自圆其说的猜测，他选择了相信感觉。不要急着骂岳不群，绝大多数人在这种情况下，都会像他一样，选择感觉。这两点错误都是不能控制自己情绪的表现，发生在岳不群这个人身上不甚合理，书里对岳不群的描写都是自制力非常强的人设。

事到如今，岳不群对令狐冲是有怀疑的，但还没有撕破脸，还想观望一下，看看还有没有救。但事情继续起变化，他们决定去洛阳王家，也就是林平之的外婆家，岳不群有自己的烦恼需要解决，这个选择并没有针对令狐冲，但是令狐冲不这么想，令狐冲觉得自己被针对了，所以就开始摆烂，王家本来也没想拿令狐冲怎么样，但是令狐冲又觉得自己被针对了，就开始以敌对的态度对待王家，王家的纨绔子弟哪受过这个，于是你做初一我做十五，把令狐冲给揍了，并怀疑他吞没了《辟邪剑谱》。此时的岳不群其实不完全确定令狐冲是否真的有问题，但令狐冲的摆烂让他很没有面子，毕竟他是来求人的。这个阶段，两人的感情正在逐渐变淡。接下来就是到了产生质变的时候了，五霸岗治病、一路上的各种人物接触，令狐冲一是没把岳不群放在尊位，让岳不群很没面子，二是动不动跟人肝胆相照，讲一些水里来火里去的话，很不对岳不群的胃口。岳不群有一个门派要照料，有嵩山派的压力，有经济上的压力，有规模上的压力……活脱脱一个身处中年危机的焦虑男子，但此时令狐冲却要跟三教九流的人肝胆相照，传了出去，岳不群该如何面对左冷禅呢？大概率刘正风的下场就是岳不群的下场，华山派这小猫两三只，哪里对抗得了嵩山派？岳不群觉得令狐冲这是要坑死自己啊，说又说不听，又成天给自己惹新的麻烦出来。换作你是岳不群，你怎么办？所以只好逐出师门了，省得嵩山派以此为借口又来搞事。此时虽然分家过了，但还没有要令狐冲死。这一段，岳不群没犯什么错，他只是做了无奈的选择，也没有非常努力去试图改变。

直到岳不群偷拿了《辟邪剑谱》，这一步走错，后面只能一错再错了，一个谎言要拿十个谎言来弥补，窟窿越来越大，岳不群的心态彻底崩了，他把和所有人的关系都搞砸了，这个时候他希望这些人要么服从，要么去死。此时的岳不群，是真的要弄死令狐冲了。人在这个时候，会合理化自己的错误行为，妖魔化别人，岳不群至死都不认为自己有什么错，算是一条道走到黑了。

我观察了很多人之间相处，朋友变敌人的，兄弟反目的，父子翻脸的，大多数情况都和上述的这个心路历程差不多。整个过程中，如果按照我的分析，岳不群也是情有可原的，除去贪了《辟邪剑谱》，也没做什么过分的事情，这人就是一副假道学以及心机深沉的样子让人讨厌而已。他甚至都没问过林平之关于剑谱的事情，偷拿剑谱到底是临时起意还是谋划已久还真不好说。普通人都是相通的，人和人的感情变化，一定是双方共同参与的结果，一般不会有单一一方大奸大恶，大多数时候都是话赶话赶到那里了，就说了互相伤害的话，做了互相伤害的事情。但双方都坚持自己是错误很小或者没有错误的，对方是错误很大的。

人和人的关系是流动的，变好和变坏都有可能，关系不可能是一成不变的，一件件小事情的积累，就像一个个河湾，决定了河流的最终流向，现在好的，将来也可能不好，现在不好的，将来也未必不好。对于和别人的关系，要有一个正确的估计，要估计到关系会变好变坏，当初讲的不管是海誓山盟还是肝胆相照，都敌不过心里的一个念头在生根发芽。而这种生根发芽是看不见的，等看见的时候已经酝酿好久了，此时再想要快速改变已经不可能，这个念头花了多少时间生根发芽，就要花多少时间去拔除。不要高估了自己和别人的关系，也不要低估了自己慢慢努力的效果。

岳不群和令狐冲的决裂，原本是可以避免的，但两个人都犯了一个错——只处理情绪，不处理事情，都希望对方无条件相信自己，却拿不出令人信服的证据。每个人的个性不同，性格也很难改变，没有办法像机械工具般一一匹配。这些年来我得到的经验是，最好的维护情感关系的办法，就是只处理事情，不处理情绪。有事说事，就说这个事情怎么解决，不要夹杂情绪，一旦夹杂了情绪，就会互相伤害对立，而很不幸地，我们就是固执地觉得自己全对，对方全错。比如，有些人说，我都是理性客观就事论事的，对方耳朵里听到的是，你是不理性客观不就事论事的，这话一点缓解矛盾的作用也没有，只会让对方更愤怒。书里写道，"令狐冲怔怔地瞧着师父，心中一个念头不住盘旋：'日后我若见到魔教中人，是不是不问是非，拔剑便杀？倘若曲老前辈和曲非烟这小姑娘没死，我是不是见了便杀？'"这段描写就有点把岳不群讲的原则给扩大化以及污名化了，岳不群后来见到这么多魔教的人，也没拔剑就杀呀。令狐冲这个想法就是在拱火，拱自己的火，拱读者的火，顺着这个话谈下去，肯定谈崩，你要谈就谈杀不杀曲非烟，为什么杀，怎么杀，杀了什么后果，有什么好处就可以了，不要把对方的话扩大，只处理杀不杀曲非烟这个具体的事情，不要处理听了这话以后自己内心不认同的情绪。当然，这是一件困难的事情，当对方三番两次对你输出情绪以后，还要管好自己的情绪来只谈事实的确是不容易的，但这还是需要练习，不要问"为什么对方不让步"，因为对方是对是错并不重要，我不要被他拖下水才重要。

人们在创造恶魔的时候还会附带发动另一项技能——造谣和选择性透露信息。想想也是，既然是创造恶魔，那么必然要编造一些恶魔的恶行，否则怎么能让人相信是恶魔呢？所以要变本加厉地描绘对方的无能和荒谬，有些时候根本不用编造，只要选择性披露信息，只说对方的缺点，不说对方的优点，就足以让对方变成恶魔了。

名叫"焦虑"的恶魔

你有没有总是对自己的未来忧心忡忡？尽管过去的几十年你也平平安安地过来了，但却总是担心未来会有什么变坏的趋势。甚至有些人的焦虑已经让他无法正常生活，不得不用尽全力去消除这种焦虑。为什么有此种焦虑呢？因为这个世界上有太多贩卖焦虑的人了，贩卖焦虑是一门大生意，门槛低、利润高，还受到消费者热捧，只要能拉得下脸来胡说八道，应该算是一门容易速成的发财或者吸引眼球的本事。最近在职场上碰到的一些事情，让我想起汤姆·克鲁斯主演的电影《碟中谍2》开场时的一句台词。大意是，为了创造一个英雄，我们先得制造一个恶魔。当年看片，隐隐觉得此话有什么话外音，只是彼时我和阿汤哥都还年轻，没有什么社会阅历，现在渐渐明白，那个恶魔的名字叫作焦虑。

所谓焦虑，往往不是立即性已发生的困难，而是一种对于即将碰到困难的预期，而绝大多数时候这些预期是别人种下的草，比如算命的说"有凶兆"或者"要走霉运"，大多数人总是难以淡然处之，遇到不顺心的时候，这草总要发出芽来。如果碰到一个两个人告诉你应该焦虑也不是什么大事，还能惊醒自己不要太满足于眼前的安逸，但是如果生活中处处有人向你散布焦虑情绪，那日子就没法过了。有一些行业在资本和利益的驱动下，会自觉不自觉地开始贩卖焦虑，他们的业务中，大多有对于当事人未来的判断，这种判断和当事人的利益有重大关系。为了说明我的本领高超，为了要你多付钱，必须夸大描述你所碰到的困境，必须把这个危机描写成一个恶魔，既然是恶魔，当然是三头六臂、青面獠牙，能有多可怕就多可怕，也就是遇到了我，便宜了你，你有救了。很多情况下，因为专业知识的缺乏，对于他们所说的话大多数人是毫无抗辩能力的。

在我们的生活里，贩卖焦虑的声音无处不在，大体上，你没主动想要买却被人说服了要掏钱的，很有可能是买下了焦虑。贩卖焦虑的人很擅长把你放在一个"只有你不这样"的环境：别人的孩子都在偷偷上补习班，我的孩子如果不上，卖私教课的人说未来的竞争简直你死我活，小孩子少学一分钟都有可能前途尽毁，面对孩子成长路上的大恶魔，我不做点什么是不是就是个坏家长？别家的老人丧事大操大办，我不舍得花钱，殡葬业主告诉我说大操大办才有面子，否则让人家看不起，也让老人在天之灵不安，面对这么个大罪过，不花钱我是不是就不是好儿女？别人都买了房，我不买房，卖房的说这房子肯定大涨，我认识的张姨李婶就是因为买了我的房，现在天天在家数钱数到手抽筋，面对这么个大诱惑，如果不买我是不是个大傻子？抵制焦虑侵蚀需要智慧，更需要勇气。

传播焦虑还满足了人们的另一个需求，让别人焦虑起来，就可以觉得自己过得并不是那么差。午餐时间，我常常会碰到邻桌一起吃午饭的几个职场人，他们不是在吐槽公司就是在吐槽公司里的领导或者其他同事，从言语中就能听出来是过分夸大了对方的恶行，而完全不提自己的问题。这种吐槽显然不是以解决问题为目的，而是以发泄情绪制造焦虑为目的，这个焦虑除了给自己找到了正当性，更重要的是让听众焦虑起来，公司和领导简直就是大恶魔，他们甚至需要捏造恶魔的恶，煽动对恶魔的仇恨，夸大焦虑，获得同情。再比如有些家庭群里，可以看到不少老人也热衷于传播各种焦虑型谣言，这其实和他们的心境是有关的，孩子们都慢慢长大了，慢慢不听话了，慢慢忽视自己了，老人觉得孤单落寞，这个时候如果能够说服儿女，让他们相信外面的世界很恶劣，只有回到长辈的羽翼之下听长辈的话才能平安顺遂，老人会多一点存在感，才能不那么寂寞。原来恶魔不仅仅可以用来创造英雄，也可以作为普通人的挡箭牌，抚慰自己的心灵，让自己无地安放的焦虑可以得到缓解。

人们还会利用制造焦虑来逃避自己不想干的事情。二十多年的职业生涯里我发现，两个公司如果想要合作，最大的阻力不是来自上层，而是来自底层，我已经碰到不知道多少次了，两家公司的高层坚定决心，要一致合作，结果推进的时候就是碰到各种各样的不顺利，时间久了也就不了了之了。这是什么原因造成的呢？为了避免更多的工作，底层员工会人为把这场合作描绘为一个令领导焦虑的恶魔，人们在创造恶魔的时候还会附带发动另一项技能——造谣和选择性透露信息。想想也是，既然是创造恶魔，那么必然要编造一些恶魔的恶行，否则怎么能让人相信是恶魔呢？所以要变本加厉地描绘对方的无能和荒谬，有些时候根本不用编造，只要选择性披露信息，只说对方的缺点，不说对方的优点，就足以让对方变成恶魔了。领导当然愿意相信自己没问题，对方有问题，趁着双方磨合中的种种小摩擦出现，员工会拿出更多的例证，让领导越来越焦虑。在整个过程中，领导还会纠结一下，合作成了对公司有很好的帮助，合作不成很可惜，但底下的员工可丝毫都不纠结，合作不成跟我没半点关系，成了对我也没半点好处。合作成功需要拿出耐性，拿出时间，合作不成却只要拿出脾气就可以了，会怎么选择，很简单了吧。

有个电影叫作《闻香识女人》，阿尔·帕西诺演的盲人军官有这样一段话："如今我走到了人生的十字路口，我总是知道哪条路是对的，从无例外，但是我从来都没有选择对的道路，为什么呢？因为这条路总是太辛苦了。"是的，我们做的工作，如果想要把工作做得好，做得出色，那条道路总归是很难的。职场里形形色色的人，总有那样一种人，他们害怕辛苦，嘴巴上说是想要做好的，但怕辛苦的身体却很诚实，所以他只好不停地给别人制造焦虑以此给自己的不作为找理由。但经验告诉我，这样的人从来没有真正成功过，他们不过就是用这个办法先过两天轻松日子再说。但轻松日子会让人上瘾，过惯了轻松日子的人很难再进入辛勤工作的状态。于是不得不靠制造一个又一个焦虑来解释前面的食言。

我们身边就有很多这样创造焦虑工作法的人。先说说比较资深的，一般都是企业高管，他们到一个地方就会刻意贬低前任，前任做的都是错的，这话很对老板的口味，老板是很深刻感受到那些不好的地方的，而那些好的地方他当作是理所应当的，却没有想过，这些好的地方，应该也是前任努力的结果。再者前面说了，人们总是比较恨自己身边的人，所以对于自己身边人的缺点一清二楚，但是对于刚来的新人却没有这种恨意，所以，老板也就自然会觉得"你说得太对了，这些老人就是一群蛀虫"。于是这些新人会把自己的工作方向定义为拨乱反正，简单来说，你公司有坏人，我来帮你把坏人找出来并且干掉，你公司就会好了。绝大多数深谙这套话术的人都是贪图轻松不肯委屈自己的人，他们没有能力进入细节寻找并解决问题，与其那么辛苦解决问题，不如诋毁前任来得轻松自在。制造矛盾，煽动仇恨，如果能彻底毁掉前任在老板心里的好印象，那么自己就是英雄，拉帮结伙还可以过上几年风光日子，如果干不掉，也可以跟老板推脱说都是前任留下一个烂摊子，所以我才没有业绩。把注意力从事情本身转移到了人与人的矛盾上，把公司里的氛围也变成人事斗争，本来这个公司可能只是一些小问题，被急躁的老板搞得出了大问题了。

还有一些中层干部，他们的焦虑法宝是"风险提示"，凡是他们不想干活的时候，就说要干的活有风险，这个时候领导反而坐蜡了，不理他吧，干砸了就是因为当初你没听他的风险提示，就算事情做成了，他也会说，我说的是可能有风险，没说绝对有风险。很多员工一下就会被吓住，万一出了问题，他可以说他事先提醒过，那责任就都是干事的人的，谁还敢硬上？理他吧，他理直气壮地在办公室养老，甚至对其他同事颐指气使，只要不顺他的意，就立刻风险提示。有些品性差的，会主动收集证据，当不顺心的时候，帮你把风险兑现。他们嘴巴里的风险，其实就是他们创造的焦虑，但他创造这些焦虑的目的，一则是自己可以轻松点，二则是可以控制那些没有判断力的员工，增加自己的话语权。风险确实是存在的，但是因为有风险我们就不活了吗？可以问问他，开车有风险，他为啥还开车呢？面对风险的正确做法，一方面要注意到风险的可能性，另一方面也不能被风险吓倒，积极想办法规避掉明显可以不去踩的雷。如果你周围有只跟你讲风险，却不谈解决办法的人，大概率这人是在PUA（精神控制）你，吓住你，然后控制你。

职场中更多的是普通员工，有这样一批"聪明"的普通员工，他们总是能创造出焦虑来让他的领导不要管他，他们的诉求就是，不要要求他，不要考核他，他在与那些看不到的危机战斗着，他说的一切没有任何数字和事实依据，只是他觉得有危机，而且你无法衡量。他们要的其实就是每天来随便晃晃，但是能有百万年薪。而随便晃晃，明着实在是说不出口，那怎么办？就把听来的小道消息加工一下，变成惊天秘闻，然后就可以让领导无可奈何自己了。当领导给他布置工作，他会说不行啊领导，我不能做这个工作，我要去拜访某某客户，因为我听到消息，这个客户要把我们的生意换掉给别人了；或者，不行啊领导，我们给客户提供的货有点小问题，客户要换掉我们的货了，我必须去客户那里安抚客户；或者，不行啊领导，我听说厂家销售跟客户说他们要找别的公司来代理了，我必须去趟客户那里，跟他们说我们才是正经代理……但是之后他做了什么呢？到客户那里转了一圈，连交通共费时两小时不到，甚至根本就没见到人，然后他就回家了。而被他忽悠得团团转的领导，并不会亲自去核实这些小道消息，他们是把精神内耗当作了自己工作的重点，被问起来在干点啥，就说自己在忧国忧民，每天忧国忧民却不去做实际的工作，当然成绩也就不会有什么改善。有些没有经验的管理者，非常容易被这样的员工搞得没有了方向。最典型的例子，可以参考《鹿鼎记》里的韦小宝，韦小宝是顶吃不得苦受不得罪的，但凡面临吃苦受罪，他立即可以转移矛盾，制造一个新的焦虑目标，来让人转移注意力，比如陈近南让他练武功的时候，他要回去为反清复明大业打探情报；大家要杀小皇帝，他要利用小皇帝打击鳌拜吴三桂；神龙岛众人揭穿他的时候，他指出这些人对洪教主不够恭敬，要造反。总之，他随时制造一个新的想象中的危机，以躲避目前自己所要面临的辛苦。这样的人在小说里无伤大雅，但如果在你的团队里，必然是拖累死你的猪队友。

我们接收到的大多数信息是混沌的，为了不被焦虑蒙蔽了智慧，首先要判断这事情的真实性，如果是真实的，还要判断事情的重要性，还要判断事情的缘由。举个例子，我们子公司里常常有采购说，跟总部买货效期不好，所以不愿意从总部买，而要从当地买。他们创造了一个焦虑，叫作总部欺负子公司，所以我不从总部买。首先，就应该核实，真的是效期不好吗？这个时候有个陷阱，那位采购一定会提供证据证明的确效期不好，但他会选择性地说，那些效期好的情况他选择不说。领导应该看全面的数字，是 10 次里有 8 次不好，还是 10 次里有 1 次不好？员工没有跟你说的往往比员工跟你说的更重要。大多数情况下，只是偶发效期不好，那么事情是真事，但重要性不高。事情的缘由是什么呢？就是为什么会出现这种情况呢？只有了解了缘由才能从根本上解决问题，以免再次发生。从当地买，子公司的采购当然会或多或少有一些好处，当地供货公司的人态度也比较好，X 总 X 总地叫着，礼物送着，让人心里舒服，哪像总部那帮人，说话像吃了枪药一样，所以当然就不愿意从总部买，但他会告诉你，是总部的货效期不好。领导不去仔细核实，最后觉得总部总是欺负自己。我们得到的大部分信息是混沌的，但只要按照合理的逻辑分析，不轻信，实事求是不放过细节，不接受里面含混的内容，不听信息里含的情绪，不放过员工没说的内容，而不是高高在上不肯了解细节，就能不被焦虑所蒙蔽。

图书在版编目(CIP)数据

你的人生无须等人批准 / 胡震宁著. —上海：文汇出版社，2023.3
 ISBN 978-7-5496-4007-2

Ⅰ.①你… Ⅱ.①胡… Ⅲ.①职业选择-指南 Ⅳ.
①C913.2-62

中国国家版本馆 CIP 数据核字(2023)第 045935 号

你的人生无须等人批准

作　　者 / 胡震宁
责任编辑 / 东　山
封面装帧 / 张　晋

出版发行 / 文匯出版社
　　　　　上海市威海路 755 号
　　　　　（邮政编码 200041）
经　　销 / 全国新华书店
排　　版 / 南京展望文化发展有限公司
印刷装订 / 启东市人民印刷有限公司
版　　次 / 2023 年 3 月第 1 版
印　　次 / 2023 年 6 月第 2 次印刷
开　　本 / 700×960　1/16
字　　数 / 235 千字
印　　张 / 17

ISBN 978-7-5496-4007-2
定　　价 / 58.00 元